U0719675

普通高等教育"十二五"高职高专规划教材

道路工程测量

主　编　宁永香
副主编　陈胜华　焦希颖
参　编　崔建国　杜晓圆

西安交通大学出版社
XI'AN JIAOTONG UNIVERSITY PRESS

内容简介

本书是高等学校道桥、市政等专业的专业基础课教材。本书以高职高专教育的工程测量技能教学为主线,采用技能模块化、内容项目化、细节任务化的结构,主要介绍交通类施工和管理人员所必需的测量基本理论、基本知识、基本方法和操作技能。注重"教中学"和"学中做"的有机衔接,是为适应高职高专交通类专业道路工程测量课程"教学做一体化"教学改革需要编写的。全书分为三大模块:基本测量技能模块、普通测量技能模块、专业测量技能模块。将道路工程测量基础理论和应用技术相结合,在介绍传统测量仪器、测量理论、测量技术的同时,也介绍现代工程测量的新仪器和新技术及其在道路、桥梁工程施工中的应用。本书与配套教材《道路工程测量实践教程》相结合,不仅突出测量技术在道路、桥梁施工中的应用,也着重对学生测量的外业操作技能和内业计算能力进行了全面的训练。

本书适用于高职高专院校、高等专科学校、职工大学等院校的道桥工程技术、市政工程技术、交通工程技术、工程管理、环境工程、暖通工程等专业使用,也可作为给水排水等专业的教材,还可作为广大工程技术人员的参考书。

图书在版编目(CIP)数据

道路工程测量/宁永香主编. —西安:西安交
通大学出版社,2014.12(2019.12 重印)
ISBN 978 - 7 - 5605 - 6943 - 7

Ⅰ.①道… Ⅱ.①宁… Ⅲ.①道路测量-高等职业教
育-教材 Ⅳ. ①U412.24

中国版本图书馆 CIP 数据核字(2014)第 307140 号

书　　名	道路工程测量	
主　　编	宁永香	
副 主 编	陈胜华　焦希颖	
责任编辑	曹　昳　李　佳	

出版发行　西安交通大学出版社
　　　　　(西安市兴庆南路 1 号　邮政编码 710048)
网　　址　http://www.xjtupress.com
电　　话　(029)82668357　82667874(发行中心)
　　　　　(029)82668315(总编办)
传　　真　(029)82668280
印　　刷　西安日报社印务中心

开　　本　787mm×1 092mm　1/16　印张 15　字数 357千字
版次印次　2015 年 2 月第 1 版　2019 年 12 月第 5 次印刷
书　　号　ISBN 978 - 7 - 5605 - 6943 - 7
定　　价　49.00元

读者购书、书店添货,如发现印装质量问题,请与本社发行中心联系、调换。
订购热线:(029)82665248　(029)82665249
投稿热线:(029)82668818　QQ:354528639
读者信箱:lg_book@163.com

道 路 工 程 测 量 前言
FOREWORD

近年来,在《国务院关于大力发展职业教育的决定》精神指引下,我国高等职业教育得到了飞速发展,以学生为中心、职业为导向、技能为核心的高职教育理念大大提升了高职院校的办学水平。为了适应这一高等教育发展的新形势,依据高职高专道路工程测量课程教学大纲的要求,结合几十年来教学、测绘生产实践经验和当前现代测绘技术,我们采用技能模块化、内容项目化、细节任务化的结构编写了《道路工程测量》教材。

本书在内容上注重体现概念准确、方法简单、重实用的专科特点,基础理论以"必需、够用"为度,注重实践,并着重培养学生分析与解决实际问题的能力。本书的内容与组织结构力求贴近工程实际、适应工程需要、反应工程技术发展趋势,在兼顾传统方法的同时,引进新技术、新方法,以满足生产岗位对工程类高技能人才素质培养的需要。

本书共分三个技能模块,其中模块一为基本测量技能,包括测量基本知识、水准测量、角度测量、距离测量、点位测定和误差基本知识等六个项目;模块二为普通测量技能,包括小地区控制测量、大比例尺地形图测绘、大比例尺地形图应用和点位测设等四个项目;模块三为专业测量技能,包括道路工程施工测量、桥梁与隧道施工测量和管道工程测量等三个项目。

本书由山西工程技术学院宁永香担任主编并负责全书通稿和定稿,陈胜华、焦希颖担任副主编。各项目编写人员为宁永香(模块二中的项目一、项目二、项目三、项目四,模块三中的项目一、项目二),焦希颖(模块一中的项目),陈胜华(模块一中的项目五),崔建国(模块一中的项目二、项目三、项目四、项目六),杜晓圆(模块三中的项目三)。

本书在编写过程中,得到许多朋友及同行的热心帮助,在此表示衷心的感谢! 对本书和引用的有关文献资料的作者也表示诚挚的感谢!

在本书编写过程中,虽然编者做了很大努力,但书中仍可能有不妥之处,恳请广大读者予以批评指正。

编 者
2014 年 4 月

模块一　基本测量技能

模块二 普通测量技能

模块三 专业测量技能

参考文献

模块一

基本测量技能

项目一 测量基本知识

▶ 项目概述

本项目包括测量学的分类，工程测量的任务；地球形状和大小的基本知识，测量的坐标系统和高程系统；用水平面代替水准面的限度，测量的基本工作和基本原则。

▶ 学习目标

①了解测量学的分类及工程测量的任务；②掌握测量常用的坐标系统及高程系统；③掌握地球表面点位的确定方法及测量原理；④熟知测量基本内容及测量遵循的原则和程序；⑤理解用水平面代替水准面的限度。

任务一 测量学概述

知识要点：测量学分类、工程测量任务。

测量学是研究地球的形状、大小和地表（包括地面上各种物体）的几何形状及其空间位置的科学。它的内容包括测定和测设两部分。测定是指使用测量仪器和工具，通过测量和计算得到一系列的数据，再把地球表面的地物和地貌缩绘成地形图，供规划设计、经济建设、国防建设和科学研究使用。测设是指将图上规划设计好的建筑物、构筑物位置在地面上标定出来，作为施工的依据。

测量学按照研究对象及采用的技术的不同，又分为多个学科，如：

大地测量学——研究地球的形状和大小，解决大范围地区的控制测量和地球重力场问题。近年来随着空间技术的发展，大地测量正在向空间大地测量和卫星大地测量方向发展。

摄影测量学——研究利用摄影或遥感技术获取被测物体的信息，以确定物体的形状、大小和空间位置的理论和方法。由于获得相片的方式不同，摄影测量又分为航空摄影测量、水下摄影测量、地面摄影测量和航天遥感测量等。

海洋测量学——以海洋和陆地水域为研究对象，研究港口、码头、航道及水下地形测量的理论和方法。

工程测量学——研究各种工程在规划设计、施工放样、竣工验收和运营中测量的理论和方法。按其性质可分为：规划、勘察设计阶段的控制测量和地形测量；施工阶段的施工测量和设备安装测量；运营管理阶段的变形观测和维修保养测量。根据工程建设对象的不同分为:矿山测量、建筑施工测量、道桥施工测量、水利测量等。

地图制图学——研究各种地图的制作理论、原理、工艺技术和应用的一门学科。研究内容主要包括地图编制、地图投影、地图整饰、印刷等。现代地图制图学向着制图自动化、电子地图制作及地理信息系统方向发展。

工程测量是测量学的一个组成部分。它主要面向土木建筑、矿山、道路、桥梁、环境、规划等学科。其主要任务是:

(1)研究测绘地形图的理论和方法　地形图是工程勘测、规划、设计的依据。工程测量学是研究确定地球表面局部区域建筑物、构筑物、地面高低起伏形态的原理和方法。研究局部地区地图投影理论,以及将测量资料按比例绘制成地形图或制成电子地图的原理和方法。

(2)研究在地形图上进行规划设计的基本原理和方法　本教材主要介绍在地形图上进行土地平整、土方计算、道路选线和区域规划的基本原理和方法。

(3)研究工程建(构)筑物施工放样、工程质量检测的技术方法　施工放样是工程施工的依据。工程测量学是研究将规划设计在图纸上的建筑物(或者构筑物)准确地标定在地面上的技术和方法。研究施工过程及大型金属结构安装中的检测技术。

(4)对大型建筑物的安全进行变形观测　在建筑物施工和运营阶段,为了监测其基础和结构的安全稳定状况,了解设计施工是否合理,必须定期地对其位移、沉降、倾斜以及摆动进行观测,为鉴定工程质量、工程结构和地基基础研究以及建筑物的安全保护等提供资料。

由此可见,测量工作贯穿于工程建设的全过程,其工作质量直接关系到工程建设的速度和质量。因此,从事工程建设的科技人员,必须掌握一定的测量知识和技能。

任务二　地面点位的确定

知识要点:测量的基准面、基准线及测量的平面坐标系统和高程系统。

一、地球的形状和大小

测量工作是在地球表面上进行的,测量成果又需要归算到一定的平面上,才能进行计算与绘图,因此首先应当对地球的形状和大小有所了解。地球自然表面高低起伏,是一个表面形状极不规则的球体,如世界上最高点是我国的珠穆朗玛峰,它高出海水面 8844.43 m,最低点是太平洋中的马里亚纳海沟深达 11022 m。地球表面有陆地和海洋,其中陆地约占29%,海洋约占 71%,因此我们可以把地球总的形状看作是被海水包围起来的球体,也就是设想有一个静止的海水面延伸穿过大陆和岛屿后形成闭合曲面。把这个封闭的曲面称为水准面,水准面有无数多个,其中通过平均海水面的水准面叫做大地水准面,它是一个封闭曲面,并处处与铅垂线垂直,它所包围的地球形体称为大地体。过水准面上任意一点与水准面相切的平面称为水平面。由于地球内部质量分布不均匀引起铅垂线方向的变化,使大地水准面成为一个十分复杂而又不规则的曲面,在这个曲面上是无法进行数学计算的。在实用上,常用与其相近的地球椭球体的表面代替大地水准面,以便把测量结果归算到地球椭球体上进行计算和绘图。

地球椭球体面是一个数学表面,它与大地水准面不完全一致,有的地方稍高一些,有的地方稍低一些,但其差数一般不超过±150 m,地球椭球体的形状和大小,由椭球参数长半径 a、短半径 b 和扁率 α 来表示。我国 1980 年以后采用的数值为:

$$a = 6378140 \text{ m}$$
$$b = 6356755.3 \text{ m}$$
$$\alpha = \frac{1}{298.257}$$

由于地球椭球体的扁率很小,十分接近于圆球,因此在工程测量中可以当成圆球体来看待,半径采用与椭球等体积的球体半径,即取地球椭球体三个半径的平均值作为该球体的半径:

$$R = \frac{a + a + b}{3} = 6371 \text{ km}$$

二、确定地面点位的方法

测量的基本工作是确定地面点的位置。地面点的空间位置,需要三个量来确定,即平面坐标和高程。

(一)地面点的平面坐标

1.地理坐标

地面点在球面上的位置常采用经度(λ)和纬度(φ)来表示,称为地理坐标。

如图 1-1-1,N、S 分别是地球的北极和南极,NS 称为地轴。包含地轴的平面称为子午面。子午面与地球表面的交线称为子午线。通过原格林尼治天文台的子午面称为首子午面。过地面上任意一点 P 的子午面与首子午面的夹角 λ 称为 P 点的经度。由首子午面向东量称为东经,向西量称为西经,其取值范围为 $0° \sim \pm 180°$。

通过地心且垂直于地轴的平面称为赤道面。过 P 点的铅垂线与赤道面的夹角 φ,称为 P 点的纬度。由赤道面向北量称为北纬,向南量称为南纬,其取值范围为 $0° \sim \pm 90°$。

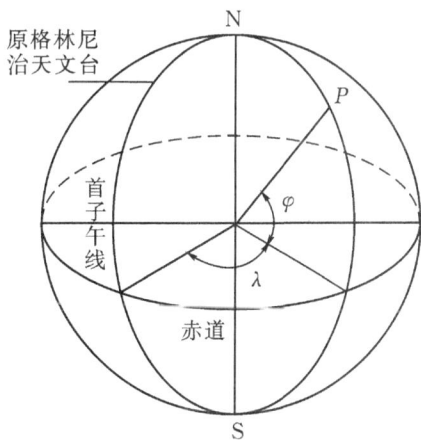

图 1-1-1 地理坐标

地面上每一点都有一对地理坐标,例如北京某点的地理坐标为东经 $116°28'$,北纬 $39°54'$。

2.高斯平面直角坐标

在解决较大范围的测量问题时,应将地面上的点投影到椭球体面上,再按一定的规则投影到平面上,形成统一的平面直角坐标系,通常采用高斯投影的方法来解决这一问题。

高斯投影是将地球按一定的经度差(如每隔 6°)划分成若干个投影带,如图 1-1-2(a)所示,然后将每个投影带按照高斯正形投影条件投影到平面上。投影带是从通过英国格林尼治天文台的首子午线起,按经差每隔 6°为一带(称为六度带),自西向东将整个地球分为

60 个投影带,带号从首子午线起向东,用阿拉伯数字 1,2,3,…,60 表示。位于各投影带中央的子午线称为该带的中央子午线,第 N 个投影带的中央子午线的经度 L_0 为

$$L_0 = 6N - 3$$

式中:N——投影带的带号。

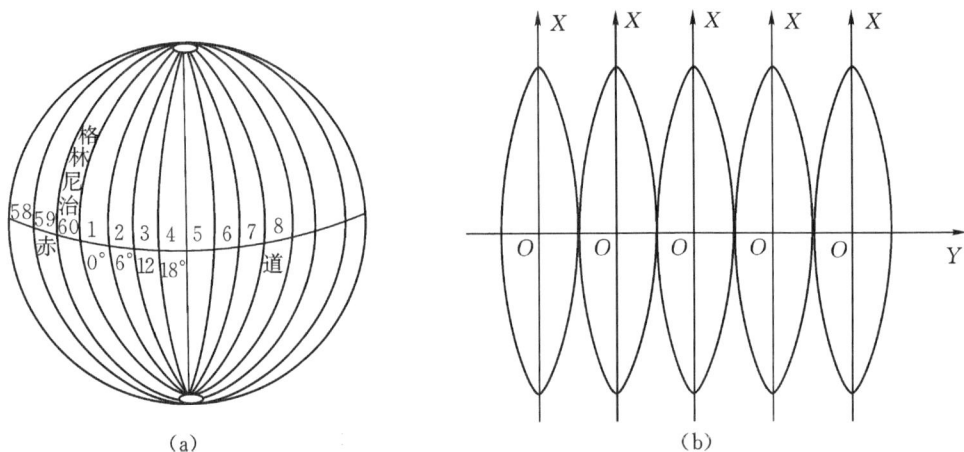

图 1-1-2 地球分带与高斯投影

  分带以后,每一个投影带仍是一个曲面,为了能用平面直角坐标表示点的位置,必须将每个曲面按高斯正形投影条件转换成平面。基本方法是:把地球当作圆球看待,设想把一个与地球同直径的圆柱横套在地球上,使圆柱内表面与某个六度带的中央子午线相切,在保持角度不变的条件下将该投影带全部投影到圆柱内表面上。然后将圆柱沿着通过南北两极的母线剪开并展成平面,便得到该六度带在平面上的投影。用同样的方法可以得到其它每个投影带的平面投影,如图 1-1-2(b)所示。

  投影以后,在高斯平面上,每带的中央子午线和赤道的投影成相互垂直的直线,取每带的中央子午线为坐标纵轴(X 轴),赤道为横轴(Y 轴),它们的交点 O 为坐标原点,纵轴向北为正方向,横轴向东为正方向,从而组成投影带的高斯平面直角坐标系,在其投影带内的每一点都可以用平面坐标 x、y 值来表示。由于我国位于北半球,纵坐标 x 均为正值。为了使每带的横坐标 y 不出现负值,在测量中规定每带的中央子午线的横坐标都加上 500 km,也就是把纵坐标轴向西移 500 km,如图 1-1-3 所示。

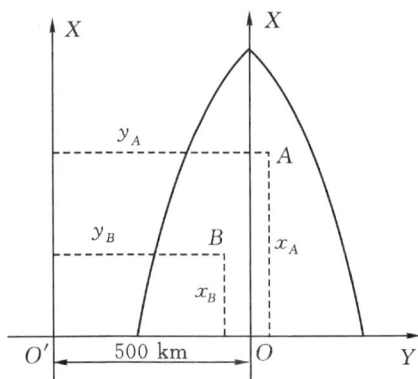

图 1-1-3 测量平面坐标值的构成

  如上所述,每带都有相应的直角坐标系。为了区别不同投影带内的点的坐标,规定在横坐标值前加注投影带号,这种增加 500 km 和带号的横坐标值称为通用值;未加 500 km 和带号的横坐标值称为自然值。例如,A、B 两点位于第 36 带内,其横坐标的自然值为

$$y_A = +36\ 210.14\ \text{m}$$
$$y_B = -41\ 613.07\ \text{m}$$

将 A、B 两点横坐标的自然值加上 500 km，并加注带号后便得到横坐标的通用值，即

$$y_A = 36\ 536\ 210.14\ \text{m}$$
$$y_B = 36\ 458\ 386.93\ \text{m}$$

在高斯平面直角坐标系中，离中央子午线越近的区域其长度变形越小，离中央子午线越远的区域其长度变形越大。在工程和城市测量中要求长度变形较小时，应采用高斯投影三度带坐标系。三度带是从东经 $1°30'$ 起，每隔经差 $3°$ 划分一带，将整个地球划分为 120 个投影带。三度带中的单数带的中央子午线与六度带的中央子午线重合，而双数带的中央子午线则与六度带的边界子午线重合。三度带中央子午线的经度 L_0' 可按下式计算：

$$L_0' = 3n$$

式中：n——三度带的带号。

我国规定分别采用六度带和三度带两种投影带。

3.假定平面直角坐标

在小范围内（如较小的建筑区域或厂矿区等）进行测量时，由于测量区域较小又相对独立，可以把球面当作平面来看待，地面点在水平面内的铅垂投影位置，可以用在该平面内的假定坐标系中的 x、y 两个量来表示。平面直角坐标系的原点可以按实际情况选定，通常把原点选在测区的西南角，其目的是使整个测区内各点的坐标均为正值。

测量中所用的平面直角坐标和数学中的相似，只是坐标轴互换，而象限顺序相反（如图 1-1-4 所示）。测量工作中规定所有直线的方向都是从坐标纵轴北端顺时针方向度量的，这样既不改变数学计算公式，又便于测量上的方向和坐标计算。

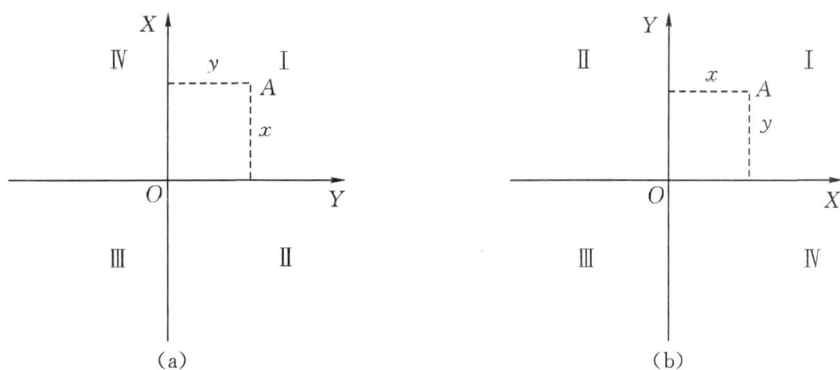

图 1-1-4 测量坐标系和数学坐标系
(a)测量坐标系；(b)数学坐标系

坐标纵轴 X 通常与某子午线方向一致，以它来表示南北方向，指北者为正，指南者为负；以横坐标轴 Y 表示东西方向，指东者为正，指西者为负。

（二）地面点的高程

要表示地面点的空间位置除了应确定在投影面上的平面位置外，还应确定它沿铅垂线

方向到基准面的距离。在一般测量工作中都以大地水准面作为基准面,把某点沿铅垂方向到大地水准面的距离,称为该点的绝对高程或海拔,简称高程。如图 1-1-5 所示,一般用符号 H 表示高程,如图中 A、B 点的绝对高程用 H_A 和 H_B 表示。如果是距任意一个水准面的距离,则称为相对高程,如 H'_A 和 H'_B。我国的绝对高程是以青岛港验潮站历年记录的黄海平均海水面为基准,并在青岛市内一个山洞里建立了水准原点,高程为 72.260 m(称为 1985 年国家高程基准),全国各地点的高程都以它为基准测算(停止使用 1956 年高程基准 72.289 m)。

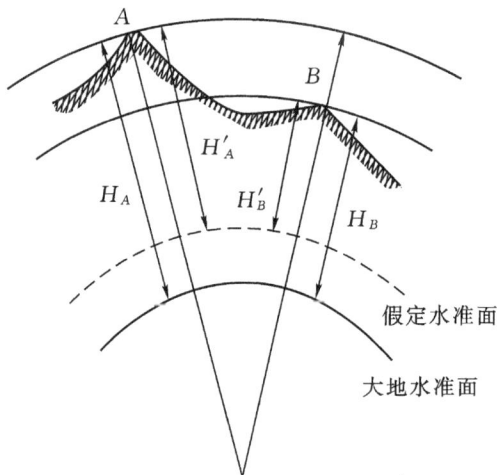

图 1-1-5 地面点的高程表示

地面上两点间的高程差称为两点间的高差,用 h 表示,高差有正、负之分。例如 A、B 两点的高差 h_{AB} 为

$$h_{AB} = H_B - H_A$$

当 h_{AB} 为正时,说明 B 点高于 A 点;当 h_{AB} 为负时说明 B 点低于 A 点;当 h_{AB} 为零时说明两点在同一水准面上(高程值相等)。

当使用绝对高程有困难时(无法与国家高程系统联测),可采用任意假定的水准面为高程起算面,即为相对高程或假定高程。在建筑工程中所使用的标高,就是相对高程,它是以建筑物地坪(± 0.000 面)为基准面起算的。

不论采用绝对高程还是相对高程,其高差值是不变的,均能表达两点间的高低相对关系。例如:$h_{AB} = H_B - H_A = H'_B - H'_A$

任务三 用水平面代替水准面的限度

知识要点:水平面代替水准面对测量三要素的影响。

在实际测量工作中,在一定的测量精度要求或测区面积不大的情况下,往往以水平面直接代替水准面,就是把较小一部分地球表面上的点投影到水平面上来确定其位置。在多大范围内才能允许用水平面代替水准面,下面就它对距离、角度和高程的影响进行分析(为了方便假设地球是一个圆球体)。

一、水准面的曲率对水平距离的影响

如图 1-1-6 所示,DAE 为水准面,AB 是水准面上的一段弧,弧的长度是 S,所对的圆心角为 θ,地球半径为 R,过水准面上的 A 点作切平面,即 A 点的水平面。如果用 A 点的水平面来代替水准面,那么 AC 直线(长度为 t)就代替了 AB 弧,则在距离方面就会产生误差 ΔS,由图可知

$$\Delta S = AC - AB = t - S$$

其中:

$$AC = t = R \cdot \tan\theta$$
$$AB = S = R \cdot \theta$$

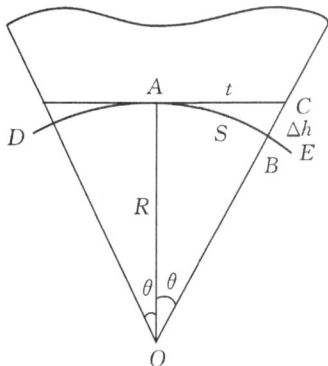

图 1-1-6 地球曲率对水平距离的影响

则

$$\Delta S = t - S = R(\tan\theta - \theta) = R\left(\frac{1}{3}\theta^3 + \frac{2}{15}\theta^5 + \cdots\right)$$

因 θ 角一般较小,所以可以略去五次以上各项,并以 $\theta = \frac{S}{R}$ 代入,可以得到:

$$\Delta S = \frac{1}{3}\frac{S^3}{R^2}$$

或者

$$\frac{\Delta S}{S} = \frac{1}{3}\left(\frac{S}{R}\right)^2 \tag{1-1-1}$$

一般情况下,精密距离丈量时的允许误差为其长度的 1:100 万,而根据上式计算,当水平距离为 10 km 时($R = 6371$ km),以水平面代替水准面所产生的距离相对误差是 1/1217700,因此可以得出这样的结论:在半径为 10 km 圆的面积内进行距离测量工作时,可以不必考虑地球曲率。也就是说可以把水准面当作水平面来看待,即实际沿圆弧丈量所得距离作为水平距离,其误差可以忽略不计。

二、水准面的曲率对水平角的影响

根据球面三角学知道,同一个空间多边形在球面上投影所得到的多边形内角之和,要大于它在平面上的投影所得到的多边形内角之和,所大的这个量就是球面角超。由计算可知,对于面积在 100 km² 以内的多边形,地球曲率对水平角度的影响只有在最精密的测量中才需要考虑,一般的测量工作是不必考虑的。

因此可以得出这样的结论:在面积为 100 km² 范围内,不论是进行水平距离测量还是水平角度测量,都可以不考虑地球曲率的影响;在精度要求较低的情况下,这个范围还可以相应扩大。

三、水准面的曲率对高差的影响

由图 1-1-6 可知:

$$(R + \Delta h)^2 = R^2 + t^2$$

$$2R \times \Delta h + (\Delta h)^2 = t^2$$

$$\Delta h = \frac{t^2}{2R + \Delta h}$$

根据前面所述,在一定范围内两点在水平面上的投影长度可以代替其在水准面上投影的弧长,即可用 t 来代替 S,同时由于 Δh 与 2 倍的 R(地球半径)相比可忽略不计,所以上式可以写成:

$$\Delta h = \frac{S^2}{2R} \qquad\qquad (1-1-2)$$

由式(1-1-2)可知,当 $S=10$ km 时,$\Delta h = 7.85$ m;当 $S=5$ km 时,$\Delta h = 1.96$ m;当 $S=100$ m 时,$\Delta h = 0.78$ mm。

从上面计算可以看出:即使在较短的距离内,用水平面代替水准面对高程的影响也是较大的,它所带来的高程影响在工程测量中是不能允许的。因此,在高程测量方面应该考虑地球曲率对高差的影响。

任 务 四　测 量 工 作 概 述

知识要点:测量工作的基本内容及遵循的原则和程序。

一、测量工作概述

地球自然表面的形状是极其复杂的,要将地面上的各种物体(称为地物)和地面的高低起伏的形态(称为地貌)用特定的符号表示在图纸上,就需要在地物和地貌的轮廓线上选择一些具有特征意义的点,只要将这些点测绘到图纸上,就可以参照实地情况比较准确地将地物、地貌描绘出来而得到地形图。从图 1-1-7(a)中可以看出,房屋的平面位置是由点 1,2,3,…等表示房屋轮廓的转折点的连线构成的。因此,只要将 1,2,3……点的平面位置测绘在图纸上,相应地连接这些点,就可以获得房屋在图上的平面位置。一条道路,如图 1-1-7(b),它的边线是不规则的,但弯曲部分可以看成是由许多短直线组成的,若能确定如 1,2,3……等道路两旁转折点在图上的位置,再考虑路宽以及道路形状的变化,就可以在图上描绘出这条道路的平面位置了。如图 1-1-7(c)所示,地面起伏形态可以用地形特征线上的坡度变化点所组成的线段来表示,也就是可以把各线段内的坡度看成是大体一致的(如图 1-1-7(c)中的立尺

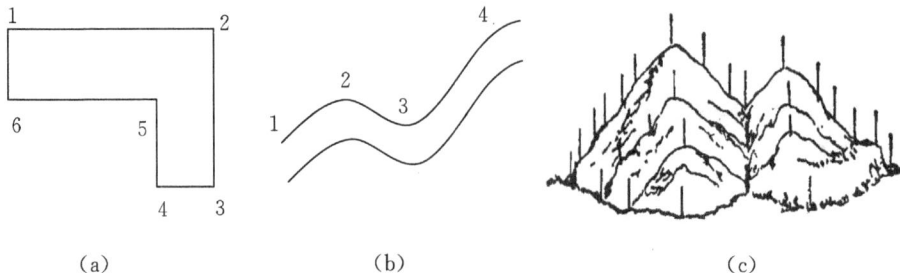

| (a) | (b) | (c) |

图 1-1-7　地物和地貌的特征点

点），把各个高低起伏的立尺点的位置首先测绘在平面图上，再根据各点所测的高程用等高线表示，就可以把地貌描绘出来。

由此可见，测量工作的基本任务就是确定地面点的位置，无论是测绘地形图还是建筑物的施工放样，都可以归结为确定地面点的位置的问题。

二、测量工作的基本内容

在实际测量工作中，一般不能直接测出地面点的坐标和高程。通常是先测出能够确定某点空间位置的基本要素，再根据基本要素和已知数据计算出该点的平面坐标和高程。

如图 $1-1-8$ 所示，欲确定地面点 P_1 和 P_2 的位置，在实际测量工作中，并不是直接测出它们的坐标和高程，而是通过观测得到水平角 β_1、β_2 和水平距离 D_1、D_2 以及点与点之间的高差，再根据已知点的坐标、方位和高程推算出 P_1 点和 P_2 点的坐标和高程，以确定它们的点位。由此可见，地面点间的位置关系是以水平角度、水平距离和高差来确定的。所以水平角测量、水平距离测量和高差测量是测量工作的基本内容；水平角、水平距离和高差是确定地面点位的三个基本要素。

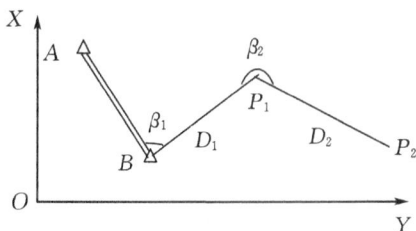

图 $1-1-8$ 地面点平面位置的确定

三、测量工作的基本原则与程序

测量工作从整体上可以分为外业和内业两大部分。外业工作主要是指在室外进行的测量工作，如角度测量、距离测量、高差测量和测图，以及一些简单的计算和绘图工作等。内业工作主要是指在室内进行数据处理和绘图工作等，主要内容是整理并计算室外观测资料，以及进行绘图工作等内容。

通常，把需要测量的区域称为测区，如图 $1-1-9$(a) 所示，现欲将该地区的地貌、地物测绘到如图 $1-1-9$(b) 所示的图纸上。由于在测量过程中，不可避免地产生误差，因此必须采取正确的测量程序和方法，以防止误差的积累。例如在测量地貌或某一地物点时，假如从一点开始，再根据这一点测量下一点，逐点进行施测，这样前一点的测量误差就会传递到下一点，误差就会越积累越大，这样，最后虽然可以测得欲测各点的位置，但其位置误差可能达到不可允许的程度。

正确的测量方法和程序是按照"由高级到低级，由整体到局部"和"先控制后碎部"的原则进行。如图 $1-1-9$ 所示，先在测区内选择若干有控制意义的点，如 $A,B,C,\cdots H$ 等，把这些点称为控制点，并用较高的精度确定它们的位置，然后再根据这些控制点测定其附近地物或地貌的特征点(称为碎部点,如房屋或道路的转折点等),从而绘制整幅地形图。由于前者在测量中起着控制作用,故称控制测量,后者称为碎部测量。

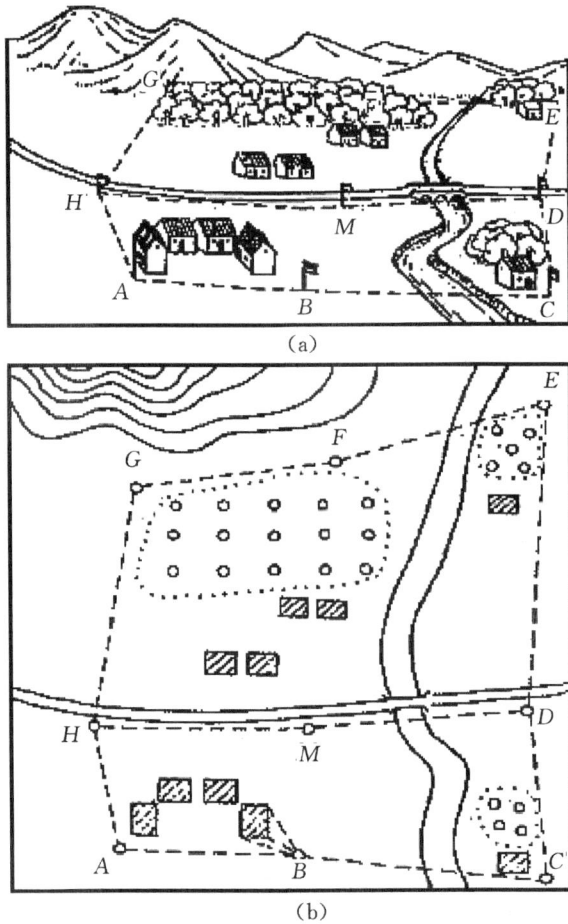

(a)

(b)

图 1-1-9　地物、地貌的测绘

　　如上所述,测量上是先测定控制点而后测定碎部点,这就是遵循的"先控制后碎部"的原则。当测区的面积比较大,需要测绘多幅图时,一般是在整个测区内布置高一级控制点,先进行控制测量,然后根据某一局部的控制点再布设次一级的控制点或图根控制点,最后用图根控制点测量碎部点,这就是遵循的"由高级到低级,由整体到局部"的原则。遵循这种测量程序,可以使整个测区连成一体,从而获得完整的地形图,也使得误差分布比较均匀,保证测图的精度,便于分幅测图,同时作业,加快测图的速度。

　　综上所述,整个地形测图工作大致可分为:用较精密的仪器和方法,在全测区内建立高级控制点,精度要求较高;在高级控制点的基础上建立图根控制点,精度要求稍低,是控制点的进一步加密,也是地形测图的依据;地形测图就是根据每一幅图内的控制点,在野外测量碎部点,并绘制成图的。还可以看出,无论是控制测量还是碎部测量,其实质都是确定地面点的位置,而要确定点的位置,就要测角、量边和测高差;因此测角、量边和测高差是测量的基本工作,而测、算、绘则是测量的基本功。

上述测量工作和程序,不仅适用于测图工作,也适用于放样测量工作,如要将图纸上设计好的建筑物测设到实地上,作为施工的依据,必须首先在实地进行控制测量,然后根据建筑物相对于控制点的设计要求,进行建筑物的放样测量工作,所以在放样测量工作中也要遵循上述原则。

项目小结

1.测量的传统任务是:测绘地形图和施工放样。此外,在地形图上进行规划设计及为各种工程进行变形监测也是测量的主要任务。

2.测量的基准面是:大地水准面。测量的基准线是:铅垂线。大地水准面是通过平均海水面的水准面,它是一个封闭曲面,处处与铅垂线垂直,因而形状不规则,地球的形状和大小用参考椭球来描述。

3.有关平面直角坐标系统和高程系统的概念。大面积范围采用高斯平面直角坐标系统,局部地区采用独立平面直角坐标系统,我国的高程系统为黄海高程系。

4.测量的基本内容包括:高程测量、角度测量和距离测量。

5.测量工作的基本原则是:从整体到局部,先控制后碎部,由高级到低级。

思考题与习题

1.测量学研究的对象是什么? 工程测量的基本任务是什么?

2.测定与测设有何区别?

3.测量上使用的平面直角坐标系与数学上使用的平面直角坐标系有何不同?

4.何谓大地水准面? 它在测量中的作用是什么?

5.什么是绝对高程和相对高程?

6.已知 $H_A=54.632$ m, $H_B=63.239$ m,求 h_{AB} 和 h_{BA}。

7.地球上某点的经度为东经 $112°21'$,试问该点所在六度带和三度带的中央子午线经度和带号。

8.何谓水平面?用水平面代替水准面对水平距离、角度和高程分别有何影响?

9.确定地面点位的三要素是什么?

10.测量工作应遵循的原则是什么? 为什么要遵循这些原则?

11. $h_{AB}=-50.000$ m,试问 A 点高还是 B 点高?

项目二 水准测量

▶ **项目概述**

　　水准测量是测量高程常用的方法，在实际测量中应用广泛。本项目主要包括：水准测量的基本原理及所使用的仪器工具，水准测量的外业施测及内业计算，水准仪的检验与校正及消减水准测量误差的措施。

▶ **学习目标**

　　①掌握水准测量的原理及所使用的仪器、工具；②能够使用普通水准仪进行一般水准测量的外业观测和内业计算；③掌握普通水准仪检验和校正的项目，并且熟知各项目检校过程；④理解水准测量的误差来源及注意事项。

　　测量地面上各点高程的工作称为高程测量。高程测量可分为水准测量、三角高程测量、GPS 高程测量等。其中水准测量是测定高程的主要方法。水准测量是利用一条水平视线，并借助水准尺，来测定地面两点间的高差，这样就可由已知点的高程推算出未知点的高程。

任务一　普通水准仪的组成和使用

　　知识要点：水准测量的基本原理、水准仪和水准尺。

　　技能要点：普通水准仪的使用，地面两点高差的测定。

一、水准测量的原理

　　如图 $1-2-1$ 所示，已知地面上 A 点的高程 H_A，欲求地面上 B 点的高程 H_B，则应测定 A、B 两点间的高差 h_{AB}。因此，安置水准仪于 A、B 两点之间，并于 A、B 两点上分别安置水准标尺，利用水准仪提供的水平视线，在标尺上读数。若按水准测量的前进方向分别在已知

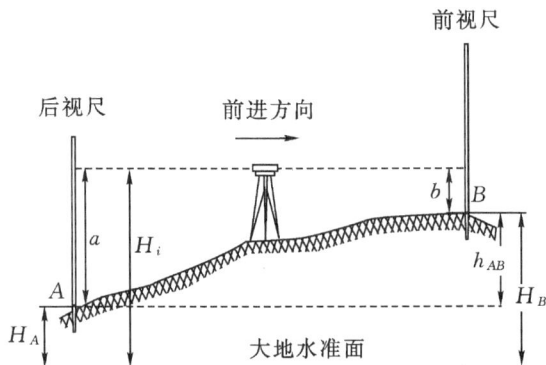

图 $1-2-1$　水准测量的原理

点 A 上读取后视读数 a,在未知点 B 上读取前视读数 b,则 B 点相对于 A 点的高差为

$$h_{AB} = a - b \qquad (1-2-1)$$

由于 A、B 两点有高低之分,则其高差有正负之分,若 A 低 B 高,则 $h_{AB} > 0$;若 A 高 B 低,则 $h_{AB} < 0$。若已知点 A 的高程为 H_A,则未知点 B 的高程 H_B 为

$$H_B = H_A + h_{AB} = H_A + (a - b) \qquad (1-2-2)$$

像上述利用实测高差来计算未知点高程的方法称之为高差法。

若利用水准仪的视线高 H_i 来计算前视点 B 的高程,只安置一次仪器,并根据一个已知高程点的后视来求取若干个前视点高程的方法称为视线高法。其公式为

$$H_i = H_A + a$$
$$H_B = H_A + (a - b) = H_i - b \qquad (1-2-3)$$

当 A、B 两点相距较远或其高差较大,如图 $1-2-2$ 所示,安置一次仪器不能测定两点间的高差值,就必须在两点之间加设若干个临时的立尺点,并分段连续的安置仪器,竖立水准标尺,依次测定各转点之间的高差,最后取其代数和,从而求得 A、B 两点间的高差 h_{AB}。这种方法称为复合水准测量,临时的立尺点称为线路的转点。

$$h_{AB} = h_1 + h_2 + \cdots + h_n = \sum_1^n h_i$$
$$h_1 = a_1 - b_1, h_2 = a_2 - b_2, \cdots h_n = a_n - b_n$$
$$h_{AB} = (a_1 - b_1) + (a_2 - b_2) + \cdots (a_n - b_n) \qquad (1-2-4)$$
$$= (a_1 + a_2 + \cdots a_n) - (b_1 + b_2 + \cdots b_n)$$
$$= \sum_1^n a_i - \sum_1^n b_i$$

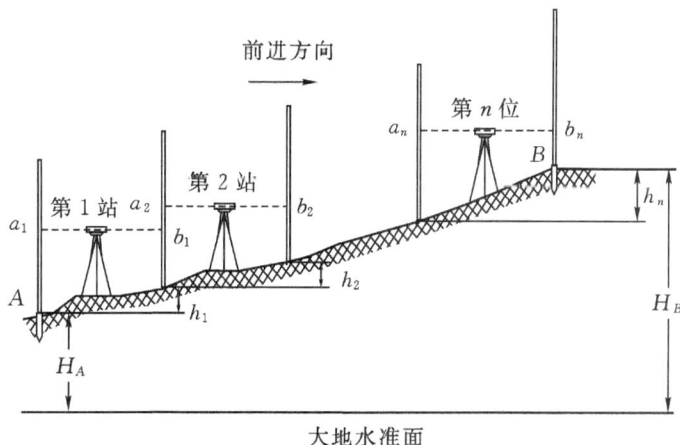

图 $1-2-2$ 水准测量的实施

由此可见,在实际测量工作中,起点至终点的高差可由各段高差求和而得,也可利用所有后视读数之和减去前视读数之和而求得。

若已知 A 点的高程 H_A,则 B 点的高程 H_B 为

$$H_B = H_A + h_{AB} = H_A + \sum_1^n h_i \qquad (1-2-5)$$

二、水准测量的仪器和工具

水准测量所使用的仪器为水准仪,工具为水准尺和尺垫。我国目前使用的水准仪按精度可划分为 DS_{05}、DS_1、DS_3 和 DS_{10} 等四个等级。其中 D 为"大地测量"汉语拼音的第一个字母,S 为"水准仪"汉语拼音的第一个字母,数字表示该类仪器的精度,即每公里往返测高差中数的偶然中误差。DS_{05}、DS_1 用于国家一、二等水准测量,称之为精密水准仪;DS_3 和 DS_{10} 用于国家三、四等水准测量或等外水准测量,称之为普通水准仪。工程测量广泛使用 DS_3 级水准仪,因此,本项目着重介绍这类仪器。

(一)微倾式水准仪的结构

如图 1-2-3,说明了微倾式水准仪的结构。

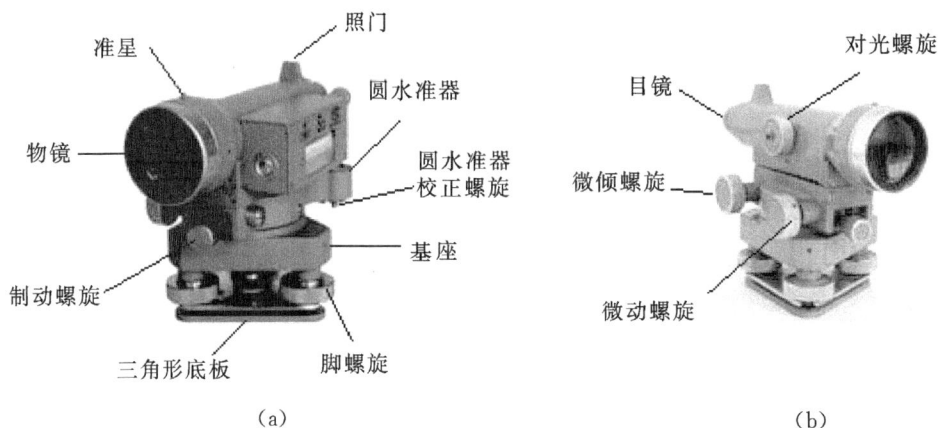

图 1-2-3
(a)微倾式水准仪正面结构;(b)微倾式水准仪侧面结构

1. 望远镜

DS_3 水准仪望远镜主要由物镜、目镜、对光透镜和十字丝分划板所组成。物镜和目镜多采用复合透镜组,十字丝分划板上刻有两条互相垂直的长线,竖直的一条称竖丝,横的一条称为中丝,是为了瞄准目标和读取读数时所用,如图 1-2-4 所示。在中丝的上下还对称地刻有两条与中丝平行的短横线,是用来测定距离的,称为视距丝。十字丝分划板是由平板玻璃圆片制成的,平板玻璃片装在分划板座上,分划板座固定在望远镜筒上。

十字丝交点与物镜光心的连线,称为视准轴或视线。水准测量是在视准轴水平时,用十字丝的中丝截取水准尺上的读数。对光凹透镜可使不同距离的目标均能成像在十字丝平面上。再通过目镜,便可看清同时放大了的十字丝和目标影像。从望远镜内所看到的目标影像的视角与肉眼直接观察该目标的视角之比,称为望远镜的放大率。DS_3 级水准仪望远镜的放大率一般为 28 倍。

2.水准器

水准器是用来指示视准轴是否水平或仪器竖轴是否竖直的装置。有管水准器和圆水准器两种。管水准器用来指示视准轴是否水平;圆水准器用来指示竖轴是否竖直。

(1)管水准器 又称水准管,是一纵向内壁磨成圆弧形的玻璃管,管内装酒精和乙醚的混合液,加热融封冷却后留有一个气泡。由于气泡较轻,故恒处于管内最高位置。如图1-2-5所示。

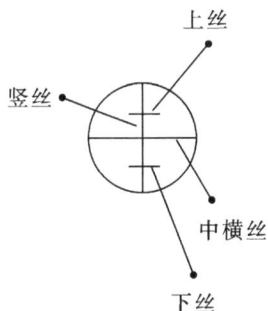

图1-2-4 十字丝分划

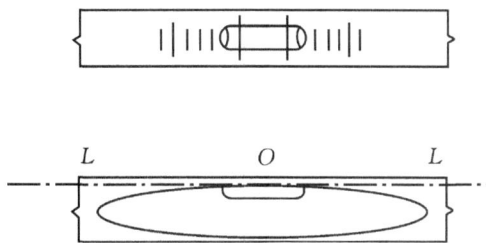

图1-2-5 水准管示意图

水准管上一般刻有间隔为 2 mm 的分划线,分划线的中点 O,称为水准管零点。通过零点作水准管圆弧的切线,称为水准管轴。当水准管的气泡中点与水准管零点重合时,称为气泡居中,这时水准管轴处于水平位置。水准管圆弧 2 mm 所对的圆心角称为水准管分划值。安装在 DS$_3$ 级水准仪上的水准管,其分划值不大于 20″。

(2)圆水准器 如图 1-2-6 所示,圆水准器顶面的内壁是球面,其中有圆分划圈,圆圈的中心为水准器的零点。通过零点的球面法线为圆水准器轴线,当圆水准器气泡居中时,该轴线处于竖直位置。当气泡不居中时,气泡中心偏移零点 2 mm,轴线所倾斜的角值,称为圆水准器的分划值,由于它的精度较低,故只用于仪器的概略整平。

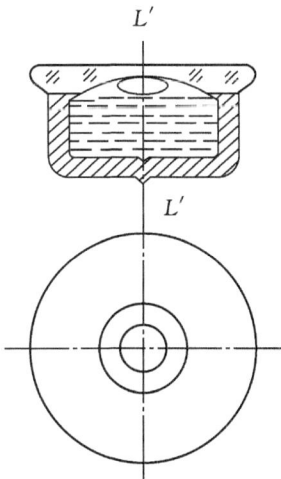

图1-2-6 圆水准器

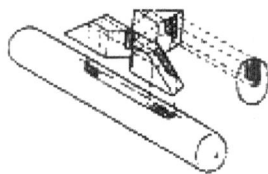

图1-2-7 符合水准器

(3)符合水准器　为了提高水准管气泡居中的精度和速度,微倾式水准仪在水准管上方安装一组符合棱镜,如图1－2－7所示。通过符合棱镜的折光作用,使气泡两端各半个影像反映在望远镜旁的气泡观察窗中。若气泡两端的半像吻合时,表示气泡居中。若两端半像错开,则表示气泡不居中,这时应转动微倾螺旋使气泡半像吻合。这种水准器称为符合水准器。

3.基座

基座的作用是支承仪器的上部并与三脚架连接。它主要由水准轴座、脚螺旋、底板和三角压板构成。

(二)水准尺

水准尺是水准测量时使用的标尺。其质量好的标尺需用不易变形且干燥的优质木材制成;要求尺长稳定,分划准确。

如图1－2－8所示,常用的水准尺有塔尺和双面尺两种,用优质木材或玻璃钢制成。塔尺由两节或三节套接而成,如图1－2－8所示,长度有3 m和5 m两种。尺的底部为零刻划,尺面以黑白相间的分划刻划,每格宽1 cm,也有的为0.5 cm,分米处注有数字,大于1 m的数字注记加注红点或黑点,点的个数表示米数。塔尺能伸缩,携带方便,但接头处容易产生误差,故多用于精度要求较低的水准测量中。

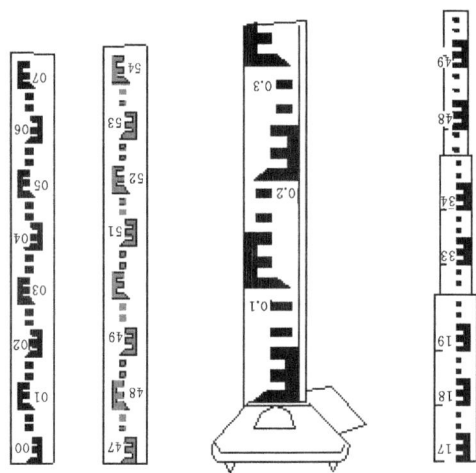

图1－2－8　水准尺

双面尺也叫直尺或板尺,如图1－2－8所示,多用于三、四等水准测量。尺的长度有2 m和3 m两种。尺的双面均有刻划,一面为黑白相间,称为黑面尺(也称基本分划),尺底端起点为零;尺的另一面为红白相间,称为红面尺(也称辅助分划),尺底端起点不为零,而是一常数K。一根尺常数为4.687 m,另一根尺常数为4.787 m。双面尺一般成对使用,利用黑红面尺零点差可对水准测量的读数进行检核。

用于一、二等水准测量的铟钢水准标尺,其分划是漆在铟钢尺带之上,铟钢尺带是以一定的拉力引张在木质尺身的沟槽之中,使铟钢尺带的长度不受木质尺身伸缩变形的影响,如图1－2－9所示。

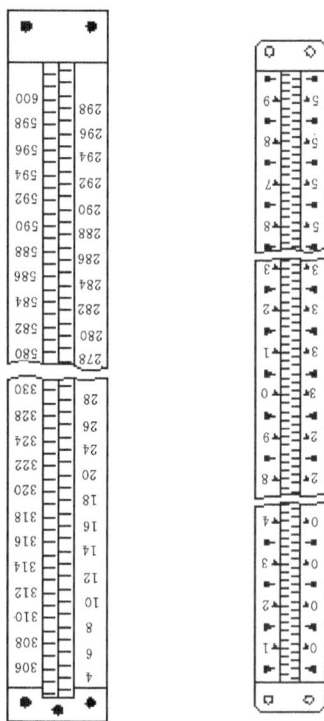

图 1-2-9　铟钢水准标尺

铟钢水准标尺的分划值有 10 mm 和 5 mm 两种。综合以上要素,铟钢尺刻划很严密,精度高,热膨胀系数小,受外界温度影响几乎可以忽略(正常工作范围内,极限条件另论),所以,精密水准测量首选该类尺子。

(三)尺垫

在进行水准测量时,为了减少水准标尺的下沉,保持观测数据质量,在转点上的水准尺均附有一个尺垫。尺垫由三角形的铸铁块制成,如图 1-2-10 所示,上部中央有突起的半球。使用时,将尺垫踏实,以防下沉,把水准尺立于突起的半球顶部。突起的半球顶点作为竖立水准尺和标志转点之用。

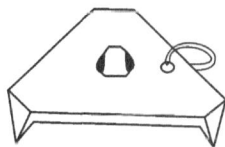

图 1-2-10　尺垫

三、微倾式水准仪的使用

水准仪的使用包括仪器的安置、粗略整平、瞄准水准尺、精平和读数等操作步骤。

1. 安置水准仪

在测站上安置三脚架,调节脚架使高度适中,目估架头大致水平,检查脚架伸缩螺旋是否拧紧。然后打开仪器箱取出水准仪,用连接螺旋把水准仪安置在三脚架头上,安装时,应用手扶住仪器,以防仪器从架头滑落。

2.粗略整平

粗略整平是用仪器脚螺旋将圆水准器气泡调节到居中位置,借助圆水准器的气泡居中,使仪器竖轴大致铅直,视准轴粗略水平。具体作法是:先将三脚架的两架腿踩实,操纵另一架腿左右、前后缓缓移动,使圆水准气泡基本居中(气泡偏离零点不要太远),再将此架腿踩实,然后调节脚螺旋使气泡完全居中。调节脚螺旋的方法如图1-2-11所示。在整平过程中,气泡移动的方向与左手(右手)大拇指转动方向一致(相反);有时要按上述方法反复调整脚螺旋,才能使气泡完全居中。

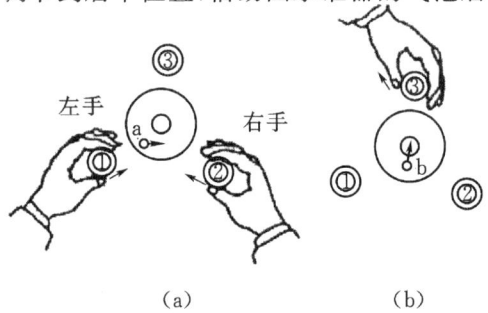

图1-2-11 圆水准气泡整平

3.瞄准水准尺

首先进行目镜对光,即把望远镜对着明亮背景,转动目镜调焦螺旋使十字丝成像清晰。再松开制动螺旋,转动望远镜,用望远镜筒上部的准星和照门大致对准水准尺后,拧紧制动螺旋。然后从望远镜内观察目标,调节物镜调焦螺旋,使水准尺成像清晰。最后用微动螺旋转动望远镜,使十字丝竖丝对准水准尺的中间稍偏一点,以便读数。

物镜调焦后,当眼睛在目镜端上下作少量移动时,有时会出现十字丝与目标有相对运动的现象,这种现象称为视差。产生视差的原因是目标通过物镜所成的像没有与十字丝平面重合。由于视差的存在会影响观测结果的准确性,所以必须加以消除。

消除视差的方法是反复地进行目镜和物镜调焦。直到眼睛上下移动而读数不变为止。此时,从目镜看到十字丝与目标的像都十分清晰。

4.精确整平与读数

精确整平是调节微倾螺旋,使目镜左边观察窗内的符合水准器的气泡两个半边影像完全吻合。这时水准仪视准轴处于精确水平位置。精确整平时,由于气泡移动有一个惯性,所以转动微倾螺旋的速度不能太快。只有符合气泡两端影像完全吻合而又稳定不动后,才表示水准仪视准轴处于精确水平位置。

符合水准器气泡居中后,即可读取十字丝中丝截在水准尺上的读数,如图1-2-12所示。直接读出米、分米和厘米,估读出毫米。现在的水准仪多采用倒像望远镜,因此读数时应从小往大,即从上往下读。也有正像望远镜,读数顺序相反。

精确整平与读数虽是两项不同的操作步骤,但在水准测量的实施过程中,却把两项操作视为一体,即精平后再读数,读数后还要检查管水准气泡是否完全符合,只有这样,才能取得准确的读数。图1-2-12的读数为1.622 m。

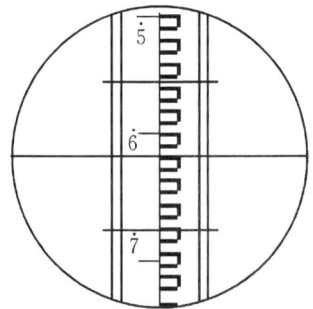

图1-2-12 读数

任务二　普通水准测量

知识要点:水准点、水准路线。

技能要点:普通水准测量的外业观测和内业计算。

一、水准点

用水准测量方法测定的高程控制点称为水准点(记为 BM.)。水准点有永久性和临时性两种。水准点的位置应选在土质坚硬、便于长期保存和使用方便的地点。水准点按其精度分为不同的等级。国家水准点分为四个等级,即一、二、三、四等水准点,按国家规范要求埋设永久性标石标志。地面水准点按一定规格埋设,一般用石料或钢筋混凝土制成,埋深到地面冻结线以下。在标石顶部设置有不易腐蚀的材料制成的半球状标志;墙脚水准点应按规格要求设置在永久性建筑物上。

地形测量中的图根水准点和一些施工测量使用的水准点,常采用临时性标志,可用木桩或铁钉打入地面,也可在地面上突出的坚硬岩石或房屋四周水泥面、台阶等处用红油漆作出标志。

二、水准路线的布设

普通水准测量的主要目的是为了满足地形测图、航测外业以及一般工程勘测的控制测量需要,也可作为小区域的高程基本控制。如图 1-2-13 所示,水准路线一般可布设成以下几种形式:

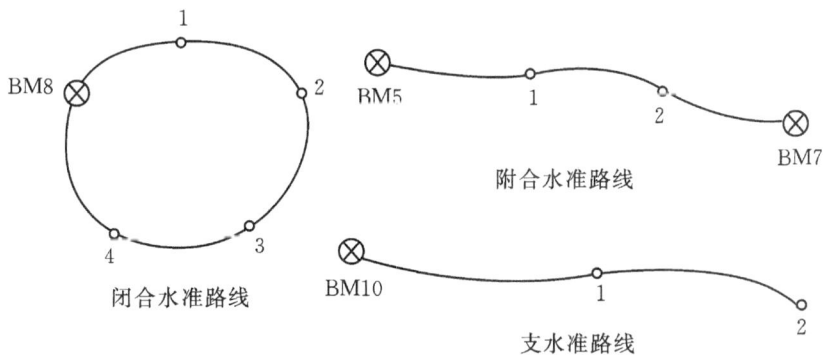

图 1-2-13　水准路线的形式

1.闭合水准路线

从某一高级水准点出发,并沿各待定高程点进行水准测量,最后再闭合到原水准点上所组成的环形路线。闭合水准路线亦可进行观测成果的检核,但它却无法对起点高程进行检核。

2.附合水准路线

从某一高级水准点出发,并沿各待定高程点进行水准测量,最后附合到另一高级水准点而构成的水准路线。这样的布设形式可以进行观测成果的检核。

3. 支水准路线

从某一高级水准点出发,并沿各待定点进行水准测量,但其路线既不附合又不闭合。为了进行观测成果的检核和提高观测成果精度,支水准路线必须进行往返观测。

以上几种水准测量路线一般仅适用于等外水准测量。在国家等级水准测量中,为了提高水准点的高程精度及其可靠性,还应增加检核条件,通常采用结点水准网,如图 1-2-14 所示。

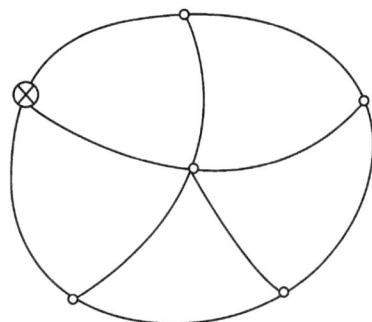

图 1-2-14 结点水准网

三、水准测量外业

水准测量的外业包括:现场观测、记录和必要的检核。

(一)观测与记录

当已知水准点与待测高程点的距离较远或两点间高差很大,安置一次仪器无法测得两点高差时,就需要把两点间分成若干段,测出每段高差,然后依次推算高差和高程。

如图 1-2-15 示,水准点 BMA 的高程为 54.206 m,现拟测定 B 点高程,施测步骤如下:

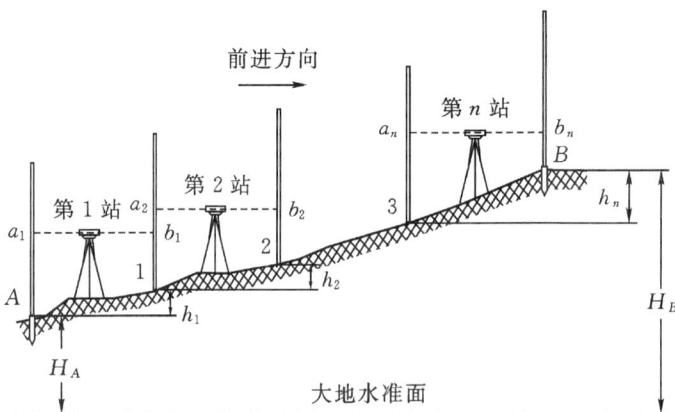

图 1-2-15 水准测量的实施

在离 A 适当距离处选择转点 1,安放尺垫,在 A、1 两点上分别竖立水准尺。在距 A 点和 1 点大致等距离处安置水准仪,瞄准后视点 A,精平后读得后视读数 a_1 为 1.364,记入水准测量手簿,如表 1-2-1 所示。旋转望远镜,瞄准前视点 1,精平后读得前视读数 b_1 为 0.979,记入手簿。计算出 A、1 两点高差为 +0.385。此为一个测站的工作。点 1 的水准尺不动,将 A 点水准尺,立于点 2 处,水准仪安置在 1、2 点之间,与上述相同的方法测出 1、2 点的高差,依次测至终点 B,读数计入表 $1-2-1$。然后根据公式$(1-2-4)$、$(1-2-5)$计算出各段高差及 B 点高程填入表 $1-2-1$。

在上述施测过程中,点 1、2、3 是临时的立尺点,作为传递高程的过渡点,称为转点(简记为 TP.)。

由上述可知,在观测过程中 TP.1,TP.2,TP.3 仅起传递高程的作用,它们无固定标志,无需算出高程。

表 $1-2-1$　水准测量手簿

测站	测点	水准尺读数/m		高差/m	高程/m	备注
		后视 a	前视 b			
1	A	1.364		$+0.385$	54.206	
	TP.1		0.979			
2	TP.1	1.259		$+0.547$		
	TP.2		0.712			
3	TP.2	1.278		$+0.712$		水准点 BMA 的高程为 54.206 m
	TP.3		0.566			
4	TP.3	0.653		-1.211		
	B		1.864		54.639	
$\sum$		4.554	4.121	$+0.433$		
计算检核		$\sum a-\sum b=4.554-4.121=+0.433$			$\sum h=+0.433$	

(二)检核

1.测站检核

在每一站测量时,任何一个观测数据出现错误,都将导致所测高差不正确。因此,对每一站的高差,都必须采取措施进行检核测量,这种检核称为测站检核。测站检核通常采用变动仪器高法和双面尺法。

(1)变动仪器高法　在每一测站上测出两点高差后,改变仪器高度(大于 10 cm)再测一次高差,测得两次高差以进行比较检核。两次高差之差不超过容许值(如图根水准测量容许值为 ±6 mm),取其平均值作最后结果;若超过容许值,则需重测。

(2)双面尺法　在每一测站上,仪器高度不变,分别测出两点的黑面尺高差和红面尺高差,测得两次高差,相互进行校核。若同一水准尺红面读数与黑面读数之差,以及红面尺高差与黑面尺高差均在容许值范围内,取平均值作最后结果,否则应重测。

2.成果检核

测站检核能检查每一测站的观测数据是否存在错误,但有些误差,例如在转站时转点的位置被移动,测站检核是查不出来的。此外,如果每一测站的高差误差出现符号一致性,随着测站数的增多,误差积累起来,就有可能使高差总和的误差积累过大。因此,还必须对水准测量进行成果检核。

(1)附合水准路线 附合水准路线中各测站实测高差的代数和应等于两已知水准点间的高差。由于实测高差存在误差,使两者之间不完全相等,其差值称为高差闭合差 f_h,即

$$f_h = \Sigma h_{测} - (H_{终} - H_{始}) \tag{1-2-6}$$

式中:$H_{终}$——附合路线终点高程;

$H_{始}$——起点高程。

(2)闭合水准路线 闭合水准路线中各段高差的代数和应为零,但实测高差总和不一定为零,从而产生闭合差 f_h,即

$$f_h = \Sigma h_{测} \tag{1-2-7}$$

(3)支水准路线 支水准路线要进行往、返测,往测高差总和与返测高差总和应大小相等符号相反。但实测值两者之间存在差值,即产生高差闭合差 f_h。

$$f_h = \Sigma h_{往} + \Sigma h_{返} \tag{1-2-8}$$

高差闭合差是各种因素产生的测量误差,故闭合差的数值应该在容许值范围内,否则应检查原因,必要时返工重测。图根水准测量高差闭合差容许值为:

$$平地\ f_{h容} = \pm 40 \sqrt{L}(\text{mm})$$
$$山地\ f_{h容} = \pm 12 \sqrt{n}(\text{mm}) \tag{1-2-9}$$

四等水准测量高差闭合差容许值为

$$平地\ f_{h容} = \pm 20 \sqrt{L}(\text{mm})$$
$$山地\ f_{h容} = \pm 6 \sqrt{n}(\text{mm}) \tag{1-2-10}$$

式(1-2-9)和式(1-2-10)中,L 为水准路线总长(以公里为单位);n 为测站数。

四、水准测量的内业

水准测量外业工作结束后,要检查手簿,经检核无误后,才能进行计算和调整高差闭合差,最后计算各点的高程。

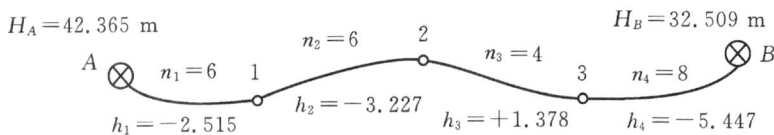

图 1-2-16 附合水准路线计算

(一)附合水准路线内业计算

1.高差闭合差的计算

由式(1-2-6)得

$$f_h = \Sigma h_{测} - (H_{终} - H_{始}) = -9.811 - (32.509 - 42.365) = +0.045\ \text{m}$$

2.高差容许闭合差的计算

按山地及图根水准测量计算高差闭合差容许值为

$$f_{h容} = \pm 12 \sqrt{n}(\text{mm}) = \pm 12 \sqrt{24}(\text{mm}) = \pm 59\ \text{mm}$$

$\left|f_h\right|<\left|f_{h容}\right|$，符合图根水准测量技术要求。

3.闭合差的调整

闭合差的调整是按与距离或与测站数成正比例反符号分配到各测段高差中。第 i 测段高差改正数按下式计算：

$$v_i=-\frac{f_h}{\sum n}n_i \quad 或 \quad v_i=-\frac{f_h}{\sum L}L_i \qquad (1-2-11)$$

式中：$\sum n$——路线总测站数；

$\quad\quad n_i$——第 i 段测站数；

$\quad\quad\sum L$——路线总长；

$\quad\quad L_i$——第 i 段距离。

由式$(1-2-11)$算出第一段$(A\sim1)$的改正数为

$$v_1=-\frac{0.045}{24}\times6=-0.011 \text{ m}$$

表 $1-2-2$　附合水准路线成果计算

测点	测站数	实测高差 /m	改正数 /mm	改正后的 高差/m	高程 /m	备注
A					<u>42.365</u>	
	6	−2.515	−11	−2.526		
1					39.839	
	6	−3.227	−11	−3.238		
2					36.601	
	4	+1.378	−8	+1.370		$f_{h容}=\pm12\sqrt{n}$ (mm)
3					37.971	其中 n 为测站数
	8	−5.447	−15	−5.462		
B					<u>32.509</u>	
$\sum$	24	−9.811	45	−9.856		
辅助 计算						

辅助计算：$f_h=-9.811-(32.509-42.365)=+0.045$ m，$f_{h容}=\pm12\sqrt{n}=\pm12\sqrt{24}=\pm59$ mm。
$\left|f_h\right|<\left|f_{h容}\right|$，成果合格。

注：有下划线的数据表示已知数据。

其他各测段改正数按式$(1-2-11)$算出后列入表$1-2-2$中。改正数的总和与高差闭合差大小相等符号相反。每测段实测高差加相应的改正数便得到改正后的高差。

4.计算各点高程

用每段改正后的高差，由已知水准点 A 开始，逐点算出各点高程，列入表 $1-2-2$ 中。由计算得到的 B 点高程应与 B 点的已知高程相等，以此作为计算检核。

（二）闭合水准路线内业计算

闭合水准路线各段高差的代数和应等于零，即：$\sum h=0$。由于存在着测量误差，必然产生高差闭合差：$f_h = \Sigma h$。闭合水准路线高差闭合差的调整方法、容许值的计算，均与附合水准路线相同。闭合水准路线成果计算见表 1 - 2 - 3。

（三）支水准路线内业计算

支水准路线要进行往、返观测，往测高差总和与返测高差总和应大小相等符号相反。但实测值两者之间存在差值，即产生高差闭合差 f_h。

$$f_h = \Sigma h_往 + \Sigma h_返$$

如果精度符合要求，取各段往返高差绝对值的平均值作为最终高差，符号以往测为准，推算各待定点高程的方法同上。

表 1 - 2 - 3　闭合水准路线成果计算

点号	测站数	实测高差/m	改正数/mm	改正后高差/m	高程/m	备注
BMA					40.238	
	12	+1.428	-16	1.412		
1					41.650	
	14	-2.346	-19	-2.365		
2					39.285	$f_{h容} = \pm 12\sqrt{n}$（mm）
	10	+2.487	-13	2.474		其中 n 为测站数
3					41.759	$H_A = 40.238$ m
	9	-1.509	-12	-1.521		
BMA					40.238	
Σ	45	+0.060	-60	0.000		
辅助计算		$f_h = \Sigma h = +60$ mm，$f_{h容} = \pm 12\sqrt{n} = \pm 80$ mm，成果合格。				

注：有下划线的数据表示已知数据。

任务三　水准仪的检验与校正

知识要点：水准仪的轴线及其应满足的几何条件、水准仪的 i 角误差。

技能要点：能进行水准仪的三项检验与校正。

一、水准仪应满足的条件

如图 1 - 2 - 17 所示，根据水准测量原理，水准仪必须提供一条水平视线，才能正确地测出两点间高差。

水准仪应满足的几何条件：

①圆水准器轴 $L'L'$ 应平行于仪器的竖轴 VV；

②十字丝的中丝（横丝）应垂直于仪器的竖轴；

③水准管轴 LL 平行于视准轴 CC。

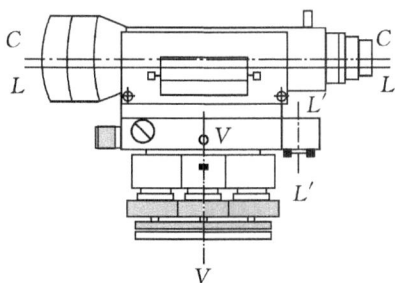

图 1-2-17　水准仪的主要轴线

二、水准仪的检验与校正

(一)圆水准器轴平行于仪器竖轴的检校

1. 检验

用脚螺旋使圆水准器气泡居中,将仪器绕竖轴旋转 180°,如果气泡不居中,表明圆水准器轴不平行于竖轴,需进行校正。

2. 校正

用脚螺旋使气泡向中央方向移动偏离量的一半,然后调整圆水准器的三个校正螺丝使气泡居中。校正工作一般都很难一次完成,需反复进行直至仪器旋转到任何位置圆水准器气泡皆居中时为止。

(二)十字丝横丝垂直于仪器竖轴的检校

1. 检验

安置仪器后,先将横丝一端对准一个明显的点状目标 P,固定制动螺旋,转动微动螺旋,如果标志点 P 不离开横丝,如图 1-2-18 所示,说明横丝垂直于竖轴,否则需要校正。

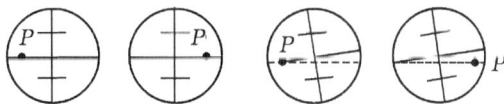

图 1-2-18　十字丝的检验与校正

2. 校正

用螺丝刀松开十字丝分划板座固定螺旋,转动分划板座,至 P 点轨迹与横丝重合,拧紧十字丝分划板座的固定螺旋。

(三)视准轴平行于水准管轴的检校

1. 检验方法

如图 1-2-19 所示在平坦地面选相距约 40 m 左右的 A、B 两点,在两点打入木桩。水准仪首先置于离 A、B 等距的 C 点,因距离相等,$x_1 = x_2 = x$(因为 $D_1 \tan i = D_2 \tan i$),因此求

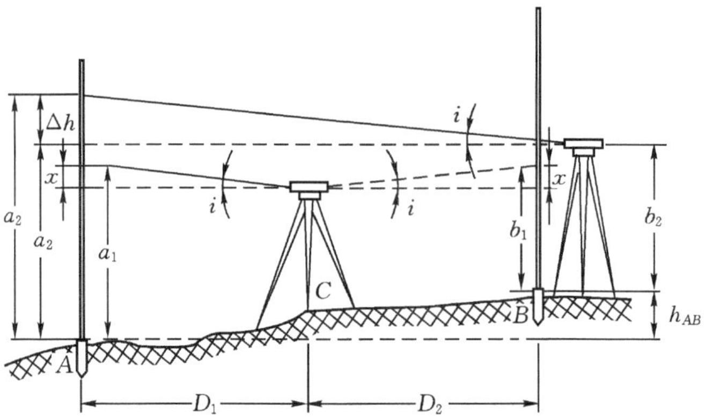

图 1 - 2 - 19　水准管轴平行视准轴的检验

得的高差 $h_1 = a_1 - b_1$ 还是正确的。然后将仪器搬至 B 点附近(相距 2～3 m),对远尺 A 和近尺 B 读得读数为 a_2 和 b_2,求得第二次高差 $h_2 = a_2 - b_2$。若 $h_2 = h_1$,说明水准管轴平行于视准轴,无需校正。若 $h_2 \neq h_1$,说明水准管轴不平行于视准轴,当若 h_2 与 h_1 的差值大于 3 mm 时,需要校正。

2. 校正

转动微倾螺旋,使十字丝的中丝对准 A 点尺上的读数 a_2,此时视准轴处于水平位置,而水准管气泡却偏离了中心。用拨针拨动校正螺丝,使偏离的气泡重新居中(图 1 - 3 - 20)。此项校正工作应反复进行,直到达到要求为止。

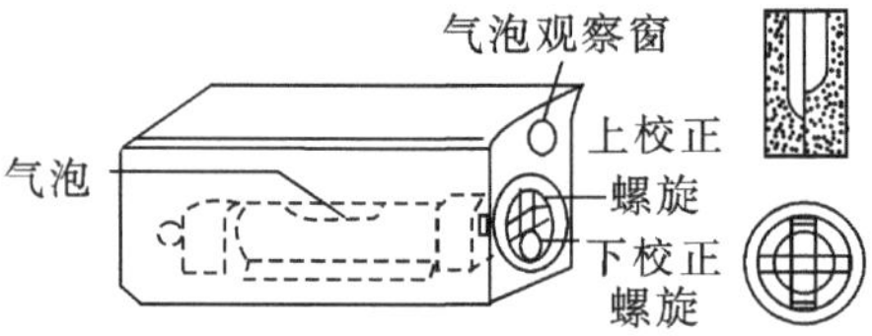

图 1 - 2 - 20　水准管的校正

任务四　水准测量的误差及其消减措施

知识要点:水准测量的误差来源及分类。

技能要点:采取措施消减水准测量的各种误差。

测量工作中由于仪器、人、环境等各种因素的影响,使测量成果中都带有误差。为了保证测量成果的精度,需要分析研究产生误差的原因,并采取措施消除和减小误差的影响。水准测量中误差的主要来源如下:

1. 仪器误差

(1) 视准轴与水准管轴不平行引起的误差　仪器虽经过校正,但 i 角仍会有微小的残余误差。当在测量时如能保持前视和后视的距离相等,这种误差就能消除。当因某种原因使得某一测站的前视(或后视)距离较大,那么就在下一测站上使后视(或前视)距离较大,使误差得到补偿。

(2)水准尺的误差 水准尺的误差包括分划误差和尺身构造上的误差,构造上的误差如零点误差和箱尺的接头误差。所以使用前应对水准尺进行检验。对于分划误差应在成果中加入尺长改正。

2. 观测误差

(1)气泡居中误差 视线水平是以气泡居中或符合为根据的,但气泡的居中或符合都是凭肉眼来判断,不能绝对准确。气泡居中的精度也就是水准管的灵敏度,它主要决定于水准管的分划值。一般认为水准管居中的误差约为 0.1 分划值,它对水准尺读数产生的误差为:

$$m = \frac{0.1\tau''}{\rho} \cdot s \qquad (1-2-12)$$

式中:τ'' 为水准管的分划值,$\rho = 206265''$,s 为视线长。符合水准器气泡居中的误差大约是直接观察气泡居中误差的 1/2~1/5。为了减小气泡居中误差的影响,应对视线长加以限制,观测时应使气泡精确地居中或符合。

(2)估读水准尺分划的误差 水准尺上的毫米数都是估读的,估读的误差决定于视场中十字丝和厘米分划的宽度,所以估读误差与望远镜的放大率及视线的长度有关。通常在望远镜中十字丝的宽度为厘米分划宽度的十分之一时,能准确估读出毫米数。所以在各种等级的水准测量中,对望远镜的放大率和视线长的限制都有一定的要求。此外,在观测中还应注意消除视差,并避免在成像不清晰时进行观测。

(3)水准尺倾斜引起的误差 水准尺没有扶直,无论向哪一侧倾斜都使读数偏大。这种误差随尺的倾斜角和读数的增大而增大。例如尺有 3° 的倾斜,读数为 1.5 m 时,可产生 2 mm 的误差。为使水准尺能扶直,尺上最好装有水准器。

3. 外界环境的影响

(1)仪器及尺垫下沉的影响 当水准仪安置在土质松软的地方时,仪器在观测过程中会缓慢下沉,以至在完成后视读数转而读前视读数时,视线高度会下降,而使前视读数较正常时偏小。同样,若转点选在土质松软的地方时,水准尺和尺垫在重力作用下也会缓慢下沉,从而使读数产生误差。减小这类误差的方法是将测站及转点选在土质坚硬处,并在观测中采用后、前、前、后的观测顺序以及沿同一路线进行往返观测,并取平均值的方法来抵偿仪器和尺垫下沉的影响。

(2)地球曲率和大气折光的影响 由于空气的温度不均匀,将使光线发生折射,视线即不成为一条直线。特别是在晴天,靠近地面的温度较高,使空气密度较上面的稀。因此,视线离地面愈近折射也就愈大,它使尺子上的读数增大或减小。为了减弱这类误差的影响,因此一般规定视线必须高出地面一定的高度。

(3)气候的影响 除了上述各种误差来源外,气候的影响也给水准测量带来误差。如风吹、日晒、温度的变化和地面水分的蒸发等。所以观测时应注意气候带来的影响。为了防止日光曝晒,仪器应打伞保护,无风的阴天是最理想的观测天气。

任务五　新型水准仪

知识要点：精密水准仪和电子水准仪的特点。

技能要点：能够熟练地使用精密水准仪和电子水准仪。

一、精密水准仪

精密水准仪主要用于国家一、二等水准测量和高精度工程测量中，例如建筑物沉降观测、大型桥梁施工的高程控制、精密机械设备安装等测量工作。DS_{05} 和 DS_1 型水准仪属于精密水准仪。图 1-2-21 为我国生产的 DS_1 型精密水准仪。

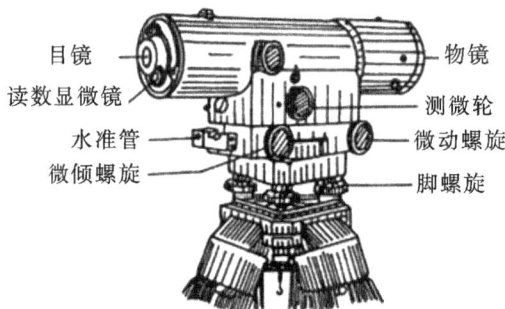

图 1-2-21　精密水准仪

1. 构造特点及读数原理

精密水准仪的构造与 DS_3 水准仪基本相同。也是由望远镜、水准器和基座三部分构成，其主要区别是装有光学测微器。此外，精密水准仪较 DS_3 水准仪有更好的光学和结构性能，如望远镜放大率不小于 40 倍，符合水准管分划值较小，一般为 $6''/2\sim10''/2$ mm，同时具有仪器结构坚固，水准管轴与视准轴关系稳定，受温度影响小等特点。精密水准仪应与精密水准尺配合使用。

精密水准仪的光学测微器构造如图 1-2-22 所示。它是由平行玻璃板 P、传动杆、测微轮和测微尺组成。平行玻璃板 P 装置在水准仪物镜前，其转动的轴线与视准轴垂直相交，平行玻璃板与测微分划尺之间用带有齿条的传动杆连接。

测微分划尺有 100 个分格，与水准尺上的分格（1 cm 或 0.5 cm）相对应，若水准尺上的分划值为 1 cm，则测微分划尺能直接读到 0.1 mm。

测微分划尺读数原理如图 1-2-22。当平板玻璃与水平的视准轴垂直时，视线不受平行玻璃的影响，对准水准尺的 A 处，即读数为 148(cm)$+a$。为了精确读出 a 的值，需转动测微轮使平行玻璃板倾斜一个小角，视线经平行玻璃板的作用而上、下移动，准确对准水准尺上 148 cm 分划后，再从读数显微镜中读取 a 值，从而得到水平视线截取水准尺上 A 点的读数。

2. 精密水准尺

精密水准仪必须配有精密水准尺。这种水准尺是在木质标尺的中间槽内，装有一 3 m

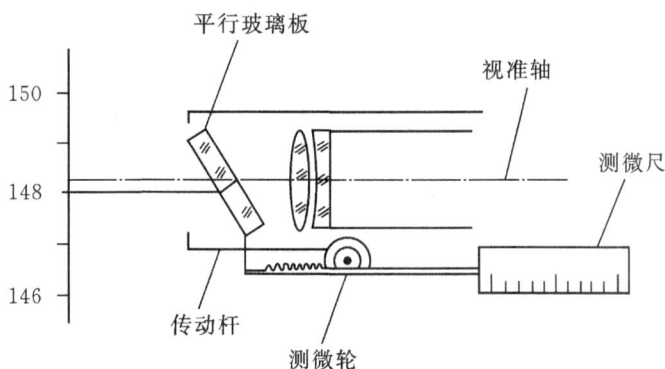

图 1-2-22 光学测微器构造与读数

长的钢瓦合金带,其下端固定在木标尺底部,上端连一弹簧,固定在木标尺顶部。钢瓦带上刻有左右两排相互错开的刻划,数字注在木尺上,如图 1-2-23 所示。精密水准尺的分划值有 1 cm 和 0.5 cm 两种,而数字注记因生产厂家不同有很多形式。Wild N_3 水准仪的精密水准尺分划值为 l cm,全长约 3.2 m,右边一排数字注记自 0~300 cm,称为基本分划;左边一排数字注记自 300~600 cm,称辅助分划。基本分划与辅助分划相差一个常数 K,称基辅差,是用来检核读数用的。图 1-2-23 靖江 DS_1 级水准仪和 N_i004 水准仪的精密水准尺分

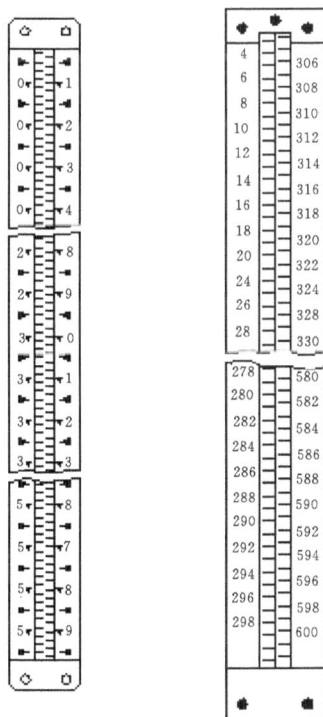

图 1-2-23 精密水准尺

划值为 0.5 cm,该尺左右两排均为基本分划,刻划间隔为 1 cm,但两边刻划相互错开半格,即左右两相邻刻划实际间隔 0.5 cm,但尺面数字仍按 1 cm 注记,因此,尺面值为实际长度的两倍,用此种水准尺测出的高差应除以 2,才得实际的高差。

这种尺右边注记的数字 0~5 表示米数,左边的数字注记为分米数。尺身还标有三角形标志,小三角形所指为半分米处,长三角形所指为分米的起始线。精密水准仪的操作方法与 DS₃ 水准仪基本相同,只是读数方法有些差异。读数时,用微倾螺旋调节符合气泡居中,再转动测微轮,调整视线上、下移动,使十字丝的楔形丝精确夹住水准尺上一个整数分划线,读取读数,再在读数显微镜内读出厘米以下的读数。不同仪器读数方法也有差别,具体使用时请参阅仪器说明书。

二、电子水准仪

电子水准仪是一种新型智能化的水准仪,也称数字水准仪。数字水准仪的测量原理是将编码了的水准尺影像进行一维图像处理,并利用传感器来代替观测者的眼睛,获得水准尺上的测量信息,再由微处理器自动计算出水准尺上的读数及仪器至标尺之间的水平距离。所测数据可在仪器显示屏上显示,并存储在内置的 PCMCIA 卡上;也可通过标准的 RS232C 接口向计算机或相关数据采集器中传输。

数字水准仪的构造主要由光学系统、机械系统和电子信息处理系统组成。其中光学系统和机械系统的工作原理与普通水准仪基本相同。所以数字水准仪也和普通的水准仪一样,直接瞄准水准尺进行光学读数。进行数字化测量时,应使用刻有二进制条形码的专用水准尺。该水准尺的编码影像可通过一个光束处理系统自动进行处理、计算,并显示其测量结果。在具体测量时,仪器视线自动安平补偿器和物像的调焦对光均可由仪器内置的电子设备自动监控来实现。图 1-2-24 所示为天宝数字水准仪,图 1-2-25 所示为索佳生产的数字水准仪。

图 1-2-24 天宝数字水准仪　　　图 1-2-25 索佳 SDL30M

项目小结

1. 水准测量的原理:利用水准仪提供的水平视线,测定地面两点之间的高差,进而求得未知点的高程。

2.DS₃水准仪的结构:望远镜、水准器和基座。

3.水准仪的使用:安置、粗平、瞄准、精平和读数。

4.水准测量的路线形式:闭合水准路线、附合水准路线和支水准路线。

5.水准测量的外业和内业:外业包括现场观测、记录和检核。内业包括高差闭合差的计算和调整及待定点高程的计算。

6.水准仪的检验与校正。水准仪应满足的几何条件:

(1)圆水准器轴应平行于仪器的竖轴;(2)十字丝的中丝(横丝)应垂直于仪器的竖轴;(3)水准管轴平行于视准轴。其中,(3)为主要条件。水准管轴与视准轴的偏角为水准仪的 i 角误差。测量时,应使仪器到前视尺和后视尺的距离大致相等,目的是为了消除 i 角误差对测站高差的影响。在水准仪的三项检验与校正中,重点掌握最后一项。

思考题与习题

1.画图说明水准测量原理。

2.名词解释 转点、视准轴、i 角、高程、高差、附合水准测量。

3.水准仪上的圆水准器和管水准器各起什么作用?

4.水准测量时为什么要求前后视距相等?

5.水准测量中设置转点有何作用? 在转点立尺时为什么要放置尺垫? 何点不能放置尺垫?

6.S₃型水准仪有哪几条主要轴线? 它们之间应满足哪些几何条件? 为什么? 哪个是主要条件?

7.填写表1-2-4水准测量表格。

表 1-2-4 水准测量手簿

测站	点号	水准尺读数/m		高差/m	高程/m	备注
		后视	前视			
Ⅰ	BMA	1.874			22.718	
	TP.1		0.919			
Ⅱ	TP.1	1.727				
	TP.2		1.095			
Ⅲ	TP.2	1.186				A 点高程已知
	TP.3		1.823			
Ⅳ	TP.3	1.712				
	B		1.616			
计算检核	Σ					
		$\sum a - \sum b=$		$\sum h=$		

8. 在表 1-2-5 中进行附合水准测量成果整理,计算高差改正数、改正后高差和高程。

表 1-2-5　附合水准测量成果整理

点号	路线长 L/km	观测高差 h_i/m	高差改正数 v_{h_i}/m	改正后高差 $\hat{h_i}/\mathrm{m}$	高程 H/m	备注
BMA	1.5	+4.362			7.967	已知
1	0.6	+2.413				
2	0.8	−3.121				
3	1.0	+1.263				
4	1.2	+2.716				
5						
BMB	1.6	−3.715			11.819	已知
	Σ					
辅助计算	$f_{h容} = \pm 40\sqrt{L}\,(\mathrm{mm})$					

项目三 角度测量

▶ 项目概述

本项目主要包括：水平角和竖直角测量的原理，经纬仪的基本结构，测量水平角的方法，竖直角及竖盘指标差的计算，角度测量的误差来源等。

▶ 学习目标

①理解水平角和竖直角测量的原理；②熟悉经纬仪的基本结构；③能够熟练地使用经纬仪测量水平角和竖直角；③掌握水平角测量的方法和步骤；④能够对普通经纬仪进行检验与校正；⑤掌握角度测量的误差来源及消减措施。⑥了解新型电子经纬仪和激光经纬仪。

任务一　普通光学经纬仪的组成和使用

知识要点：DJ$_6$光学经纬仪的结构及使用。

技能要点：熟练地使用经纬仪，包括：对中、整平、瞄准和读数。

经纬仪是一种普通的测量仪器，主要用于角度测量。经纬仪按其结构不同可分为光学经纬仪、激光经纬仪和电子经纬仪，按其精度的高低可分为 DJ$_{07}$、DJ$_1$、DJ$_2$、DJ$_6$、DJ$_{15}$ 等型号，其中，D、J 分别是"大地测量"和"经纬仪"的汉语拼音第一个字母，07、1、2、6、15 等下标数字表示该仪器能达到的测角精度，例如，DJ$_6$表示该经纬仪一个测回所得方向值的中误差不超过 $\pm6''$。本任务主要学习工程中常用的两种光学经纬仪 DJ$_6$ 和 DJ$_2$ 的构造及使用。

一、DJ$_6$型光学经纬仪的构造

DJ$_6$型光学经纬仪主要由基座、度盘和照准部三部分组成，如图 1-3-1 所示。

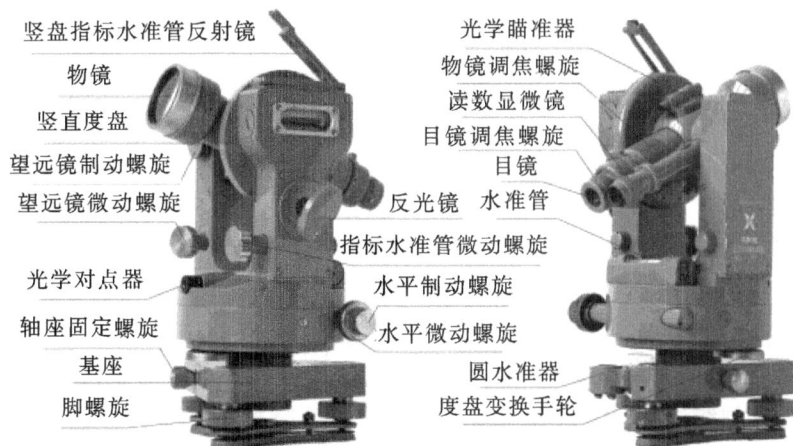

图 1-3-1　DJ$_6$光学经纬仪

1.基座

基座用来支撑整个仪器,并借助中心螺旋使经纬仪与脚架相连接。其上有三个脚螺旋,用来整平仪器。轴座固定螺旋拧紧后,可将仪器上部固定在基座上;使用仪器时,切勿松动该螺旋,以免照准部与基座分离坠地。另外,多数经纬仪基座上还装有圆水准器,用来粗略整平仪器。

2.度盘

度盘包括水平度盘和竖直度盘,它们都是用光学玻璃制成的圆环,周边刻有间隔相等的度数分划,用于量测角度。水平度盘的刻划从 $0° \sim 360°$ 按顺时针方向注记;测角时,水平度盘不动;若需要转动时,可通过度盘变换手轮或复测器(复测钮或复测扳手)实现。竖直度盘的刻划注记有顺时针和逆时针两种形式;它固定在横轴(望远镜的旋转轴,也称水平轴)的一端,随望远镜一起在竖直面内转动。

3.照准部

照准部是指仪器上部可水平转动的部分(其旋转轴称为竖轴),它在水平方向上的转动由水平制动螺旋和水平微动螺旋控制。照准部主要由支架、望远镜和照准部水准管等组成。另外,有的经纬仪还装有光学对点器,如图 1-3-2 所示,它实际上是一个小型的外调焦的望远镜,水平视线到达仪器的中心后,转 90°向下与仪器的竖轴重合,用于仪器的精确对中。

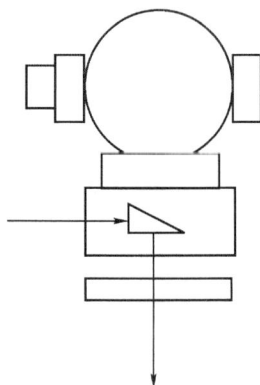

图 1-3-2 光学对点器示意图

二、DJ₆型光学经纬仪的读数设备及读数方法

光学经纬仪上的水平度盘和竖直度盘的最小度盘分划值一般均为 $1°$ 或 $30'$,度盘上小于度盘分划值的读数要利用测微器读出,DJ₆型光学经纬仪的读数测微器装置有测微尺和单平板玻璃测微器两种。下面介绍测微尺读数系统及读数方法。

如图 1-3-3 为测微尺读数系统示意图,目前新产的 DJ₆级光学经纬仪均采用这种装置。它是在读数显微镜的视场中设置一个带有两平行的分划尺的分划板,两分划尺的结构相同,一条用于水平度盘分划和测微尺成像,另一条用于垂直度盘分划和测微尺成像;度盘上的分划线经显微镜放大后成像于该分划板上,度盘最小格值(60′)的成像宽度正好等于分划板上分划尺 $1°$ 分划间的长度,分划尺分 60 个小格,注记方向与度盘的相反,用这 60 个小格去量测度盘上的 $1°$,则每个小格格值为 $1'$。量度时以零分划线为指标线。如图 1-3-3 所示,左图是 DJ₆型经纬仪的光路图,右图是读数显微镜的视场,"水平"表示窗口中显示的是水平度盘分划线及其测微尺的像。"竖直"表示窗口中显示的是垂直度盘分划线及其测微尺的像。

读数时,先调节反光镜和读数显微镜目镜,看清读数窗内度盘的影像,然后读出位于测微尺上度盘的分划线的注记度数,再以该度盘分划线为指标线,在测微尺上读取不足度盘分划值的分数,并估读秒数,二者相加即得度盘读数。如在图 1-3-3 中,水平度盘读数为 $100°04'.5$ 或直接读为 $100°04'30''$,垂直度盘读数为 $89°07'.2$ 或直接读为 $89°07'12''$。

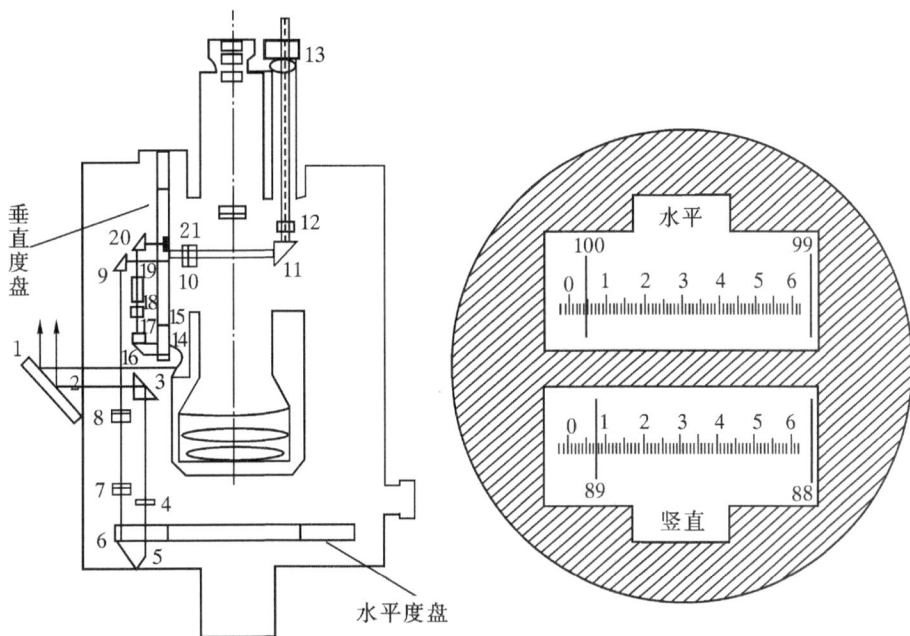

图 1-3-3 测微尺读数系统

1—反光镜;2—进光窗;3、9、11—转向棱镜;4—水平度盘聚光透镜;5—水平度盘照明棱镜;
6—水平度盘;7、8—水平度盘显微镜;10—读数窗场境;12—透镜;13—读数显微镜目镜组;
14—竖盘照明棱镜;15—竖盘;16、20—竖盘转向棱镜;19—平板玻璃;21—菱形棱镜

三、DJ$_2$型光学经纬仪

1.DJ$_2$型光学经纬仪的特点

DJ$_2$型光学经纬仪精度较高,常用于国家三、四等三角测量和精密工程测量,与DJ$_6$型光学经纬仪相比主要有以下特点:

(1)轴系间结构稳定,望远镜的放大倍数较大,照准部水准管的灵敏度较高。

(2)在 DJ$_2$型光学经纬仪读数显微镜中,只能看到水平度盘和竖直度盘中的一种影像,读数时,通过转动换像手轮,使读数显微镜中出现需要读数的度盘影像。(如图 1-3-5 中(a)为竖直度盘影像,(b)为水平度盘影像。)

(3)DJ$_2$光学经纬仪采用对径符合读数装置,相当于取度盘对径相差 180°处的两个读数的平均值,可以消除偏心误差的影响,提高读数精度。

图 1-3-4 是苏州第一光学仪器厂生产的 DJ$_2$型光学经纬仪的外形示意图。

2.DJ$_2$型光学经纬仪的读数方法

用对径符合读数装置是通过一系列光学部件的作用,将度盘直径两端分划线的影像同时反映到读数窗内,被一横线隔开分为正字像(简称正像)和倒字像(简称倒像),如图 1-3-5 所示。图中,大窗为度盘的影像,每隔 1°注一数字,度盘分划值为 20′。小窗为测微尺的影像,

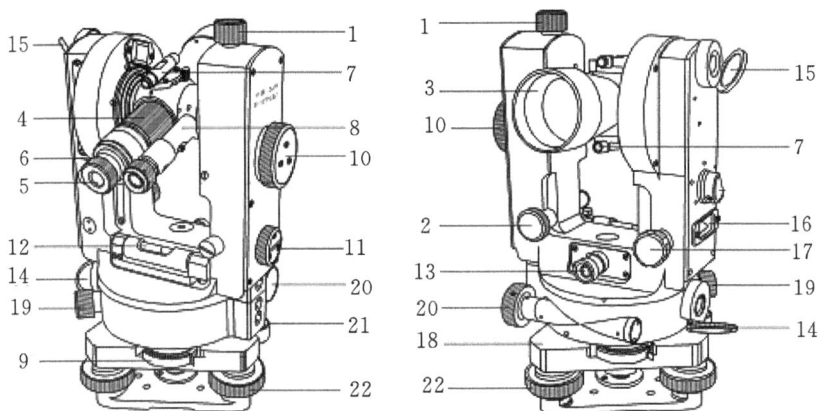

图 1-3-4 DJ₂ 光学经纬仪

1—望远镜制动螺旋；2—望远镜微动螺旋；3—物镜；4—物镜调焦螺旋；5—目镜；6—目镜调焦螺旋；7—粗瞄器；8—读数显微镜；9—水平度盘变换手轮；10—测微手轮；11—换像手轮；12—照准部水准管；13—光学对点器；14—水平度盘照明镜；15—竖盘照明镜；16—竖盘指标水准管观察窗；17—竖盘指标水准管微动螺旋；18—基座；19—照准部制动螺旋；20—照准部微动螺旋；21—圆水准器；22—脚螺旋

中间横线为测微尺读数指标线,左侧注记数字从 0 到 10 以分为单位,右侧注记数字以 10″ 为单位,最小分划为 1″,估读到 0.1″。当转动测微轮,使测微尺由 0′ 移动到 10′ 时,度盘正倒像的分划线向相反方向各移动半格(相当于 10′)。读数时,先转动测微轮,使正、倒像的度盘分划线精确重合,然后找出邻近的正、倒像相差 180° 的两条分划线,并注意正像应在左侧,倒像在右侧,正像分划的数字就是度盘的度数;再数出正像分划线与倒像分划线间的格数,乘以度盘分划值的一半(因正、倒像相对移动),即得度盘上应读取的 10′ 数;不足 10′ 的分数和秒数,应从左边小窗中的测微尺上读取。如图 1-3-5(a)中,竖直度盘上读数为 135°,整 10′ 数为 00′,测微尺上的分、秒数为 2′02″.3,以上三数之和 135°02′02″.3 即为度盘的整个读数。同法,图 1-3-5(b)中的水平度盘读数为 22°56′57″.5。

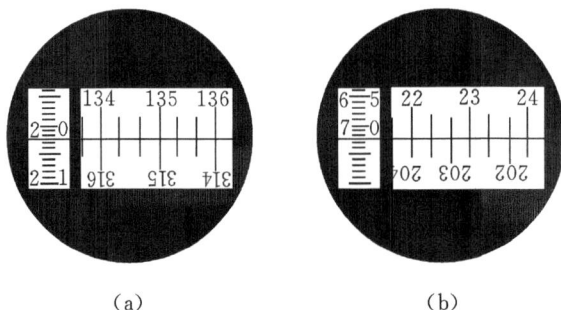

（a）　　　　　　　　　　　　（b）

图 1-3-5　对径符合读数系统示意图

近年来生产的 DJ₂ 级光学经纬仪,读数原理与上述相同,所不同的是采用了数字化的读数系统,如图 1-3-6 所示。图(b)中右下侧的小窗为度盘对径分划线重合后的影像,没有注记,上面的小窗为度盘读数和整 10′ 的注记(图中为 123°40′),左侧的小窗为分和秒数(图中为 8′12″.4)。度盘的整个读数为 123°48′12″.4。图 1-3-6(a)所示为我国统一设计的 DJ₂ 光学经纬仪度盘对径分划重合后读数的图像,读数为 28°14′25″.3。

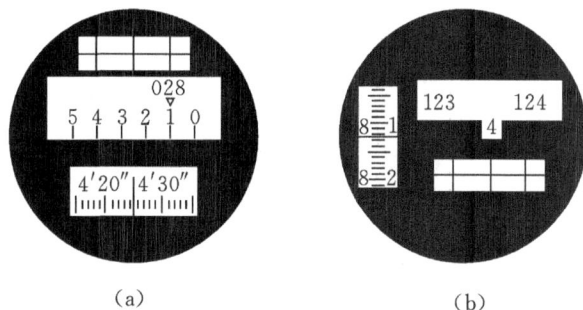

(a)　　　　　　　　(b)

图 1-3-6　数字化读数系统示意图

四、光学经纬仪的使用

经纬仪的使用包括对中、整平、瞄准和读数四个操作步骤。对中的目的是使仪器中心(即度盘中心)与测站上的标志点位于同一铅垂线上;整平的目的是使经纬仪的纵轴铅垂,水平度盘和横轴处于水平位置,竖直度盘位于铅垂面内。二者合起来称经纬仪的安置。

1.用垂球对中及经纬仪整平的方法

(1)垂球对中　先张开三脚架放在测站上,脚架高度要适当,以便于观测,目估使架头大致水平,把脚架上的连接螺旋放在架头中心位置,挂上垂球线(打活结),将三角架的一条腿插稳,再用双手握住另外两腿作左、右、前、后移动,使垂球尖大致对准测站点,并保持架头大致水平,然后将这两条腿插稳。从箱中取出仪器放到三脚架上,拧紧连接螺旋使仪器与脚架连接,细心观察垂球是否偏离标志中心,如偏离可略放松连接螺旋,用手在架头上轻移仪器,使垂球尖对准测站点标志中心,再拧紧连接螺旋。一般的测量工作,要求对中误差不大于 3 mm。

(2)整平　先转动脚螺旋使圆水准器气泡居中,进行初步整平(也可通过伸缩架腿调整),然后转动照准部,使水准管平行于任意两个脚螺旋的连线,如图 1-3-7(a)所示,按照左手拇指规则,以相反方向同时旋转这两个脚螺旋使气泡居中。再旋转仪器照准部,使水准管转动 90°,旋转另一个脚螺旋,使气泡居中,如图 1-3-7(b)所示。按上述方法反复进行几次,直到水准管旋转到任何位置时,气泡都居中为止。一般要求气泡偏离中心不超过 1 格即可。

实际上,对中、整平两项操作是互相影响、交替进行的,应反复进行,直到两个目的都达到为止。

2.用光学对点器对中及经纬仪整平的方法

光学对点器装在仪器纵轴中,中间有一个直角反射棱镜(光学对中棱镜),将铅垂方向的

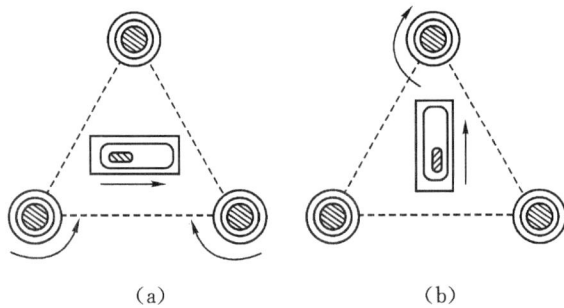

图 1-3-7 精确整平

光线折射到水平方向以便观察。

操作方法是:将三脚架置于测站点上,目估架头水平同时注意高度适中,然后安上仪器;先转动光学对点器目镜调焦螺旋,使视场中的标志圆(或十字丝)和地面目标同时清晰;旋转脚螺旋,使地面标志点影像位于圆圈中心;然后伸缩调节架腿使圆水准器气泡居中,此时仪器可能又不对中了,稍微松动连接螺旋,在架头上平移仪器使其对中。这一做法要反复一到二次,一直到在光学对点器目镜中见到地面上测站点在对点器的圆圈内为止。最后用仪器上的水准管和光学对点器再次精确整平和对中(这时因移动量已很小,可稍微转动脚螺旋,使水准管气泡居中)。光学对点器对中误差应小于 1 mm。

3.瞄准

测角时的照准标志,一般是竖立于测点的标杆、测钎、垂线或觇牌等,如图 1-3-8 所示。望远镜瞄准目标的操作步骤如下:

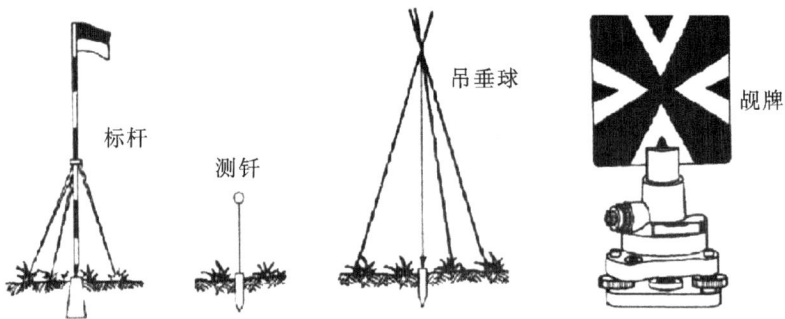

图 1-3-8 照准标志

(1)目镜调焦 将望远镜对向明亮的背景(如天空),调节目镜调焦螺旋,使十字丝变得十分清晰(称为目镜对光)。

(2)粗瞄目标 松开望远镜水平、竖直制动螺旋,通过望远镜上的粗瞄器对准目标,然后拧紧制动螺旋。

(3)物镜调焦 转动望远镜物镜调焦螺旋使目标成像清晰(称为物镜对光)。同时注意消除视差现象(可微调目镜调焦螺旋)。

（4）精瞄目标　转动水平微动及竖直微动螺旋,使十字丝精确瞄准目标。

测水平角时,应该用十字丝的竖丝精确瞄准目标(当目标影像较细时,用双丝去夹准;否则用单丝平分),如图 1-3-9 所示;测竖直角时,则应该用十字丝的横丝精确切准目标。同时,要注意检查并消除视差。

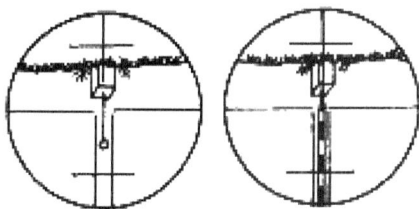

图 1-3-9　精确瞄准目标

4.读数

打开反光镜,调整其位置,使读数窗内进光明亮均匀。然后进行读数显微镜调焦,使读数窗内分划清晰。读数方法如前所述。

任务二　水平角测量

知识要点:水平角测量原理及测量方法。

技能要点:使用经纬仪采用测回法或方向观测法测量水平角。

一、水平角测量原理

地面上一点到两目标点的连线,在水平面上的垂直投影所夹的角称为水平角。如图 1-3-10所示,A、O、B 为地面上任意三点,将三点沿铅垂线方向投影到水平面上,得到相应的 A_1、O_1、B_1 点,则水平面上的夹角 β_1 即为地面 OA、OB 两方向线间的水平角 β。水平角的大小与地面点的高程无关。

如果在水平角顶点 O 的上方水平地安置一个有刻度的圆盘(称为水平度盘),其中心位于过 O 点的铅垂线上,还有一个能够瞄准远方目标的望远镜,而且望远镜可以在水平面内和铅垂面内任意转动,用来瞄准不同方向和不同高度的目标。这样,在测量水平角时,可通过望远镜分别瞄准高低和远近不同的目标 A 和 B,并在水平度盘上得到相应的读数 a 和 b,则 OA、OB 两方向间的水平角 β 即为两个读数之差,即

$$\beta = b - a \qquad\qquad (1-3-1)$$

水平角的测量方法,一般根据测量工作的精度要求、观测目标的数量以及施测时所用的仪器而定,常用的有测回法、复测法和方向观测法三种。这里介绍地面测量常用的测回法和方向观测法。

二、测回法

测回法用于观测两个方向之间的单角。如图 1-3-11 所示,欲测角度 $\angle AOB$,先将经

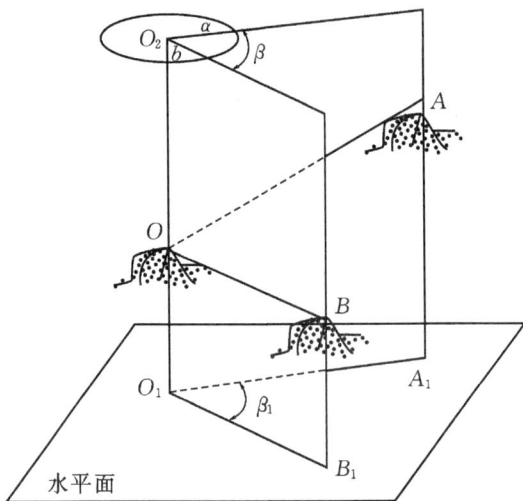

图 1-3-10 水平角测量原理

纬仪安置于 O 点,并在 A、B 两点设置观测标志,然后按照下列程序进行观测:

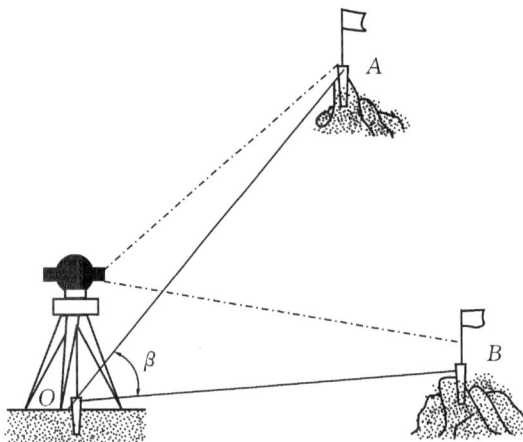

图 1-3-11 测回法观测水平角

(1)先将经纬仪置于盘左位置(又称正镜,即观测时竖盘在望远镜的左边),松开水平制动螺旋,转动照准部,使望远镜大致瞄准后视点 A 上的标杆。然后拧紧水平制动螺旋,用微动螺旋使望远镜精确瞄准 A 点(此时,一般应瞄准标杆底部,或直接瞄准 A 点标志中心),读取水平度盘读数 a_1,设 $a_1 = 0°02'18''$,记入水平角观测记录手簿表 1-3-1。

(2)松开水平制动螺旋,按顺时针方向转动照准部,用上述方法精确瞄准前视点 B,读取水平度盘读数 b_1,设 $b_1 = 71°45'36''$,记入手簿。由图 1-3-11 可知,当望远镜视准轴从 OA 方向转到 OB 方向时,指标线在水平度盘上所走的角值,就是需要测量的水平角,即

$$\beta_{左} = b_1 - a_1 = 71°45'36'' - 0°02'18'' = 71°43'18''$$

表 1-3-1 水平角观测手簿(测回法)

日期 _____ 　　仪器 _____ 　　观测 _____

天气 _____ 　　地点 _____ 　　记录 _____

测站	目标	盘位	水平度盘读数	半测回角值	一测回角值	各测回平均角值	备注
1	2	3	4	5	6	7	8
第一测回 O	A	左	0°02′18″	71°43′18″	71°43′27″	71°43′26″	
	B	左	71°45′36″				
	A	右	180°01′54″	71°43′36″			
	B	右	251°45′30″				
第二测回 O	A	左	90°02′12″	71°43′06″	71°43′24″		
	B	左	161°45′18″				
	A	右	270°01′06″	71°43′42″			
	B	右	341°44′48″				

上述程序测量水平角一次,称为上半测回。为了校核测量成果,消除仪器误差,得到更精确的角值,还需要用盘右位置(又称倒镜,即观测时竖盘在望远镜的右边)再观测一次,称下半测回。

(3)倒转望远镜成盘右位置,按上述方法,先精确瞄准前视点 B,读数 b_2,设 $b_2 = 251°45′30″$,记入手簿。

(4)再逆时针转动照准部,精确瞄准后视点 A,读数 a_2,设 $a_2 = 180°01′54″$,则得下半测回角值 $\beta_右$,记入观测手簿:

$$\beta_右 = b_2 - a_2 = 251°45′30″ - 180°01′54″ = 71°43′36″$$

上下两个半测回合在一起,称为一个测回。按《城市测量规范》(以后简称《规范》)规定,用 DJ_6 经纬仪观测,如上、下两个半测回所测水平角角值不超过 $40″$,可取其平均值作为一测回的观测结果,否则应重测。该例中角度差值为 $18″$,取平均值作为 β 角的最后角值:

$$\beta = \frac{1}{2}(\beta_左 + \beta_右) = \frac{1}{2}(71°43′18″ + 71°43′36″) = 71°43′27″$$

为了提高测角精度,往往需要观测 n 个测回,各测回的起始读数应在度盘的不同位置进行读取,以减小度盘分划不均匀所引起的测角误差,其变更数值为 $180°/n$。例如,要观测三个测回时,度盘起始读数分别为 $0°$、$60°$、$120°$(一般可稍大于该整数)。

三、方向观测法

当测站上的方向观测数在 3 个或 3 个以上时,一般采用方向观测法(简称方向法)观测。当方向数多于三个并再次瞄准起始方向者,称为全圆方向观测法。

1.方向观测法的操作

如图 1-3-12,测站点 O 有四个观测方向,为测出各方向相互之间的水平角值,可先用方向观测法测出各方向值。在 O 点安置经纬仪，A、B、C、D 各观测目标处竖立观测标志，并选择一个通视良好、成像十分清晰的目标 A 作为起始方向，通常称为零方向。一测回观测的操作程序如下：

(1)上半测回操作　先用经纬仪的盘左位置瞄准零方向 A，并使用复测扳钮或度盘变换手轮，将水平度盘读数配置在稍大于 $0°$ 的位置，再检查望远镜是否精确瞄准第一目标 A，然后读取水平度盘读数并记录(见表 1-3-2)。松开水平制动螺旋，顺时针方向旋转照准部，依次瞄准 B、C、D、A 各目标进行观测，所有读数依次序记入手簿盘左栏内。其中，最后闭合到零方向 A 的操作称为归零，半测回中两次观测零方向的读数之差称为归零差。规范规定，对于 DJ_6 经纬仪，归零差不应大于 $18''$。

(2)下半测回操作　松开水平制动螺旋，倒转望远镜成盘右位置，先逆时针方向旋转照准部 1～2 周后，精确瞄准零方向 A 的照准标志，读数并记录，然后继续逆时针转动照准部，依次瞄准 D、C、B、A 各目标，读数并记入手簿盘右栏内，记录手簿见表 1-3-2。

2.方向观测法的计算方法

下面以表 1-3-2 为例，说明方向观测法的计算方法。

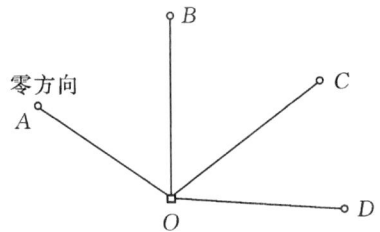

图 1-3-12　方向观测法示意图

表 1-3-2　方向观测法观测手簿(全圆方向观测法)

日期 _____　　　仪器 _____　　　观测 _____

天气 _____　　　地点 _____　　　记录 _____

1	2	3	4	5	6	7	8	9	10
测站	测回数	目标	水平度盘读数		2C	平均读数	归零后方向值	各测回归零后方向平均值	备注
			盘左	盘右					
O	一	A	0°02′12″	180°02′00″	+12″	(0°02′10″) 0°02′06″	0°00′00″	0°00′00″	
		B	37°44′15″	217°44′05″	+10″	37°44′10″	37°42′00″	37°42′04″	
		C	110°29′04″	290°28′52″	+12″	110°28′58″	110°26′48″	110°26′52″	
		D	150°14′51″	330°14′43″	+8″	150°14′47″	150°12′37″	150°12′33″	
		A	0°02′18″	180°02′08″	+10″	0°02′13″			
	二	A	90°03′30″	270°03′22″	+8″	(90°03′24″) 90°03′26″	0°00′00″		
		B	127°45′34″	307°45′28″	+6″	127°45′31″	37°42′07″		
		C	200°30′24″	20°30′18″	+6″	200°30′21″	110°26′57″		
		D	240°15′57″	60°15′49″	+8″	240°15′53″	150°12′29″		
		A	90°03′25″	270°03′18″	+7″	90°03′22″			

（1）计算两倍视准轴误差 $2C$ 值

$$2C = 盘左读数 - (盘右读数 \pm 180°) \tag{1-3-2}$$

上式中，盘右读数大于 180°时取"－"号，盘右读数小于 180°时取"＋"号。计算各方向的 $2C$ 值，填入表 1-3-2 的第 6 栏，一测回内各方向 $2C$ 值互差不应超过表 1-3-3 中的规定。如果超限，应在原度盘位置重测。

（2）计算各方向的平均读数　平均读数又称为各方向的方向值，其计算公式为

$$平均读数 = \frac{1}{2}[盘左读数 + (盘右读数 \pm 180°)] \tag{1-3-3}$$

计算时，以盘左读数为准，将盘右读数加或减 180°后，和盘左读数取平均值。计算各方向的平均读数，填入表 1-3-2 的第 7 栏。起始方向有两个平均读数，故应再取平均值，填入表 1-3-2 的第 7 栏上方小括号内。

（3）计算归零后的方向值　将各方向的平均读数减去起始方向的平均读数（括号内数值），即得各方向的"归零后的方向值"，填入表 1-3-2 的第 8 栏，起始方向归零后的方向值为零。

（4）计算各测回归零后方向值的平均值　多测回观测时，同一方向值各测回较差符合表 1-3-3 中的规定，则取各测回归零后方向值的平均值，作为该方向的最后结果，填入表 1-3-2 的第 9 栏。

⑸计算各目标间水平角角值　根据第 9 栏的各测回归零后方向值的平均值，可以计算出任意两个方向之间的水平夹角。

当需要观测的方向为三个时，可不做归零观测，其余操作同上。

3. 方向观测法的限差

《城市测量规范》规定，对于一级及其以下等级的导线，采用 DJ₆经纬仪观测时，方向观测法的限差应符合表 1-3-3 的规定。

表 1-3-3　　方向观测法的各项限差

等级	经纬仪型号	半测回归零差	一测回内 $2C$ 互差	同一方向值各测回较差
四等及以上	DJ$_1$	6″	9″	6″
	DJ$_2$	8″	13″	9″
一级及以下	DJ$_2$	12″	18″	12″
	DJ$_6$	18″	—	24″

任务三　竖直角测量

知识要点：竖直角及其测量原理、竖直角计算公式和竖盘指标差计算公式。

技能要点：能进行竖直角测量、记录和计算及竖盘指标差的计算。

一、竖直角测量原理

同一铅垂面内，一点到观测目标的视线与水平线间的夹角称为竖直角，也称为倾角或竖

角,通常用 α 表示,其角值从 $0°\sim\pm90°$。视线在水平线以上的竖直角称为仰角,角值为正,如图 $1-3-13$ 中的 α_1;视线在水平线以下的竖直角称为俯角,角值为负,如图 $1-3-13$ 中 α_2。

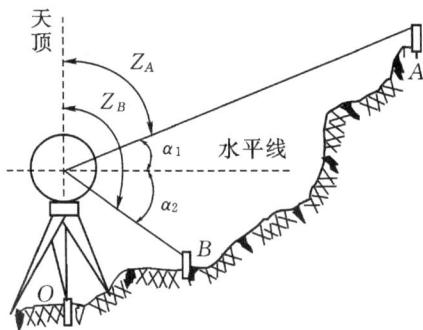

图 $1-3-13$　竖直角测量原理

另外,视线与铅垂线的夹角称为天顶距,天顶距 Z 的角值范围为 $0°\sim180°$。

为了测出竖直角的大小,测角仪器必须装有一个铅垂竖直的度盘(也叫竖盘),竖盘平面必须与过视线的铅垂面平行,其中心在过 O 点的水平线上;竖盘能够上下转动,且有一指标线处于铅垂位置,不随度盘的转动而转动,为使指标线处于铅垂位置,必须设置一指标水准管与之相连。通过仪器的望远镜和读数设备分别获得目标视线和水平视线的读数,则竖直角 α 为

$$\alpha = 目标视线读数 - 水平视线读数 \qquad (1-3-4)$$

对于任何类型的测角仪器,水平视线方向的竖盘读数都是一个固定值,如 $0°$、$90°$、$180°$ 或 $270°$,测竖直角前应先确定仪器在视线水平时竖盘的读数,那么在测量竖直角时,只要用仪器的望远镜瞄准观测目标,读出竖盘读数,按公式($1-3-4$)即可计算出竖直角。

二、竖直度盘的构造

根据竖直角测量原理,要求安装在水平轴一端的竖直度盘(也叫竖盘)与水平轴相垂直,且两者的中心要重合。度盘刻划按 $0°\sim360°$ 进行注记,其形式有顺时针和逆时针两种,指标为可动式。图 $1-3-14$ 为竖盘部分的构造示意图,其构造特点是:

(1)竖直度盘、望远镜、水平轴三者连成一体,望远镜上下旋转时竖直度盘随着转动。

(2)指标、指标水准管、指标水准管微动螺旋及框架连成一体,指标的方向与指标水准管轴垂直。当转动指标水准管微动螺旋时,通过框架使指标水准管和指标绕水平轴一起转动;水准管气泡居中时,指标水准管轴水平,指标处于正确位置。

(3)当视准轴水平,指标水准管气泡居中时,竖直度盘读数应为 $90°$ 或 $90°$ 的整倍数。

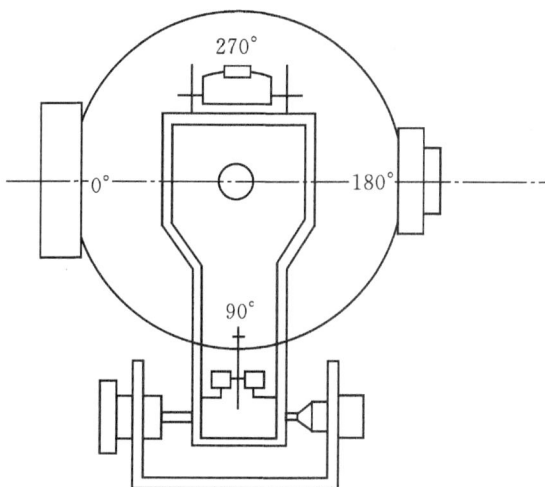

图 1-3-14 竖盘构造示意图

三、竖直角的计算公式

各类经纬仪的竖盘注记形式不同,在测量竖直角之前,应根据所用仪器的注记形式写出竖直角计算公式,具体方法如下。

经纬仪安置后,在盘左位置大致放平望远镜,根据读数情况判别视线水平时的读数应是 $90°$ 或 $90°$ 的整倍数,如图 1-3-15(a)所示,视线水平时,读数为 $90°$。然后上仰望远镜物镜,观察读数是增加还是减少,若读数减小,如图 1-3-15(b)所示,设其值为 L,则盘左时竖直角的计算公式为

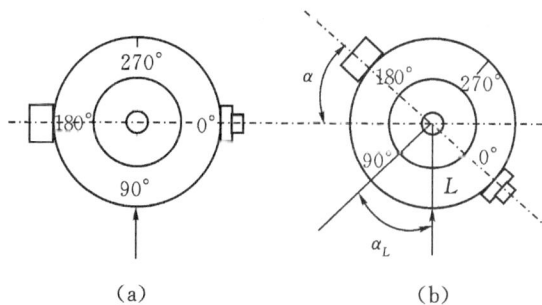

（a） （b）

图 1-3-15 竖直角计算公式示意图

$$\alpha_L = 90° - L \qquad (1-3-5)$$

同法,可写出盘右时竖直角的计算公式

$$\alpha_R = R - 270° \qquad (1-3-6)$$

若读数增加时,则竖直角计算公式为

$$\alpha_L = L - 90° \qquad (1-3-7)$$

$$\alpha_R = 270° - R \qquad (1-3-8)$$

由上述各式可以看出竖盘注记规律,即盘左视线水平读数加180°等于盘右视线水平读数,而且对于同一目标,盘左、盘右两次读数之和应该为360°。最后取盘左和盘右竖直角的平均值作为最终值:

$$\alpha = (\alpha_L + \alpha_R)/2 \qquad (1-3-9)$$

四、竖盘指标差

上述公式是基于竖盘指标差为零的情况下竖直角计算公式。当竖盘指标水准管与竖盘读数指标的关系不正确时,竖盘指标就会偏离正确位置,此时望远镜视线水平时的竖盘读数与指标正常时的读数(90°或270°)有一个小的角度差 x,称为竖盘指标差,如图 $1-3-16$(a)所示为盘左位置,由于指标差 x 的存在,当指标水准管气泡居中,视线瞄准某一目标时,读出的角值将比正确值增大一个 x 值,则正确的竖直角为

$$\alpha = 90° - (L - x) = \alpha_L + x \qquad (1-3-10)$$

同样盘右时,如图 $1-3-16$(b)所示,竖直角的正确值为

$$\alpha = (R - x) - 270° = \alpha_R - x \qquad (1-3-11)$$

将式 $(1-3-10)$、$(1-3-11)$ 相加,则有

$$\alpha = (\alpha_L + \alpha_R)/2 = [(R - L) - 180°]/2 \qquad (1-3-12)$$

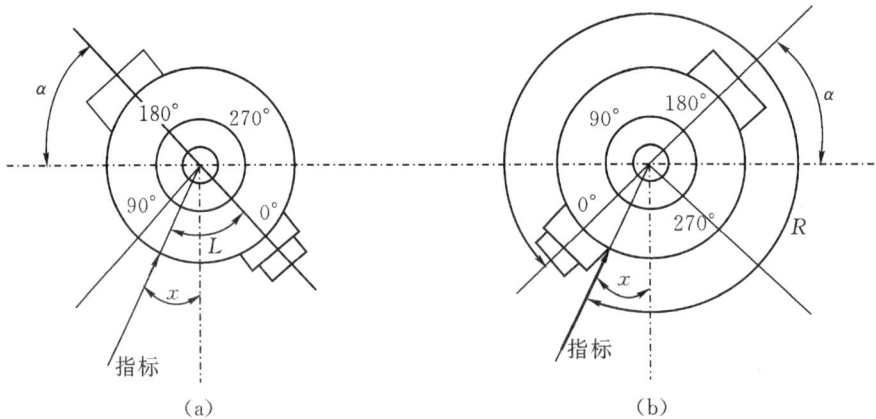

图 $1-3-16$　竖盘指标差示意图

由此可见,在测量竖直角时,用盘左、盘右各观测一次,不仅是为了检核测量成果的质量,防止错误,更主要的是取其平均值作为最终结果,可以消除竖盘指标差和其他的仪器误差的影响。

而将式 $(1-3-10)$ 和式 $(1-3-11)$ 相减,则得

$$x = (\alpha_R - \alpha_L)/2 = [(L + R) - 360°]/2 \qquad (1-3-13)$$

五、竖直角观测

竖直角观测时,用十字丝的中丝瞄准目标,调节指标水准管气泡居中,读取竖盘读数,并

代入相应公式,计算出竖直角。具体观测方法如下:

(1)在测点安置经纬仪,对中整平后确定竖直角计算公式。假如仪器在盘左视线水平时,竖盘读数为90°,望远镜上仰时,读数减小,则竖直角计算公式用(1-3-5)和(1-3-6)。

(2)正镜瞄准目标,即用十字丝横丝瞄准位置,调节竖盘指标水准管微动螺旋使气泡居中,读取盘左竖盘读数 L。

(3)倒镜瞄准目标的相同位置,调节竖盘指标水准管使气泡居中,读取盘右竖盘读数 R。

以上为竖直角测量的一个测回,当一个测站有多个观测目标时,在正镜位应顺时针依次瞄准各个目标读各目标的盘左读数,然后再倒镜逆时针依次瞄准各个目标读取各目标的盘右读数。竖直角记录和计算见表1-3-4,该表记录了某测站两个方向1、2的竖直角观测成果。在一个测站上一次设站观测结束后,如果本站所有指标差互差不超过限差要求(24″),则本站竖直角观测合格,否则超限目标应重测。

表 1-3-4 竖直角观测手簿

日期 _____   仪器 _____   观测 _____
天气 _____   地点 _____   记录 _____

测站	目标	竖盘位置	竖盘读数 °	竖盘读数 ′	竖盘读数 ″	半测回竖直角值 °	半测回竖直角值 ′	半测回竖直角值 ″	指标差/″	一测回竖直角值 °	一测回竖直角值 ′	一测回竖直角值 ″	备注
N	1	左	81	38	12	8	21	48	−12	8	21	36	
		右	278	21	24	8	21	24					
	2	左	96	12	36	−6	12	36	−9	−6	12	45	
		右	263	47	06	−6	12	54					

六、竖盘指标自动归零装置

由上面介绍可知,观测竖直角时,只有在竖盘指标水准管气泡居中的条件下,指标才处于正确位置,否则读数就会有错误。然而每次读数都必须使竖盘指标水准管气泡居中是很费事的,有时甚至因遗忘这步操作而发生错误。为了克服这些缺点,近几年来生产的某些型号的经纬仪采用了竖盘指标自动归零装置。采用这种装置后,指标水准管及其微动螺旋即被取消,在经纬仪整平的条件下,竖盘指标能自动居于正确位置,可以随时读数,从而提高了竖直角观测的速度和精度。

任务四 光学经纬仪的检验与校正

知识要点:光学经纬仪主要轴线及其应满足的条件。

技能要点:能进行光学经纬仪的四项检验和校正。

一、光学经纬仪应满足的几何条件

经纬仪有纵轴(竖轴)VV、水准管轴 LL、视准轴 ZZ、水平轴(横轴)HH 及圆水准器轴

OO 等几大轴线。视准轴为望远镜的物镜中心与十字丝中心的连线,是瞄准目标时的视线;竖轴为照准部旋转轴,正常使用时应保持铅垂;水准管轴在气泡居中时,应水平;圆水准器轴在气泡居中时,应铅垂;横轴是望远镜的旋转轴,正常状态应水平。为保证经纬仪的正常使用,上述各轴线间必须满足一定几何关系,如图 1-3-17 所示,包括:

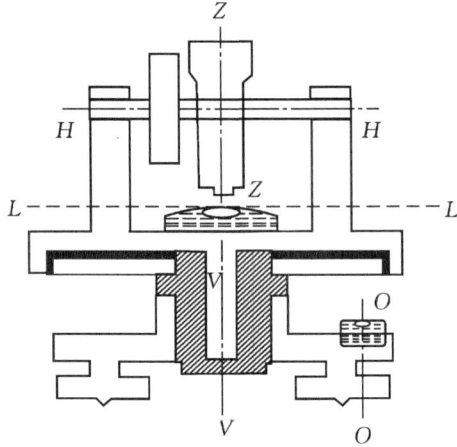

图 1-3-17 经纬仪轴线

(1)水准管轴垂直于纵轴($LL \perp VV$);

(2)圆水准器轴平行于纵轴($OO /\!/ VV$);

(3)视准轴垂直于横轴($ZZ \perp HH$);

(4)横轴垂直于纵轴($HH \perp VV$);

(5)十字丝纵丝垂直于横轴;

(6)竖盘指标应处于正确位置;

(7)光学对点器视准轴位置正确。

仪器在使用过程中会使上述关系受到破坏,进而影响到经纬仪的正常使用。因此,在使用仪器前及使用过程中,应定期对仪器轴线间应存在的几何关系进行检验与校正。下面介绍几项最主要的检验与校正。

二、光学经纬仪检验和校正

(一)照准部水准管轴垂直于仪器竖轴的检验与校正

1. 检验

将经纬仪大致整平,转动照准部使水准管平行于一对脚螺旋的连线,调节脚螺旋使水准管气泡居中;然后转动照准部 180°,此时如果气泡仍然居中则说明条件满足,如果偏离量超过一格,应进行校正。

2. 校正

如图 1-3-18 所示,当气泡居中时,说明水准轴已水平,此时,如果水准轴与竖轴是正交的,则竖轴应处于铅垂方向,水平度盘应处于水平位置;若水准轴与竖轴不正交,如图

1-3-18(a)所示,竖轴与铅垂线将有夹角α,则水平度盘与水准轴的夹角也为α。当照准部旋转180°时,气泡偏离如图1-3-18(b)所示,因竖轴倾斜方向没变,可见管水准轴与水平线的夹角为2α(通过气泡中心偏离水准管零点的格数表现出来)。校正时,先用拨针拨动水准管校正螺钉,使气泡退回偏离值的1/2,此时几何关系即得到满足。再用脚螺旋调节水准管使气泡居中,这时水准管轴水平,竖轴竖直。此项检验校正需反复进行,直到照准部转至任何位置,气泡中心偏离水准管零点均不超过一格为止。

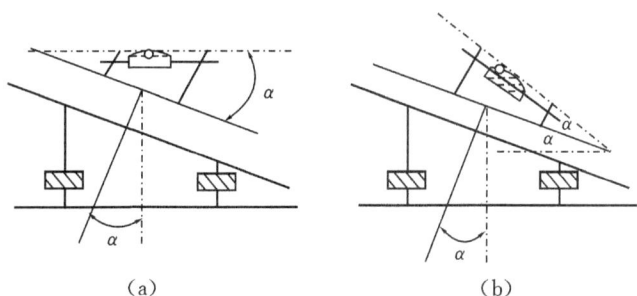

（a）　　　　　　　　　　（b）

图1-3-18　照准部水准管轴垂直于仪器竖轴的检验与校正

（二）望远镜的视准轴垂直于横轴的检验与校正

1.检验

如图1-3-19(a)所示,在一平坦场地上选择相距约100 m的A、B两点,在AB的中点O安置经纬仪。在A点设置一观测标志,在B点水平横放一把有毫米分划的小尺,使其垂直于OB,且与仪器大致同高。以盘左位置瞄准A点,倒转望远镜在B点尺上读数,得B_1点;再以盘右位置瞄准A点,倒转望远镜在B点尺上读数,得B_2点。若B_1和B_2重合,则几何条件满足,否则需要进行校正。

2.校正

如图1-3-19(b)所示,在尺上定出一点B_3,使$B_2B_3 = B_1B_2/4$,OB_3便与横轴垂直。用拨针拨动左右两个十字丝校正螺钉,一松一紧,左右移动十字丝分划板,直至十字丝交点与B_3影像重合。此项检校也需反复进行。

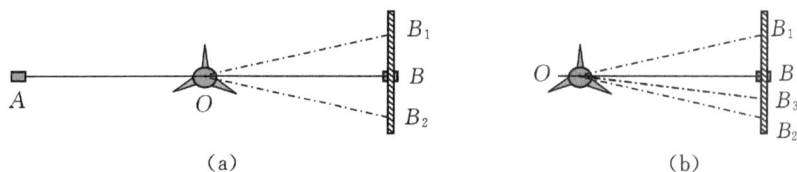

（a）　　　　　　　　　　（b）

图1-3-19　望远镜的视准轴垂直于仪器横轴的检验与校正

（三）横轴垂直于仪器竖轴的检验与校正

1.检验

如图1-3-20所示,在距某一竖直墙面约20~30 m处安置经纬仪,盘左瞄准竖直墙面上高处一点P,然后将望远镜下俯至水平位置,依十字丝交点在墙面上定出P_1点;倒转望远镜成盘右位置,再瞄准 P 点,将望远镜放至水平后,同法在墙面上定出 P_2 点。若 P_1 和 P_2 重合,则几何条件满足,否则需要进行校正。

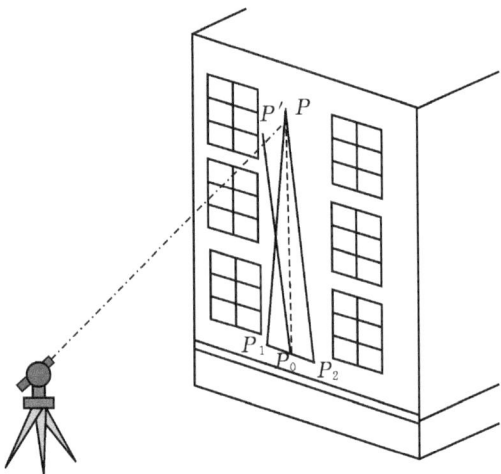

图 1-3-20　横轴垂直于仪器竖轴的检验与校正

2. 校正

取 P_1、P_2 的中点 P_0,以十字丝交点对准 P_0,固定照准部;然后抬高望远镜至 P 点附近,此时十字丝的交点将偏离 P 点,而位于 P' 处。这时拨动横轴一端的偏心轴承,使之抬高或降低,直至十字丝的交点照准 P 点为止。

(四)光学对点器的检验与校正

1. 检验

安置经纬仪于三脚架上,将仪器大致整平。在仪器下方放一块画有"十"字的硬纸板。移动纸板,使对点器的刻划圈中心对准"十"字中心,然后转动照准部 $180°$。如刻划圈中心不对准"十"字中心,则需要进行校正。

2. 校正

找出"十"字中心与刻划中心的中点 P。松开两支架间圆形护盖上的两颗螺钉,取下护盖,调节螺钉移动刻划圈中心,直至刻划圈中心与 P 点重合为止。

最后指出,光学经纬仪属精密贵重仪器,而其检验校正是一项技术性较强的工作,在检验校正中,必须特别小心。此外,应根据规范的要求,定期地以及在重大工程开工前到有关测量仪器鉴定部门进行检验和校正。

任务五　测角误差及其消减措施

知识要点:水平角测量和竖直角测量的误差来源和分类。

技能要点:采取措施消减角度测量的各种误差。

角度测量误差的来源多种多样,这些误差对角度测量的影响也各不相同,讲述如下:

一、水平角测量误差及消减措施

（一）仪器误差

仪器误差的来源主要有两个方面：一是仪器检校不完善所引起的误差，如视准轴误差（视准轴与横轴不垂直引起的误差）和横轴误差（横轴与竖轴不垂直引起的误差）等，可以通过盘左、盘右观测取平均值的方法消除。二是仪器制造和加工不完善所引起的误差，如度盘偏心误差、度盘刻划不均匀的误差等，前者可通过盘左、盘右观测取平均值的方法消除，后者可以通过改变各测回度盘起始位置的办法加以消弱。应注意的是，照准部水准管轴不垂直于仪器竖轴而引起的误差（竖轴误差），无法通过盘左、盘右观测取平均值的方法加以消除，一般工程测量中通过校正尽量减少其残存误差的影响，而高精度测量水平角时还要对观测值进行改正。视准轴误差、横轴误差和竖轴误差是经纬仪的三个主轴误差，通常称三轴误差，是仪器误差的主要组成部分，必须予以充分重视。

（二）对中误差与目标偏心误差

1. 仪器对中误差

仪器对中误差是指仪器对中不精确，致使仪器中心没有对中测站点 C 而偏于 C_0 点，CC_0 之间的距离 e 称为测站点的偏心距。它对水平角观测的影响如图 $1-3-21$ 所示，C 为测站标志中心，观测 $\angle ACB = \beta$；C_0 为仪器实际对中位置，测得 $\angle AC_0B = \beta'$；e 为对中误差（CC_0），S_A、S_B 分别为测站至目标的距离，δ_1、δ_2 分别为对中误差 e 对观测目标 A、B 水平方向值的影响。则

$$\beta = \beta' + (\delta_1 + \delta_2) \qquad (1-3-14)$$

故由对中误差引起的水平角误差为

$$\Delta\beta = \beta - \beta' = \delta_1 + \delta_2 \qquad (1-3-15)$$

若以 δ 代表 δ_1、δ_2，S 代表 S_A、S_B，又因 δ 很小，故

$$\delta = \frac{e}{S} \cdot \rho'' \qquad (1-3-16)$$

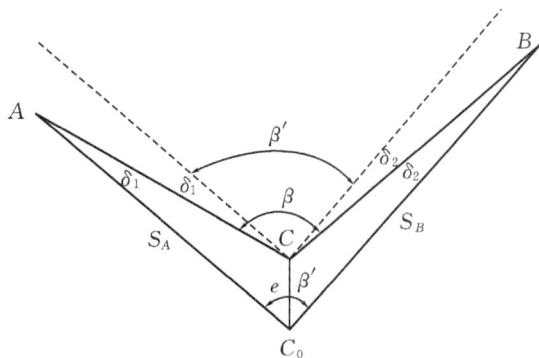

图 $1-3-21$　仪器对中误差的影响

由此可知,当 S 一定时,e 越长,δ 越大;e 相同时,S 越长,δ 越小;e 的长度不变而只是方向改变时,e 与 S 垂直时,δ 最大,e 与 S 方向一致的情况下 δ 为零,故当 $\angle BCC_0 = 90°$ 时,$(\delta_1 + \delta_2)$ 的值最大。所以,观测接近 $180°$ 的水平角或边长过短时,应特别注意仪器的对中。

2.目标偏心误差

目标偏心误差是指照准点上竖立的花杆或旗杆不垂直或没有立在点位中心而使观测方向偏离点位中心的误差。如图 $1-3-22$ 所示,O 为测站点,A、B 分别为目标点标志的实际中心,A'、B' 为观测时照准的目标中心,e_1、e_2 分别为目标 A、B 的偏心误差,β 为实际角度,β' 为观测角度,S_A、S_B 分别为目标 A、B 至测站点的距离,δ_1、δ_2 分别为 A、B 目标偏心对水平观测方向值的影响。若以 δ 代表 δ_1、δ_2,S 代表 S_A、S_B,e 代表 e_1、e_2,因 δ 很小,故有 $\delta = \dfrac{e}{S} \cdot \rho''$。

由此可以看出,此种误差的影响与对中误差的影响大致相同。目标偏心越大,距离越短,偏心方向与测站方向的夹角成 $90°$ 时,对观测方向值的影响越大。因此,观测边越短,越要注意将标志杆立直,并立在点位中心上,标志杆一定要细一些,观测时尽量照准目标的底部。

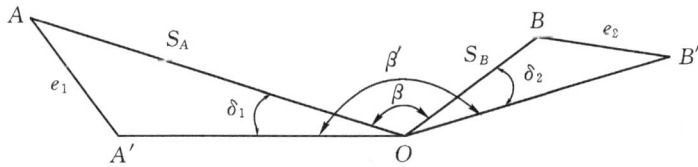

图 $1-3-22$ 目标偏心误差的影响

(三)观测误差

观测误差有两个方面:一方面是瞄准误差;另一方面是读数误差。

1.瞄准误差

瞄准误差是衡量用望远镜照准目标精度的概念。在角度观测中,影响照准精度的因素有望远镜放大倍率、物镜孔径等仪器参数,人眼的判别能力,照准目标的形状、大小、颜色、衬托背景,目标影像的亮度和清晰度以及通视情况等。一般认为望远镜放大倍率和人眼的判别能力是影响瞄准精度的主要因素。

瞄准误差的大小一般认为是 $\dfrac{60''}{v}$,其中 v 为望远镜的放大倍率,$60''$ 为人眼的最小识别角。对 DJ_6 经纬仪而言,$v = 25$,则其照准误差为 $\pm 2.4''$。

2.读数误差

读数误差主要取决于仪器的读数设备,一般以仪器最小估读数作为读数误差的极限。对于 DJ_6 级经纬仪,其读数误差的极限为 $\pm 6''$。如果照明情况不佳或显微镜目镜调焦不好以及观测者技术不熟练,其读数误差将会超过 $\pm 6''$,但一般不会大于 $\pm 20''$。

(四)外界条件的影响

外界条件的影响主要是指外界条件的各种变化对角度观测精度的影响。如大风天气;大气透明度差;空气温度变化大,特别是太阳直接暴晒,可能使脚架产生扭转;地面辐射热会引起空气剧烈波动,使目标影像变得模糊甚至飘移;视线贴近地面或通过建筑物旁、冒烟的烟囱上方、接近水面的空间等还会产生不规则的折光;地面坚实与否影响仪器的稳定程度等。这些影响是极其复杂的,要想完全避免是不可能的,但大多数与时间有关。因此,在角度观测时应注意选择有利的观测时间,操作要轻稳,尽量缩短一测回的观测时间,仪器不让太阳直接暴晒,尽可能避开不利条件等,以减小外界条件变化的影响。

二、竖直角测量误差及消减措施

竖直角测量误差的构成和产生与水平角测量的误差基本相同。仪器误差中主要是竖盘指标差,可采用盘左、盘右取平均的方法加以消除。观测误差中的照准误差和读数误差与水平角测量的观测误差相类似。读数前,除应认真进行指标水准管的整平外,还应注意打伞保护仪器,减小指标水准管的整平误差。外界条件的影响和水平角测量误差有所不同,大气折光对竖直角测量主要产生垂直折光的影响,故在竖直角观测时,应使视线离开地面 1 m 以上,避免从水域上方通过,并尽可能采用对向观测取平均的方法,以消弱其误差的影响。

任务六　新型经纬仪

知识要点:电子经纬仪和激光经纬仪的特点。

技能要点:能够使用电子经纬仪和激光经纬仪测量。

一、电子经纬仪

电子经纬仪是在光学经纬仪的基础上发展起来的测角仪器,是经纬仪向测量工作自动化发展阶段的一个标志。电子经纬仪在结构和外形上与光学经纬仪相类似,根本区别在于读数系统,主要特点是:

(1)使用电子测角系统,能将测量结果自动显示出来,实现了读数的自动化和数字化。

(2)采用积木式结构,可与光电测距仪组合成全站型电子速测仪,配合适当的接口,可将电子手簿记录的数据输入计算机,实现数据处理和绘图自动化。

1.电子测角原理简介

电子测角仍然是采用度盘进行。与光学测角不同的是,电子测角是从特殊格式的度盘上取得电信号,根据电信号再转换成角度,并且自动地以数字形式输出,显示在电子显示屏上,并记录在储存器中。电子测角度盘根据取得电信号的方式不同,可分为光栅度盘测角、编码度盘测角和电栅度盘测角等。

2.电子经纬仪性能简介

图 1-3-23 所示为南方测绘仪器公司生产的 ET-02 电子经纬仪,各部件的名称见图中的注记。该仪器采用光栅度盘测角,水平、垂直角度显示读数分辨率为 $1''$,测角精度可达 $\pm2''$。竖盘指标自动归零补偿采用液体电子传感补偿器。它可以与南方测绘公司生产的光电测距仪和电子手簿连接,组成速测全站仪,完成野外数据的自动采集。

仪器使用 NiMH 高能可充电电池供电,充满电的电池可供仪器连续使用8~10 小时;该仪器设有双操作面板(如图 1-3-24),每个操作面板都有完全相同的一个液晶显示窗和 7 个功能键,便于正、倒镜观测;液晶显示窗中可同时显示提示内容、垂直角(V)和水平角

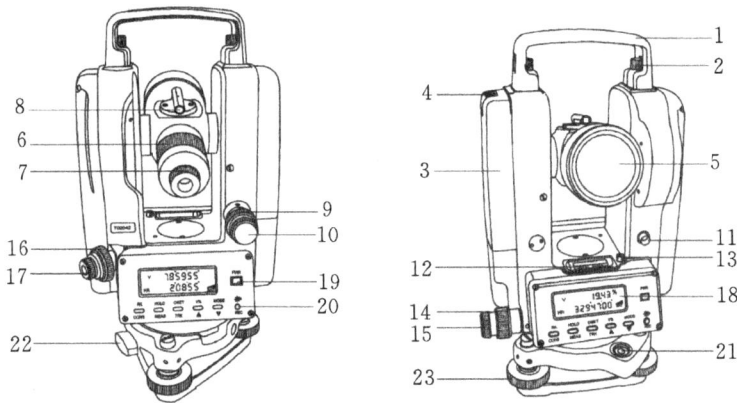

图 1 - 3 - 23　ET-02 电子经纬仪

1—手柄;2—手柄固定螺丝;3—电池盒;4—电池盒按钮;5—物镜;6—物镜调焦螺旋;

7—目镜调焦螺旋;8—光学瞄准器;9—望远镜制动螺旋;10—望远镜微动螺旋;

11—光电测距仪数据接口;12—管水准器;13—管水准器校正螺丝;14—水平制动螺旋;

15—水平微动螺旋;16—光学对中器物镜调焦螺旋;17—光学对中器目镜调焦螺旋;18—显示窗;

19—电源开关键;20—显示窗照明开关键;21—圆水准器;22—轴套锁定钮;23—脚螺旋

（HR）。望远镜的十字丝分划板和显示窗均有照明光源,以便于在黑暗环境中观测。

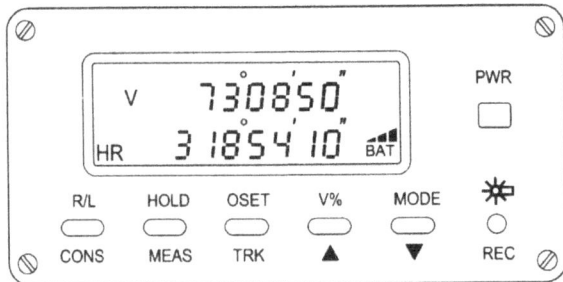

图 1 - 3 - 24　ET-02 电子经纬仪操作面板

3.电子经纬仪的使用

ET-02 电子经纬仪使用时,首先要在测站点上对中整平电子经纬仪,并在目标点安置反射棱镜,然后瞄准目标,最后在操作键盘上按测角键,显示屏上即显示方向角值,键盘操作具体方法见使用说明书即可,在此不再详述。另外该仪器的对中、整平以及瞄准的操作方法与光学经纬仪大致相同。

二、激光经纬仪

激光经纬仪主要用于准直测量,所谓准直测量,就是定出一条标准的直线,作为土建安装等施工放样的基准线。图 1 - 3 - 25 是苏州一光仪器有限公司生产的 J₂-JDB 激光经纬仪,它是在 DJ₂光学经纬仪上设置了一个半导体激光发射装置,将发射的激光导入望远镜的视准轴方向,从望远镜物镜端发射,如图 1-3-26 所示。激光光束与望远镜视准轴保持同轴、同焦。J_2-JDB 激光经纬仪发射激光的波长为 0.635 μm,在 100 m 处的光斑直径为 5 mm,白天的有效射程为 200 m,仪器使用两节 5 号碱性电池供电,一对新的 5 号电池可供使用一个工作日。

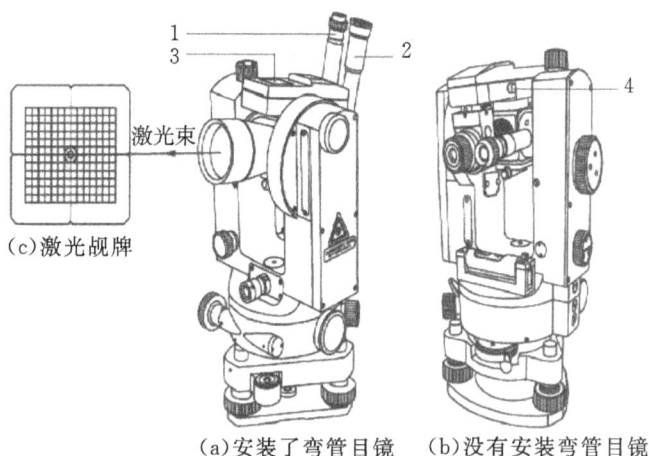

图 1-3-25　J_2-JDB 型激光经纬仪

1—度盘读数显微镜弯管目镜;2—望远镜弯管目镜;3—电池盒盖;4—激光电源开关

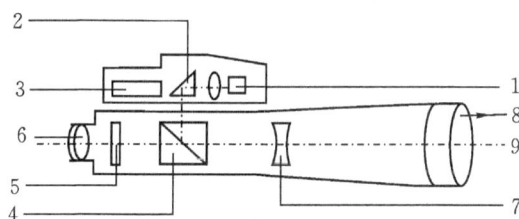

图 1-3-26　J_2-JDB 型激光经纬仪的发射光路

1—半导体激光器;2—直角棱镜;3—两节 5 号碱性电池;4—分光棱镜;
5—十字丝分划板;6—目镜;7—调焦透镜;8—物镜;9—发射激光束

　　激光经纬仪除具有光学经纬仪的所有功能外,还可以提供一条可见的激光光束,可以广泛应用于高层建筑的轴线投测、隧道测量、大型管线的铺设、桥梁工程、大型船舶制造、飞机形架安装等领域。当用于倾斜角很大的测量作业时,可以安装上随机附件弯管目镜,见图 1-3-25(a);为了使目标处的激光光斑更加清晰,以提高测量精度,可以使用随机附件激光靶牌,见图 1-3-25(c)。

项目小结

1.水平角测量的原理。水平角是空间任意两方向在水平面上投影之间的夹角。将测站至两个目标的方向投影到水平度盘上,然后用右目标读数减去左目标读数,即可得到两目标之间的水平角。

2.竖直角测量原理。竖直角是同一竖直面内目标方向与水平方向的夹角。测量时读取目标方向的读数,即可运用公式算得目标的竖直角。

3.普通光学经纬仪的结构:由照准部、水平度盘、竖直度盘和基座组成。

4.普通光学经纬仪的使用:包括安置、对中、整平、瞄准和读数五步。

5.水平角测量方法:有测回法和方向观测法。前者适用于 2～3 个方向,后者适用于 3 个以上方向。

6.普通光学经纬仪的检验和校正。经纬仪应满足的四项几何条件是:(1)水准管轴垂直于纵轴;(2)视准轴垂直于横轴;(3)横轴垂直于纵轴;(4)十字丝纵丝垂直于横轴。视准轴不垂直于横轴产生的误差为视准轴误差;(3)横轴不垂直于纵轴产生的误差为横轴误差。盘左盘右取平均可以消除视准轴误差和横轴误差对水平角测量误差的影响。

思考题与习题

1.什么是水平角?试绘图说明用经纬仪测量水平角的原理。

2.什么是竖直角?为什么只瞄准一个目标即可测得竖直角?

3.经纬仪测角时,若照准同一竖直面内不同高度的两目标点,其水平度盘读数是否相同?若经纬仪架设高度不同,照准同一目标点,则该点的竖直角是否相同?

4.安置经纬仪时,对中和整平的目的是什么?若用光学对中器应如何进行?

5.试述用方向观测法观测水平角的步骤。如何进行记录、计算?有哪些限差规定?

6.水平角方向观测法中的 2C 有何含义?为什么要计算 2C 值并检核其互差?

7.何谓竖盘指标差?如何计算和检验竖盘指标差?

8.试述水平角观测中的照准误差与目标偏心误差有什么区别。

9.根据水平角观测原理,说明经纬仪轴系之间的关系应有哪些基本要求。

10.激光经纬仪有哪些功能?

11.简述电子经纬仪的主要特点。它与光学经纬仪的根本区别是什么?

12.用 DJ$_6$ 光学经纬仪按测回法测水平角,观测数据见表 1-3-5,完成该表格,并说明是否符合要求。

表 1-3-5　水平角观测手簿(测回法)

测站	目标	盘位	水平度盘读数	半测回角值	一测回角值	各测回平均角值	备注
第一测回 O	A	左	0°01′36″				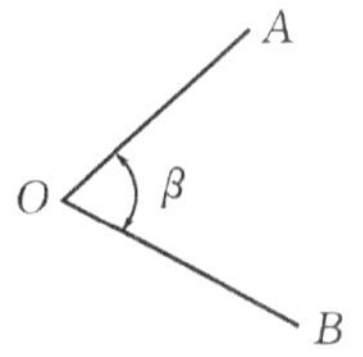
	B		165°33′18″				
	A	右	180°01′42″				
	B		345°33′36″				
第二测回 O	A	左	90°02′00″				
	B		255°33′24″				
	A	右	270°01′56″				
	B		75°34′00″				

13. 用 DJ_2 光学经纬仪按方向观测法测水平角,观测数据见表 1-3-6,试完成所有计算。

表 1-3-6　水平角观测手簿(方向观测法)

测站	测回数	目标	水平度盘读数		2C	平均读数	归零后方向值	备注
			盘左	盘右				
O	一	A	0°00′22″	180°00′18″				
		B	60°11′16″	240°11′09″				
		C	131°49′38″	311°49′21″				
		D	167°34′38″	347°34′06″				
		A	0°00′27″	180°00′13″				

项目四　距离测量

▶ **项目概述**

　　本项目主要包括：钢尺量距、视距测量、光电测距以及距离测量的误差来源及其消减措施。

▶ **学习目标**

　　①掌握钢尺量距的一般方法和精密方法；②熟悉直线定线的两种方法；③理解视距测量的原理，掌握视距测量的步骤；④了解电磁波测距原理及其注意事项；⑤掌握电磁波测距步骤。

　　距离测量是测量工作的基本任务，也是传统测量确定点位的三个要素之一。通常所说的两点距离是指两测点之间的直线水平长度，即地面上两点垂直投影到水平面上的距离。量距方法很多，按使用仪器和工具的不同，可分为钢尺量距、视距测量和电磁波测距等。钢尺量距的特点是精度较高、成本低，主要用于普通导线和各种工程测量；电磁波测距的特点是精度高、速度快、测量范围大，主要用于精密导线和各种精密工程测量；视距测量主要用于小范围的手工测图中，并逐步被全站仪所取代。本项目主要介绍钢尺量距、视距测量和电磁波测距的方法。

任 务 一　钢 尺 量 距

　　知识要点：边长相对误差、精密量距三项改正、尺长方程式、钢尺鉴定。

　　技能要点：能够使用钢尺进行一般量距和精密量距。

一、钢尺量距的工具

　　用于直接丈量距离的工具，有钢卷尺、皮尺等。钢尺由宽 10 mm 左右的薄钢带制成，长度有 15 m、20 m、30 m、50 m 等多种。长度为 20 m 以下的钢尺称为短钢尺，长度为 20 m 以

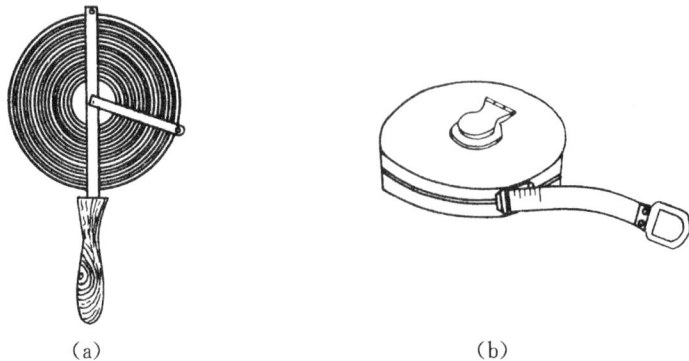

　　　　(a)　　　　　　　　　　　　　　　　　　(b)

图 1-4-1　钢尺

上的钢尺称为长钢尺,其中 30 m 和 50 m 的长钢尺最为常用。有些钢尺绕在尺架上,有些钢尺装在盒子里,如图 1-4-1 所示。

钢尺依零分划位置不同有两种形式:一种是零点位于尺端,以尺端扣环边作零点称为端点尺,如图 1-4-2(a)所示;另一种是在尺端刻有零刻划线,称为刻线尺,如图 1-4-2(b)所示,刻线尺是以钢尺始端附近的零分划线作为零点。

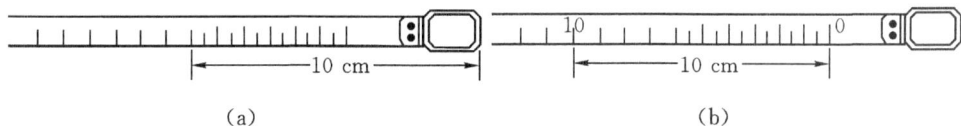

图 1-4-2　端点尺和刻线尺
(a)端点尺;(b)刻线尺

钢尺上最小分划值一般为 1 cm,而在零端 2 m 以内,刻有毫米分划。在 1 m 和每 10 cm 的分划处都注有数字。目前出厂的钢尺,很多是整钢尺均有毫米刻划。

钢尺量距的辅助工具有如图 1-4-3 所示的测钎、标杆或花杆、拉力计(或弹簧秤)和垂球。测钎用约 30 cm 长的粗铁丝制成,一端磨尖以便插入土中。

在量距时,测钎用来标志所量尺段的起、终点和计算已量过的整尺段数。在比较精确的钢尺量距中,还需要使用拉力计和温度计。

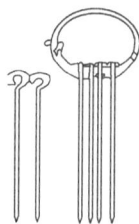

图 1-4-3　测钎

二、钢尺量距的准备工作

钢尺量距时,若沿平坦地面采用一般方法量距,可直接沿地面丈量水平距离,量距前应清理并平整地面。沿倾斜或起伏较大地面分段量距还需测定相邻点间高差或垂直角,以便将倾斜距离换算为水平距离。钢尺精密量距前,还需对钢尺进行检定,并准备量距所用的拉力计、温度计、测钎、木桩等辅助工具材料。

若两点间距离较长或地面起伏不平,不便用整尺段直接丈量时,就须在两端点连线上加设若干中间点,将全长分为若干尺段,分段丈量。这种在某直线段的方向上,标定一系列中间点的工作,称为直线定线。直线定线在一般量距时可用目估的方法进行,在比较精确的量距工作中,应采用经纬仪定线。

1. 目估定线

如图 1-4-4 所示,若要在互相通视的 A、B 两点间定线,先在 A、B 两点上竖立花杆,然后由一测量员在 A 点花杆后 1 m~2 m 处,使视线与 A、B 点上的花杆同侧边缘相切。另一测量员手持花杆(或测钎)由 B 走向 A 端,首先在距 B 点略短于一整尺段(略小于 30 m 或 50 m)处,依照 A 点测量员的指挥,左右移动花杆(或测钎),使之立在 AB 方向线上,然后插花杆(或测钎)定出 1 点。同法可定出 2、3、…、n 点。标定的点数主要取决于 AB 的长度和所用钢尺的长度。这种从远处 B 点走向 A 的定线方法称走近定线。反之,由近端 A 走向远端 B 的定线,称走远定线。定线完毕即可量距。

在实际中,也可采用边定线边量距的方法,这时的定线一般为走远定线。

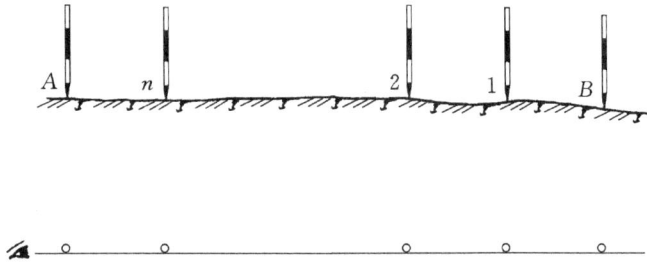

图 1-4-4 目估直线定线

2.经纬仪定线

如图 1-4-5 所示,在 A 点安置经纬仪,用望远镜十字丝竖丝瞄准 B 点上的测钎或竖在 B 点上的花杆底部,旋紧经纬仪照准部制动螺旋,在观测员的指挥下,由一测量员手持测钎在 AB 直线方向距 B 点距离略短于一整尺长的 1 点左右移动测钎,使之与十字丝竖丝严密重合,将测钎垂直地插入地面。如此依次设置其它中间点。相邻中间点间距应略小于钢尺整尺长。在坡度变化处,亦应设中间点。为了提高定线精度可盘左和盘右分别定线取中点。如图 1-4-5 中的 1、2、3、…、n 点即为定线点。

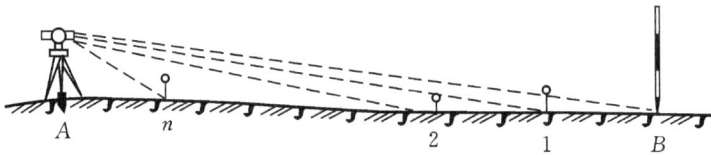

图 1-4-5 经纬仪定线

三、沿平坦地面一般量距

如图 1-4-6 所示,A、B 为直线两端点,因地势平坦,可沿直线在地面直接丈量水平距离。丈量前在 A、B 间定好线,用钢尺依次丈量各中间点间距;若未定线,也可采用边定线边丈量的方法进行量距。边定线边测量的具体步骤如下:

(1)后尺手站在 A 点后面,手持钢尺的零端。前尺手手持钢尺的末端并携带一束测钎和一根花杆,沿 AB 方向前进,走到略小于一整尺长处,依后尺手指挥采用目估定线,将花杆竖立在 AB 连线上。

(2)前、后尺手将钢尺紧贴尺段定线两端点,均匀用力将钢尺拉紧、拉平。后尺手将钢尺零点对准起点 A 的标志喊"好"的同时,前尺手对准钢尺终点刻划(如 30 m 或 50 m),在地上竖直地插一根测钎(图 1-4-6 中的①点),这样就丈量完了一整尺段。

(3)前、后尺手共同抬尺前进,后尺手走到①点,然后一起重复上述操作,量得第二个整尺段并标志出②点。后尺手拔出①点测钎继续往前丈量。最后丈量至 B 点不足一整尺段时,仍由后尺手对准钢尺零刻划,前尺手对准 B 点处标志读出余尺段读数,读至厘米。最后

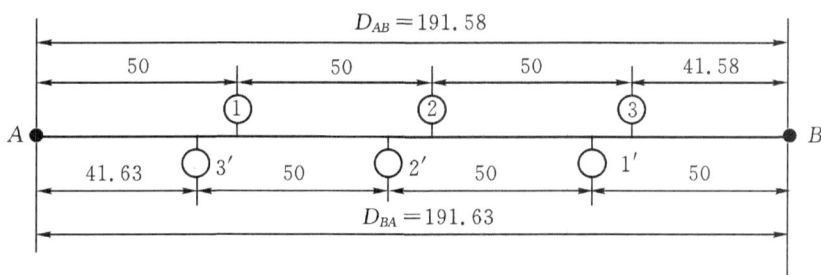

图 1-4-6　平地的水平量距

由后尺手拔起 B 点后的最后一根测钎。用下式计算全长:

$$全长 = n \times 整尺段长 + 余尺段长 \tag{1-4-1}$$

式中: n——整尺段数。

量距记录计算见表 1-4-1,表中 AB 全长 D_{AB} 为

$$D_{AB} = 3 \times 50 + 41.58 = 191.58 \text{ m}$$

为了校核和提高量距精度,应由 B 点起按上述方法量至 A 点,由 A 至 B 的丈量称往测,由 B 至 A 的丈量称返测。表 1-4-1 中 AB 直线的返测全长 D_{BA} 为

$$D_{BA} = 3 \times 50 + 41.63 = 191.63 \text{ m}$$

(4)精度计算。因量距误差,一般 $D_{AB} \neq D_{BA}$,往、返量距之差称较差 $\Delta D = D_{AB} - D_{BA}$。较差反映了量距的精度。但较差的大小又与丈量的长度有关。因此,用较差 ΔD 与往、返测距离的平均值之比来衡量测距精度更为全面。该比值通常用分子为 1 的形式来表示,称为相对误差 K,即

$$K = \frac{|\Delta D|}{D} = \frac{1}{\dfrac{D}{|\Delta D|}} \tag{1-4-2}$$

式中: D——往、返所测距离的平均值。

表 1-4-1　距离测量手簿

地点:南山峪		钢尺号:NO5(50m)		量距者:张祥宇　霍俊生		
日期:2012—03		天　气:晴天		记录者:李维佳		

测线		整尺段/m	零尺段/m	总计/m	相对误差	平均值/m	备注
$A \sim B$	往	3×50	41.58	191.58	$\dfrac{1}{3832}$	191.60	
	返	3×50	41.63	191.63			

各等级测量都对 K 值规定了相应的限差。一般地区不超过 1/3 000,较困难地区不超过 1/2 000,特殊困难地区不超过 1/1 000。若相对误差在限差之内,取往、返测距离的平均值作为量距的最后结果。

四、钢尺精密量距

当采用钢尺精密量距时,应使用检定过的钢尺,钢尺应悬空,距离计算需加拉力、温度、倾斜和尺长等项改正。因此,丈量前应用经纬仪观测所量标志之间的垂直角 δ 或用水准仪测定相邻标志间的高差,丈量时施加一定的拉力并测记温度 t。

(一)钢尺尺长方程式

一般情况下,钢尺出厂时注明的长度(即名义长度)并不等于它的实际长度。而要确定钢尺所量距离的实际距离,必须知道钢尺本身的实际长度。影响钢尺长度的主要因素有三个:尺长本身误差、拉力大小和温度变化。这三个因素中拉力大小的问题比较容易解决。若丈量时施加钢尺检定时的拉力,则拉力对钢尺长度的影响可忽略不计,但尺长误差和温度变化,则不是采用观测措施能解决的。因此需用一个函数式来表示钢尺的实际长度与温度和尺长误差之间的关系。这个函数式称为尺长方程式。尺长方程式的一般形式为:

$$l_t = l + \Delta l + \alpha \cdot l \cdot (t - t_o) \tag{1-4-3}$$

式中:l_t——为钢尺在温度 t 时的实际长度;

l——为钢尺上所刻注的长度,即名义长度;

Δl——为尺长改正数,即钢尺在温度为 t_o 时的实际长度与名义长度的差;

α——为钢尺的线性膨胀系数(即温度每变化 1℃时,钢尺 1 m 长的变化值,一般情况下取 $\alpha = 1.25 \times 10^{-5}$);

t——为钢尺量距时的温度,℃;

t_o——为钢尺检定时的温度,即标准温度,℃。

尺长改正数 Δl 因钢尺经常使用会产生不同的变化。所以作业前,必须重新检定钢尺,确定其尺长方程式。

(二)钢尺精密量距

丈量之前,先用经纬仪定线,在结点打木桩(木桩顶要高出地面 2~3 cm),并在木桩顶刻划十字交点或钉小钉作为丈量标志。利用水准测量测定相邻桩顶标志之间的高差,以计算每尺段的倾斜改正,然后换算为水平距离。丈量使用的钢尺应有毫米分划,并经过检定,得出尺长方程式。

丈量时钢尺零端在后,末端在前。前、后尺手将钢尺伸展开并置于定线端点的木桩顶。后尺手将拉力计挂到钢尺扣环上,前尺手稳固钢尺喊"预备",后尺手均匀用力,当拉力计读数指向钢尺检定时的标准拉力时,稍稍稳定钢尺后,后尺手喊"好",前后两端读数员在听到"好"的同时,分别对准两端点标志在钢尺上读数。这样前端读数减后端读数即得两标志间的距离。

前、后读数员读数时,当听到"好"的瞬间,应迅速对准两端标志先同时读出其在钢尺上对应的毫米值,然后再依次读出米、分米和厘米位读数,这样可避免前、后端毫米读数因钢尺微小串动而不在同一时刻读数引起的误差。每尺段应变动尺位 10 cm 左右,读数 3 次,由 3 次读数计算尺段长的互差,视不同精度要求,一般应不超过 2~5 mm,取平均值作为尺段最后结果。若超限,须再进行一次读数。同时,在每尺段读数时,均应测量并记录温度。每一测段应进行往返丈量,返测通常要求重新定线,以保持往返测的独立性。最后计算出各尺段的水平距离和全长的水平距离。往返测互差及全长相对误差均应符合限差规定要求。钢尺精密量距记录手簿如表1-4-2。

(三)钢尺精密量距长度计算

钢尺精密量距时,由于钢尺尺长本身有误差,丈量时温度也不一定等于钢尺检定时的温度,尺段或测段的两端点也不一定在同一水平面上,因此,测量结果必须进行尺长改正、温度改正和倾斜改正才能化算为准确的水平距离。若丈量时未施加标准拉力,还需进行拉力改正。

表1-4-2 钢尺精密量距记录手簿

日期:2012.7.21 　　　地点:5矿区 　　　后端读数:张祥宇
天气:晴 　　　记录:李维佳 　　　前端读数:霍俊生

测段	尺段	尺端	读数/m				中数/m	高差/m	温度℃	备注
			第一次	第二次	第三次	第四次				
A 往测	A	前	27.241	27.282	27.322		27.199	+1.10	17	
		后	0.043	0.083	0.123					
	1	前一后	27.198	27.199	27.199					
	1	前	29.284	29.256	29.276		29.084	−0.76	16	
		后	0.200	0.174	0.190					
	2	前一后	29.084	29.082	29.086					
	2	前	25.166	25.190	25.170		25.110	−0.94	17	
		后	0.057	0.080	0.060					
	3	前一后	25.109	25.110	25.110					
B 往测	3	前	28.628	28.574	28.520		28.211	+1.32	15	钢尺号码:0421 尺长方程式: $l=30+0.008+1.25 \times 10^{-5} \times 30(t-20°)$
		后	0.418	0.361	0.309					
	B	前一后	28.210	28.213	28.211					
B 返测	B	前	28.248	28.284	28.260		28.201	−1.32	16	
		后	0.045	0.085	0.060					
	3	前一后	28.203	28.199	28.200					
	3	前	25.199	25.164	25.135		25.114	+0.94	17	
		后	0.084	0.051	0.021					
	2	前一后	25.115	25.113	25.114					
	2	前	29.129	29.151	29.188		29.078	+0.76	15	
		后	0.051	0.075	0.108					
	1	前一后	29.078	29.076	29.080					
A 返测	1	前	27.552	27.522	27.474		27.193	−1.10	16	
		后	0.362	0.328	0.279					
	A	前一后	27.190	27.194	27.195					

1. 尺长改正

每根钢尺在作业前都经过检定求得其尺长方程式。因此,每根尺的尺长改正数 Δl 是已知的。如果丈量的距离为 D'，则该段距离的尺长改正数 ΔD_l 应为：

$$\Delta D_l = \frac{\Delta l}{l} \times D' \qquad (1-4-4)$$

2. 温度改正

设钢尺丈量时的温度为 t，该钢尺检定时的温度为 t_0，若尺段丈量距离为 D'，则温度改正 ΔD_t 应为：

$$\Delta D_t = D' \times 1.25 \times 10^{-5} \times (t - t_0) \qquad (1-4-5)$$

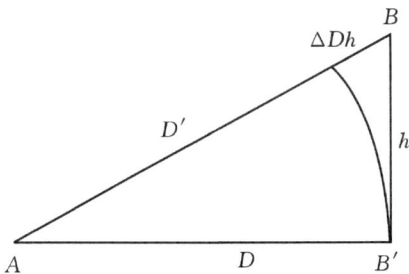

图 1-4-7　倾斜改正计算

3. 倾斜改正

用串尺法量距，尺段两端点通常不在一个水平面上，在等倾斜地表面量距，测量的是斜距。因此，要将观测的斜距 D' 化算为平距，须进行倾斜改正 $\triangle D_h$。如图 1-4-7 所示，D 为 AB 两点间水平距离，S 为加上上述两项改正后的倾斜距离，即 $S = D' + \Delta D_l + \Delta D_t$。$h$ 为两端点的高差。

则水平距离可按下式计算：

$$D = \sqrt{S^2 - h^2}$$

分段丈量时，也可以先求各段倾斜改正数，得出每段水平距离后，求和得出整段水平距离。倾斜改正数可按下式计算：

$$h^2 = S^2 - D^2 = (S - D)(S + D)$$

$$\Delta D_h = D - S = -\frac{h^2}{S + D}$$

当 h 较小时，可用 $2S$ 代替 $S + D$，即：

$$\Delta D_h = -\frac{h^2}{2S} \qquad (1-4-6)$$

由于 ΔD_l、ΔD_t 一般很小，所以当高差 h 不大时，用直接丈量的 D' 代替上式中的 S 进行计算，对计算结果影响不大。倾斜改正数恒为负值。

测得地面两点的距离 D' 加上上述三项改正数，就可求得两点之间的水平距离 D：

$$D = D' + \Delta D_l + \Delta D_t + \Delta D_h \qquad (1-4-7)$$

同理可求得返测时的实际水平距离，并计算相对误差 $K = \frac{|D_往 - D_返|}{D}$，若相对误差在容许范围之内，即可取往返两次结果的中数作为该段距离的最后结果，如果相对误差超限，则

应再作一次往(或返)测,取合乎限差的两次测定值的中数。钢尺精密量距长度计算见表1-4-3。

五、钢尺量距的注意事项

测量工作应做到认真、仔细、有序、准确,在钢尺量距时应当注意以下几点:

(1)所用钢尺应当经过检定,确定出该尺的尺长方程式。

(2)在放尺和收尺时应保持尺身不动,以避免尺身与地面的摩擦而损坏刻划。

(3)在施加拉力前应检查尺身是否打卷,以免折断钢尺。

(4)拉尺时要均匀用力,大尺端拉尺员稳住尺身不动,由零尺端拉尺员逐步施加拉力,并不得超过标准拉力。

(5)读数员应用双手扶住尺面,以靠近标志便于读数,但不得碰动标志。

(6)前后端应同时读数,分别报数,米、分米、厘米和毫米四位数字应报全。记录者复诵无误后记入手簿。读数时应从小往大读,特别注意有些钢尺各分米处注记数字都是以厘米为单位。如8分米处注记为80。

(7)钢尺量距时,应保持自由悬空,并避免通过有泥、水的地方。

表1-4-3 钢尺精密量距长度计算

计算者:李维佳 检核者:霍俊生

线段	尺段	距离 /m	温度 /℃	高差 /m	尺长改正 /mm	温度改正 /mm	倾斜改正 /mm	水平距离 /m	备注
A	A~1	27.199	17	+1.10	+7.2	-1.0	-22.2	27.183	距离、温度、高差等数据抄录自表1-4-2
	1~2	29.084	16	-0.76	+7.8	-1.4	-9.9	29.080	
	2~3	25.110	17	-0.94	+6.7	-0.9	-17.6	25.098	
	3~B	28.211	15	+1.32	+7.5	-1.8	-30.9	28.186	
B							Σ	109.547	
B	B~3	28.201	16	-1.32	+7.5	-1.4	-30.9	28.176	相对精度: $\dfrac{0.018}{109} \approx \dfrac{1}{6056}$ 距离平均值= 109.538 m
	3~2	25.114	17	+0.94	+6.7	-0.9	-17.6	25.102	
	2~1	29.078	15	+0.76	+7.8	-1.8	-9.9	29.074	
	1~A	27.193	16	-1.10	+7.2	-1.4	-22.2	27.177	
A							Σ	109.529	

(8)钢尺量距时,不准踩踏或车碾压钢尺,以免损坏钢尺。

(9)钢尺使用后,应轻轻擦净尘土,并加擦黄油保存,以免钢尺生锈。

任务二 视距测量

知识要点:视距测量原理。

技能要点:能使用水准仪和经纬仪进行视距测量。

视距测量是根据几何光学原理,利用安装在望远镜内的视距装置同时测定两点间的水平距离和高差的一种测量方法。视距测量具有操作方便,速度快,不受地面高低起伏限制等优点,但其测距精度较低。实验资料分析表明,一般视距测量的相对误差约为 1/200~1/300。因此,如测距精度要求较低时,可采用视距测量。

在一般测量仪器(经纬仪、水准仪、大平板仪等)的望远镜内都有视距装置。这种装置较为简单,就是在十字丝分划板上,刻有上、下对称的两条短横线,称为视距丝。

视距测量中有专用的视距标尺,也可用水准尺代替。为了能测较远的距离,经常采用的是 5 m 塔尺。为便于测远距离时读数方便,还可以采用 2 cm 分划的标尺。

一、视距测量原理

1.视准轴水平时的视距测量原理

如图 1-4-8 所示,欲测定 A、B 两点间的水平距离 D 及高差 h,在 A 点安置仪器,B 点竖立视距标尺。望远镜视准轴水平时,照准 B 点的视距标尺,视线与标尺垂直交于 Q 点。若尺上 M、N 两点成像在十字丝分划板上的两根视距丝 m、n 处,则标尺上 MN 长度可由上、下视距丝读数之差求得。上、下视距丝之差称为尺间隔。

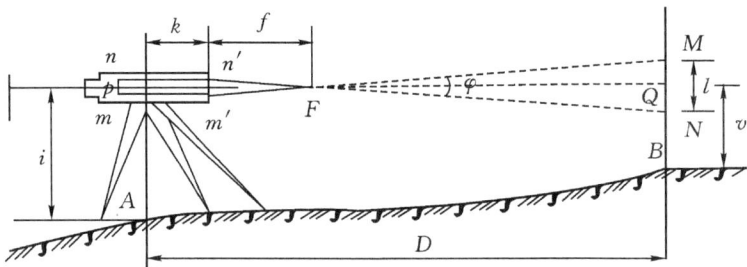

图 1-4-8 视准轴水平时的视距测量原理

在图 1-4-8 中,l 为尺间隔,p 为视距丝间距,f 为物镜焦距,k 为物镜至仪器中心的距离。由三角形 $m'n'F$ 与三角形 MNF 相似得

$$\frac{FQ}{l} = \frac{f}{p}$$

即

$$FQ = \frac{f}{p} \cdot l$$

由图可看出

$$D = FQ + f + k$$

令

$$\frac{f}{p} = K \qquad f + k = c$$

则

$$D = Kl + c \qquad\qquad (1-4-8)$$

式中:K——乘常数;

　　　c——加常数。

目前测量常用的望远镜,在设计制造时,已使 $K=100$。对于常用的内对光测量望远镜来说,若适当地选择透镜的半径、透镜间的距离以及物镜到十字丝平面的距离,就可以使 c 趋近于零。因此式(1-4-8)可写成

$$D = Kl = 100l \qquad (1-4-9)$$

因目前常用的测量仪器上的望远镜都是内对光的,故在以后有关的视距问题讨论中,都是以 $c=0$ 为前提来分析的。

由图1-4-8还可写出求高差的公式为

$$h = i - v \qquad (1-4-10)$$

式中:i——仪器高,即由地面点的标志顶至仪器横轴的铅垂距离;

v——目标高,即为望远镜中丝(横丝)读数。

由图还可以看出

$$\tan \frac{\varphi}{2} = \frac{\frac{p}{2}}{f} = \frac{1}{2 \cdot \frac{f}{p}} = \frac{1}{2K} = \frac{1}{200}$$

所以

$$\varphi = 34'22.6''$$

仪器制造时,φ 值已定。这种用定角 φ 来测定距离的方法又称定角视距。

2.视准轴倾斜时的视距测量原理

在地面起伏较大的地区进行视距测量时,必须使视准轴处于倾斜状态才能在标尺上读数,如图1-4-9所示。

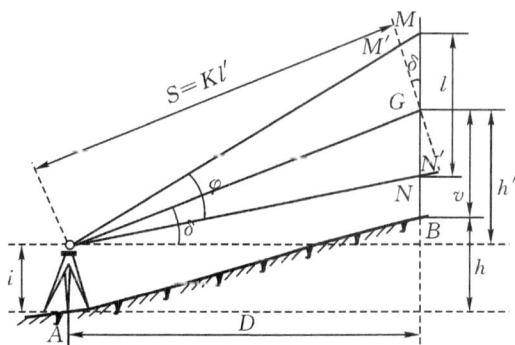

图1-4-9 视准轴倾斜时的视距原理

由于标尺竖在 B 点,它与视线不垂直,故不能用式(1-4-9)计算距离。设想将标尺绕 G 点旋转一个角度 δ(等于视线的倾角),则视线与视距标尺的尺面垂直。于是,即可依式(1-4-9)求出斜距 S,即

$$S = Kl'$$

式中:$M'N' = l'$,又无法测得。但由图1-4-9中可以看出 $MN = l$ 与 l' 存在一定的关系,即

$$\angle MGM' = \angle NGN' = \delta$$

$$\angle MM'G = 90° + \frac{\varphi}{2}$$

$$\angle NN'G = 90° - \frac{\varphi}{2}$$

式中：$\varphi/2 = 17'11.3''$，角值很小，故可以近似地认为$\angle MM'G$和$\angle NN'G$是直角。

于是

$$M'G = MG \cdot \cos\delta$$

$$N'G = NG \cdot \cos\delta$$

故

$$l' = M'G + N'G = (MG + NG) \cdot \cos\delta = l \cdot \cos\delta$$

代入公式(1-4-9)得

$$S = Kl' = Kl\cos\delta$$

所以A、B的水平距离

$$D = S \cdot \cos\delta = Kl\cos^2\delta \qquad (1-4-11)$$

由图中还可看出，A、B的高差

$$h = h' + i - v$$

式中，h'称为初算高差，可由下式计算

$$h' = S \cdot \sin\delta = Kl \cdot \cos\delta \cdot \sin\delta = \frac{1}{2}Kl \cdot \sin2\delta$$

则

$$h = \frac{1}{2}Kl \cdot \sin2\delta + i - v \qquad (1-4-12)$$

在视距测量实际工作中，一般尽可能使目标高v等于仪器高i，这样可以简化高差h的计算。

式(1-4-11)和式(1-4-12)为视距测量的普遍公式。当视线水平，竖直角$\delta = 0$时，即为式(1-4-9)和式(1-4-10)。

二、视距测量的观测与计算

如图1-4-9所示，欲采用视距测量测定A、B两点间的水平距离和高差，作业步骤如下：

(1)在A点安置经纬仪，对中整平后量取仪器高i；

(2)望远镜瞄准B点上的视距尺，分别按十字丝的中丝、上丝、下丝在视距尺上读数，读取v、M、N。也可中丝对准某一整分米刻划，按上、下丝在标尺上直接截取尺间隔l；

(3)转动竖盘指标水准管微动螺旋(或打开竖盘自动补偿锁紧装置)，使竖盘指标水准管气泡居中，读取竖盘读数；

(4)计算尺间隔$l = M - N$和竖直角δ。按式(1-4-11)式(1-4-12)计算水平距离D和高差h。

任务三　光电测距

知识要点：光电测距原理、光电测距步骤。

技能要点：能使用光电测距仪或全站仪进行距离测量。

钢尺量距是一项十分繁重、工作效率又很低的测量工作。尤其在地形复杂的条件下，钢

尺量距将更加困难,甚至无法进行。视距测量操作简便、适用范围广,但测距短、精度低,使用受到限制。随着光电技术的发展,出现了以红外光和激光为载波的光电测距仪,及以无线电为载波的微波测距仪。测距仪按测程分为远程(25 km 以上)、中程(10～25 km)和短程(10 km 以内)三类。远程和中程测距仪,一般是微波或激光测距仪,它用于国家或城市大面积的控制测量。短程的红外光电测距仪常用于地形测量和各种工程测量中。

一般红外光电测距仪都能自动显示距离。有的红外光电测距仪上还附有一套电子计算系统,还能自动显示与记录水平距离、高差和坐标增量等。

一、电磁波测距原理

如图 1-4-10 所示,欲测定地面 A、B 两点距离 D,将红外光电测距仪主机架设在 A 点(测站),将反射棱镜(又称反光镜)架在 B 点(镜站)。由主机发出的光束到达反射棱镜后再返回主机。因光波在真空中的传播速度每秒为 299 792 458m±1.2 m,如能测定出光在 AB 间往返时间 t,则可按下式计算出距离 D

$$D = \frac{1}{2}ct \tag{1-4-13}$$

图 1-4-10 光电测距原理

式中,光速 c 为一常数,故距离测量的精度取决于时间的精度。若要求测距精度达到 ± 1 cm,则测定时间的精度需准确至 6.7×10^{-11},这在目前还难以办到。为此红外光电测距仪不是直接去测量时间,而是把距离和时间的关系,转化为距离与调制光波(调制波)相位移的关系,通过测定其相位移来间接测定时间 t,从而确定其距离。

二、电磁波测距的步骤及要求

电磁波测距的主要步骤,包括垂直角观测、气象测量与改正测距及记录、计算等。具体操作步骤如下:

(1)在测站安置仪器,并丈量仪器高和棱镜高(目标高),连接电缆线,检查无误后开机。

(2)测定空气温度和气压,并按下式加入气象改正数:

$$A = 278.699 - \frac{0.387p}{1 + 0.00366t} \tag{1-4-14}$$

式中:A——气象改正数,mm;

p——观测时的气压值,mmHg 或 kPa;

t——观测时的温度,℃。

目前,使用的测距仪,可以通过输入气温、气压后,自动加入气象改正数。

(3)设置测距参数。

(4)松开制动螺旋,瞄准目标,当听到信号返回提示时,轻轻制动仪器,并用微动螺旋调整仪器,精确瞄准目标。

(5)轻轻按动测距按钮,直到显示测距成果并记录。测距完成后,应当松开制动,并在关机后收装仪器。

三、电磁波测距时的注意事项

(1)使用主机时要轻拿轻放,运输时应将主机箱装入防震木箱内,避免摔伤和跌落。

(2)测距时,应避免在同一条直线上有两个以上反射体或其他明亮物体,以免测错距离。

(3)避免在高压线下作业。

(4)避免仪器受到太阳直射,在强阳光下作业时应打伞。

(5)光强不在正常标记范围不要测距,以免降低精度或者出错。

(6)避免电池过度放电,缩短电池寿命。

(7)到达测站后,应立刻打开气压计并放平,避免日晒。温度计应悬于离地面 1.5 m 左右处,待与周围温度一致后,才能读数。

(8)在高差较大的情况下,反光镜必须准确瞄准主机,若瞄准偏差大,则会产生较大的测距误差。

目前电磁波光电测距已被全站仪代替。

任务四 量距误差及其消减措施

知识要点:距离测量的误差来源和分类。

技能要点:采取措施消减距离测量的各种误差。

一、钢尺量距误差

1.定线误差

量距前应认真进行直线定线,否则量出的将是折线,使距离偏大。如果量距的精度要求较高,应采用经纬仪定线。

2.尺长误差

钢尺的实际长度和名义长度不一致即产生尺长误差。尺长误差是一种系统误差,应在作业前进行钢尺检定,从而对量距成果施加尺长改正。

3.温度改正

钢尺的尺长方程式中一般都已给出温度改正的计算方法,但如作业现场的气温量不准,或所量气温与贴近地面丈量的钢尺温度相差较多,也会产生温度误差。因此,应尽量测定钢尺的温度,用于温度改正。

4.拉力误差

拉力的变化会改变钢尺的长度,从而带来拉力误差。丈量时应使拉力均匀、稳定,必要时可采用弹簧秤控制拉力,以使实测时的拉力尽量与标准拉力相同。

5.倾斜误差

沿一定坡度的地面丈量时,可将钢尺一端抬离地面,使钢尺尽量保持水平,或用水准仪测量被测距离两端的高差,以便对所量距离施加倾斜改正。

6.钢尺垂曲误差

丈量时钢尺不水平或中间下垂会产生误差。丈量时应尽量注意钢尺的水平或在悬空丈量时将钢尺在中间托平。

7.丈量误差

丈量时,应认真作业,使钢尺端点对准,尺段端点测钎插准,分划尺的读数读准等,以尽量减少丈量误差的影响。

二、视距测量误差

视距测量误差及相应的消减措施如下。

1.视距读数误差

在视距测量中,视距间隔 l 的误差是上、下丝读数误差的 $\sqrt{2}$ 倍,而它对距离的影响还将扩大 100 倍,可见读数误差的影响不容忽视。所以,应格外注意望远镜的对光和尽量减小读数误差。

2.标尺倾斜误差

标尺竖立不直或晃动,对视距和高差均会带来误差,在山区作业时,其影响更大。因此,应使用装有圆水准器的标尺,以尽量避免标尺的倾斜和晃动。

3.竖直角观测误差

为提高竖直角测量的精度,竖盘读数时应注意指标水准管的居中,同时采用盘左、盘右取平均,或在竖盘读数中加上指标差改正以消除指标差的影响。

4.视距常数误差

定期测定仪器的视距乘常数,如变化较大则需对视距测量成果加以常数差改正。

5.外界条件的影响

观测时,应尽量抬高视线,以减小大气竖直折光的影响,同时避免在阳光强烈、气流颤动、濛气明显及大风等天气下作业。

三、光电测距误差

光电测距误差及相应的消减措施如下。

(一)固定误差

1.仪器和反射镜的对中误差

对中误差的大小将直接影响测距的精度,应用光学对点器进行仪器和反射镜的对中,使对中误差控制在 ± 1 mm 以内,同时保持反射镜的直立。

2.仪器加常数误差

应定期检测仪器的加常数,以便对仪器重新预置加常数,或对测距成果进行加常数改正。

3.测相误差

测相计的灵敏度降低及大气噪声的干扰,使测相系统受到影响,从而给测距带来误差。仪器显示的距离值都是仪器快速进行千万次测相结果的平均值,尽管能在很大程度上消弱这一误差的影响,但我们也要定期地检测测相计。

4.照准误差

仪器发射光束的横截面上各部分的相位有所不同,经反射后也会产生测距误差。为消弱该项影响,应使望远镜照准时与反射镜互为最佳位置。为此,先用望远镜照准反射镜中心,称为"光照准",再调整仪器的水平、竖直螺旋,同时调节反射镜的朝向和角度,以使信号强度指示到最大值,称为"电照准",从而达到最佳的照准效果。

5.幅相误差

接受光强信号的强弱不均匀,引起的测距误差为幅相误差,可通过调节光栏孔径,并根据检测电表将接受信号的强度控制在一定的范围内,以减小该项误差。

(二)比例误差

1.光波频率测定误差

由于光尺长与光波频率成反比,因此光波频率的测定误差致使光尺长度产生误差,即给测距带来与距离成比例的误差。可通过定期检测频率,以尽量减少该项误差的影响。

2.大气折射率误差

光速与大气折射率 n 有关。而影响折射率 n 的因素有气温、气压等。如果温度、气压量测不准,使 n 的数值有误,也会给测距造成比例误差。应尽量沿测程测定温度、气压,从而对测距成果合理地施加气象改正。

任务五　全站仪的组成和使用

知识要点:全站仪的结构和功能。

技能要点:能够使用全站仪进行常规测量和程序测量。

全站仪是全站型电子速测仪的简称,主要由光电测距仪、电子经纬仪和微处理器等部分组成,它通过测量斜距、竖直角、水平角,可以自动记录、计算并显示出平距、高差、高程和坐标等相关数据。由于仪器安置一次便可完成一个测站上的所有测量工作,故被称为全站仪。

一、全站仪的结构和功能

全站仪按结构一般分为组合式和整体式两类。组合式全站仪的特点是光电测距仪和电子经纬仪既可组合在一起使用,也可以分开使用。整体式全站仪的特点是光电测距仪和电子经纬仪共用一个望远镜,并安装在同一个外壳内,成为一个完整的整体,使用更为方便。现在,人们一般所讲的全站仪通常就是指整体式的全站仪。图 1-4-11 所示为索佳公司生产的 SET2000 全站仪的外貌。

全站仪按数据存储方式分为内存型和电脑型两种。内存型全站仪的所有程序都固化在仪器的存储器中,不能添加或改写,也就是说,只能使用全站仪提供的功能,无法扩充。而电脑型全站仪内置操作系统,所有程序均运行其上,可根据实际需要添加相应程序来扩充其功能,使操作者进一步成为全站仪功能开发的设计者,更好地为工程建设服务。

全站仪除了上述的通过测量斜距、竖直角、水平角,自动记录、计算并显示出平距、高差、高程和坐标功能外,一般还带有诸如放样、对边测量、悬高测量、面积测量、后方交会、偏心测

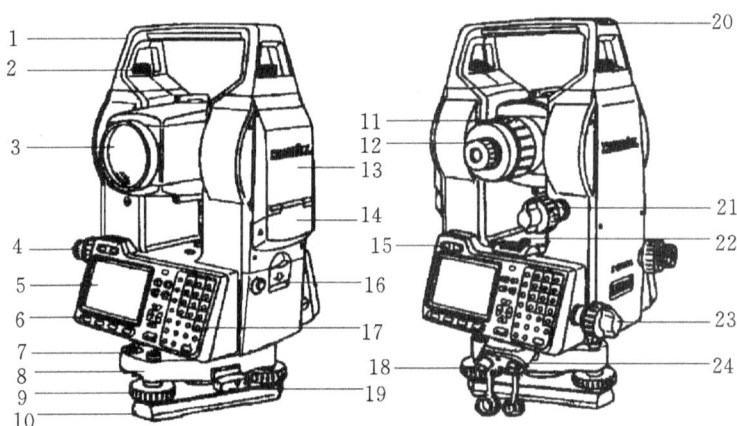

图 1-4-11 全站仪

1—提环;2—提环固定螺旋;3—物镜;4—光学对点器目镜;5—显示屏;6—软件键;
7—圆水准器;8—基底;9—脚螺旋;10—底板;11—物镜调焦螺旋;12—望远镜目镜;
13—仪器高标志;14—存储卡盖;15—电源开关;16—电池盒;17—键盘;18—电源接口;
19—强制对中机构;20—罗盘插口;21—竖直调节螺旋;22—水准管;
23—水平调节螺旋;24—通讯接口

量等一些特殊的测量功能;有的全站仪具有免棱镜测量功能,有的全站仪则还具有自动跟踪照准功能,被喻为测量机器人。另外,有的厂家还将 GPS 接收机与全站仪进行集成,生产出了 GPS 全站仪。

二、全站仪的操作使用

不同厂家生产的全站仪,同一厂家生产的不同等级全站仪,甚至是同一厂家生产的同一等级而不同时期生产的全站仪,其外观、结构、功能、键盘设计、操作方法和步骤都会有所区别。因此,在操作使用某一台全站仪之前,必须认真详细地阅读其使用说明书,严格按照其使用说明书进行操作。

1.测量准备工作

(1)安装内部电池 测量前应检查内部电池的充电情况,如电力不足要及时充电,充电方法及时间要按使用说明书进行,不要超过规定的时间。测量前装上电池,测量结束应卸下。

(2)安置仪器 仪器安置的方法和步骤与经纬仪类似,包括对中和整平。若全站仪具备激光对中和电子整平功能,在把仪器安装到三脚架上之后,应先开机,然后选定对中整平模式后进行相应的操作。开机后,仪器会自动进行自检。自检通过后,屏幕显示测量的主菜单。在菜单模式下可以进行仪器的相关设置。选择测量模式,可以完成相应的测量工作。

2.距离测量

距离测量的基本操作方法和步骤与光电测距仪类似,先选择测量模式(精测、粗测、跟踪),然后瞄准反射棱镜,按相应的测量键,几秒之后即显示出距离值。

3.角度测量

角度测量的基本操作方法和步骤与经纬仪类似。目前的全站仪都具有水平度盘自动置零和任意方位角设置功能,使测角更加方便。当瞄准某一目标,并进行水平度盘置零或方位角设置后,转动照准部瞄准另一目标时,屏幕所显示的水平角值即为它们的水平角或该目标的方位角。

4.三维坐标测量

参见模块一项目五任务四全站仪坐标测量。

5.三维坐标放样

如图 1 - 4 - 12 所示,将全站仪安置于测站点 A 上,选定三维坐标放样模式后,首先输入仪器高 i,目标高 v 以及测站点 A 和待测设点 P 的三维坐标值(x_A,y_A,H_A)、(x_P,y_P,H_P),并照准另一已知点设定方位角;然后照准竖立在待测设点 P 的概略位置 P_1 处的反射棱镜;按键测量即可自动显示出水平角偏差 $\Delta\beta$、水平距离偏差 ΔD 和高程偏差 ΔH

$$\Delta\beta = \beta_{测} - \beta_{设}$$
$$\Delta D = D_{测} - D_{设} \qquad\qquad (1-4-15)$$
$$\Delta H = H_{测} - H_{设}$$

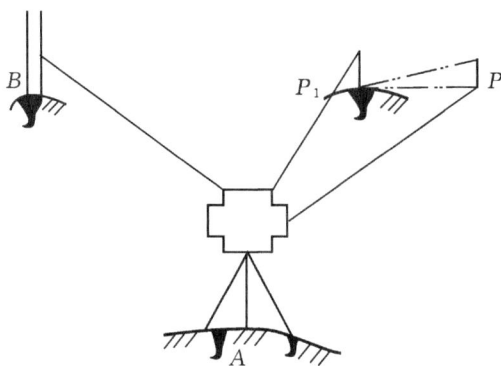

图 1 - 4 - 12　三维坐标放样示意图

其中

$$H_{测} = H_A + S\sin\delta + i - v \qquad\qquad (1-4-16)$$

最后,按照所显示的偏差移动反射棱镜,当仪器显示为零时即为设计的 P 点位置。

6.对边测量

对边测量就是测定两目标点之间的平距和高差,如图 1 - 4 - 13 所示,即在两目标点 P_1、P_2 上分别竖立反射棱镜,在点 P_1、P_2 通视的任意点 P 安置全站仪后,先选定对边测量模式,然后分别照准 P_1、P_2 上的反射棱镜进行测量,仪器就会自动按下式计算并显示出 P_1、P_2 两目标点间的平距 D_{12} 和高差 h_{12}

$$D_{12} = \sqrt{S_1^2\cos^2\delta_1 + S_2^2\cos^2\delta_2 - 2S_1S_2\cos\delta_1\cos\delta_2\cos\beta}$$
$$h_{12} = S_2\sin\delta_2 - S_1\sin\delta_1 \qquad\qquad (1-4-17)$$

式中:S_1、S_2——仪器至两反射棱镜的斜距(m);

$\quad\quad\delta_1$、δ_2——仪器至两反射棱镜的竖直角;

$\quad\quad\beta$——PP_1 与 PP_2 两方向间的水平夹角。

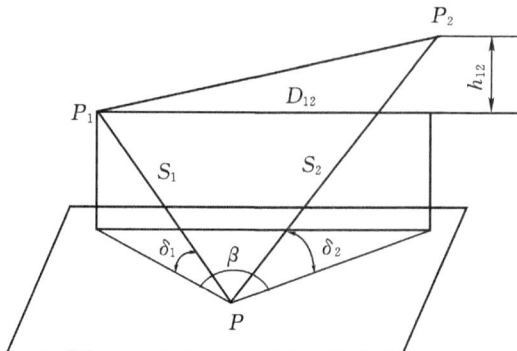

图 1-4-13 对边测量示意图

但需指出,应用上述公式计算地面点 P_1 和 P_2 间高差的前提条件是 P_1 和 P_2 两点间的目标高 v_1、v_2 应相等。否则,应按下式计算

$$h_{12} = S_2\sin\delta_2 - S_1\sin\delta_1 + (v_1 - v_2) \quad\quad (1-4-18)$$

因此,在实际工作中,应尽量使两目标高相等;否则应在全站仪显示的高差中加入改正数$(v_1 - v_2)$。

7.悬高测量

悬高测量就是测定空中某点距地面的高度。如图 1-4-14 所示,把全站仪安置于适当位置,并选定悬高测量模式后,把反射棱镜设立在欲测高度的目标点 C 的天底 B 处,输入反射棱镜高 v;然后照准反射棱镜进行测量;再转动望远镜照准目标点 C,便能实时显示出目标点 C 至地面的高度 H。

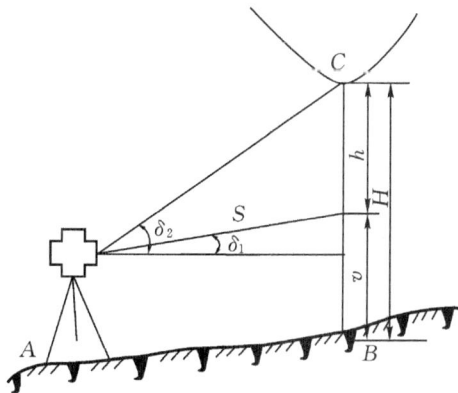

图 1-4-14 悬高测量示意图

显示的目标点高度 H,由全站仪自身内存的计算程序按下式计算而得

$$H = h + v = S\cos\delta_1 \tan\delta_2 - S\sin\delta_1 + v \qquad (1 - 4 - 19)$$

式中：S——仪器至反射棱镜的斜距；

δ_1、δ_2——仪器至反射棱镜和目标点 C 的竖直角。

上面的测量原理是在反射棱镜设立在欲测高度的目标点 C 的天底 B 而且不考虑投点误差的条件下进行的。如果该条件不能保证，全站仪将无法测得 C 点距地面点 B 的正确高度；即使使用这一功能，测出的结果也是不正确的。当测量精度要求较高时，应先投点后观测。

8. 面积测量

图 $1-4-15$ 所示为一任意多边形，欲测定其面积，可在适当位置安置全站仪，选定面积测量模式后，按顺时针方向依次将反射棱镜竖立在多边形的各顶点上进行观测。观测完毕仪器就会瞬时地显示出该多边形的面积值。其原理为：通过观测多边形各顶点的水平角 β_i，竖直角 δ_i 以及斜距 S_i，先根据下式自动计算出各顶点在测站坐标系 xOy（x 轴指向水平度盘的零度分划线，原点 O 为仪器的中心）中的坐标

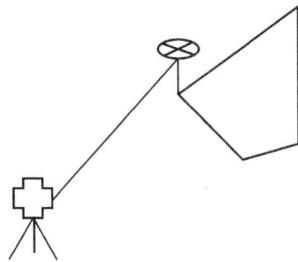

图 $1-4-15$　面积测量示意图

$$x_i = S_i\cos\delta_i\cos\beta_i$$
$$y_i = S_i\cos\delta_i\sin\beta_i \qquad (1 - 4 - 20)$$

然后，再利用下式自动计算并显示出被测 n 边形的面积

$$P = \frac{1}{2}\sum_{i=1}^{n} x_i(y_{i+1} - y_{i-1}) \qquad (1 - 4 - 21)$$

或

$$P = \frac{1}{2}\sum_{i=1}^{n} y_i(x_{i+1} - x_{i-1}) \qquad (1 - 4 - 22)$$

当 $i=1$ 时，$y_{i-1}=y_n$，$x_{i-1}=x_n$；当 $i=n$ 时，$y_{i+1}=y_1$，$x_{i+1}=x_1$。

项 目 小 结

1. 钢尺量距的作业包括直线定线和分段往返丈量，精密量距需加尺长改正、温度改正和倾斜改正。

2. 视距测量是用光学仪器（水准仪、经纬仪）和标尺同时测定两点间水平距离和高差的一种方法。用十字丝的上、中、下三丝对标尺进行读数，同时观测中丝所指目标点的竖直角，并量取仪器高，即可通过倾斜视距的视距公式计算出测站至目标点的水平距离和高差。

3. 电磁波测距原理：通过测定光波往、返测程所产生的相位差，间接测定光波往、返测程所耗费的时间，从而推算测站到目标的水平距离。

4. 全站仪是一种将光电测距仪、电子经纬仪、微处理器和电子手簿合为一体的新型电子测量仪器，既可全部完成测站上所有的距离、角度和高程测量以及点位的测设和施工放样等工作，又可通过调用自存的软件，进行程序测量。

思 考 题 与 习 题

1.距离测量的主要作用是什么?

2.直线定线的主要方法和步骤是什么?

3.视距测量的基本原理是什么?

4.在 A 点架设 J_6 经纬仪,测得 B 点标尺 1.2 m 处的垂直角为 $-30°$。上、下丝视距间隔为 50 cm,仪器高为 1.4 m,求 AB 两点间的水平距离和高差(视距乘常数 $K=100$,计算至毫米)?

5.简述钢尺精密量距的步骤?

6.某钢尺的尺长方程式为:

$$l_t = 20 - 0.0028 + 1.25 \times 10^{-5} \times 20(t - 20℃)$$

①用它丈量直线 AB 的结果为 120 m,丈量时温度为 27℃,AB 两点间高差 $h_{AB} = -0.758$ m,求 AB 的实际水平长度。

②用它丈量直线 CD 时用了 4 个整尺段,第 5 个尺段为余长,余长值为 8.326 m,丈量的温度为 16.5℃,求 CD 的实际长度。

7.已知某钢尺尺长方程:$l_t = 50 - 0.0079 + 1.25 \times 10^{-5} \times 50(t - 20℃)$,量距斜长 46.563 m,倾角 2°23′,量距时的温度 26℃,求测段实际水平长度。

8.简述全站仪的基本功能。

9.简述全站仪三维坐标测量的基本原理。

项目五　点位测定

▶ 项目概述

　　本项主要包括：直线定向，方位角及相邻方位角的传递，坐标正算及坐标反算，测定未知点坐标和高程的方法。

▶ 学习目标

　　①掌握直线定向的方法；②能够熟练地计算坐标方位角；③理解坐标正、反算；④能运用极坐标法、直角坐标法、角度交会法和距离交会法等方法测定未知点的坐标；⑤掌握三角高程测量原理；⑥能熟练地使用全站仪进行坐标测量。

任 务 一　直 线 定 向 和 坐 标 推 算

　　知识要点：方位角、象限角、方位角的推算，坐标正、反算。
　　技能要点：能熟练地进行方位角的推算及坐标正、反算。

　　在测量工作中确定两点间平面位置关系，仅知道两点的距离是不够的，还需确定两点连线的方向。在测量上，一条直线的方向是以该直线与标准方向线的夹角来表示的。确定一条直线与标准方向线的夹角称为直线定向。

一、直线定向

1.标准方向线

　　测量上直线定向常用的标准方向线（基本方向线）有三种，也称"三北方向"。如图1-5-1所示。它们是：真子午线、磁子午线和坐标纵线。用天文测量方法确定的地球椭球子午线方向称为真子午线方向，也称真北方向。地面上点的真子午线方向即过该点作其子午线的切线方向，各点真子午线方向都指向地球的北极。用静止的磁针北端确定的方向称为磁子午线方向，也称磁北方向。测量中所采用的高斯平面直角坐标系的 X 坐标轴的方向称为坐标纵线，又称坐

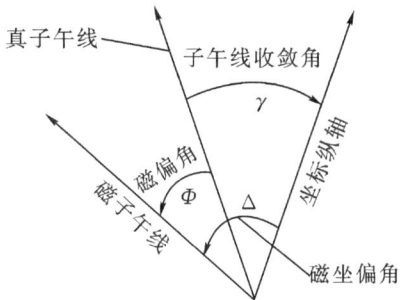

图1-5-1　标准方向线

标北方向。它是各投影带中央子午线的投影。过地面上各点的坐标北方向是平行的。

　　由于地球的南北磁极与地球自转的南北极不一致，地面各点的磁北方向与真北方向就不重合。同一点的磁子午线北方向偏离真子午线北方向的夹角称磁偏角，用 Φ 表示。磁子午线北方向在真子午线北方向以东称为东偏，Φ 取正值，反之，称为西偏，Φ 取负值。

　　地球上各点的真子午线互不平行，且都收敛于南北极，投影带内中央子午线投影后为坐标纵轴，其它子午线投影后均为曲线。同一点的坐标纵轴北方向偏离真子午线北方向的夹角称为子午线收敛角，用 γ 表示。坐标纵轴北方向在真子午线北方向以东称为东偏，γ 取正值，反之称西偏，γ 取负值。

由于地面上同一点处的磁子午线方向和坐标纵轴方向不平行,二者之间的夹角叫做磁坐偏角,用 Δ 表示。磁子午线北端偏离坐标纵轴北端以东称为东偏,Δ 取正值,反之称西偏,Δ 取负值。由于对地面上一个确定的点来说,这三条方向线的方向是唯一确定的,故可用来作为直线定向的标准方向线。

2. 方位角

直线方向可用方位角来表示。从过直线一端的标准方向线的北端起,依顺时针方向度量至直线所夹的水平角,称之为该直线的方位角,其取值范围为 $0°\sim360°$。如图 $1-5-2$ 所示。以真子午线为标准方向线确定的方位角称为真方位角,一般用 A 表示;以磁子午线为标准方向线确定的方位角称为磁方位角,一般用 A_m 表示;以坐标纵线为标准方向线确定的方位角称为坐标方位角,用 α 表示。通过磁偏角和子午线收敛角,可对不同的方位角进行换算。

一条直线有正、反两个方向。直线的两端可以按正、反方位角进行定向。若设定直线 AB 为正方向,则 AB 直线的方位角为正方位角,相应的 BA 直线的方位角为反方位角。反之,也是一样。直线 AB 方向与 BA 方向是完全不同的两个方向。

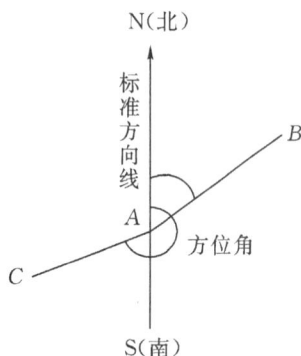

图 $1-5-2$ 直线的方位角

在实际的测量计算中,经常需进行同一直线正、反方位角的换算。由于地面各点的真子午线(或磁子午线)方向是不平行的,因此,直线的正、反真方位角(或磁方位角)并不刚好相差 $180°$,用真(磁)方位角表示直线方向会给方位角的推算带来不便,所以在一般测量工作中,常采用坐标方位角来表示直线的方向。如图 $1-5-3$ 所示,直线 AB,从 A 到 B 的方位角为正方位角,用 α_{AB} 表示;直线 B 到 A 的方位角就是反方位角,用 α_{BA} 表示。

从图中很容易看出,同一直线正、反坐标方位角相差 $180°$,即:

$$\alpha_{AB} = \alpha_{BA} \pm 180° \text{ 或 } \alpha_{正} = \alpha_{反} \pm 180° \tag{1-5-1}$$

表示直线方向除方位角外,还可以用象限角表示。从过直线一端的标准方向线的北端(或南端),依顺时针(或逆时针)方向度量至直线的锐角称为象限角,一般用 R 表示,其取值范围为 $0°\sim90°$,如图 $1-5-4$ 所示。

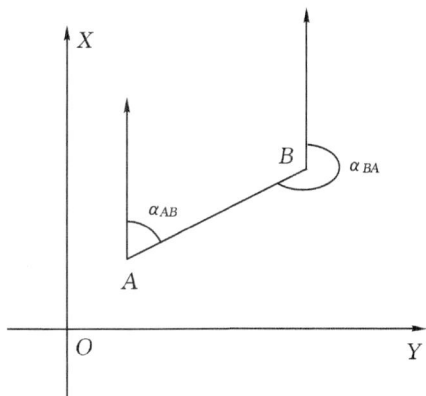

图 $1-5-3$ 正反坐标方位角关系

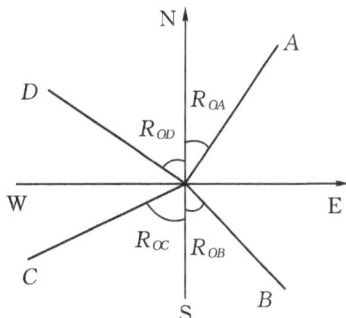

图 $1-5-4$ 直线的象限角

3. 象限角

仅有象限角值还不能完全确定直线的方向。因为具有某一角值的象限角,可以从不同的线端(北端或南端),依不同的方向(顺时针或逆时针)来度量。具有同一象限角值的直线方向可以出现在四个象限中。因此,在用象限角表示直线方向时,要在象限角值前面注明该直线方向所在的象限名称。Ⅰ象限:北东(NE)、Ⅱ象限:南东(SE)、Ⅲ象限:南西(SW)、Ⅳ象限:北西(NW),以区别不同方向的象限角。

如图 1-5-4 中,直线 OA、OB、OC、OD 的象限角相应地要写为北东 R_{OA}、南东 R_{OB}、南西 R_{OC}、北西 R_{OD}。同一直线的方位角与象限角的关系如图 1-5-5 所示。

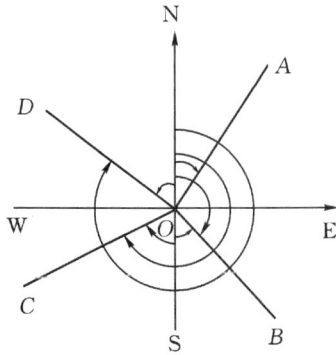

图 1-5-5 方位角与象限角的关系

从图 1-5-5 中可以很容易得出直线坐标方位角和象限角的关系,见表 1-5-1。

表 1-5-1 方位角与象限角的关系

象限及名称	坐标方位角值	由象限角求坐标方位角	由坐标方位角求象限角
Ⅰ 北东	$0°\sim90°$	$\alpha=R$	$R=\alpha$
Ⅱ 南东	$90°\sim180°$	$\alpha=180°-R$	$R=180°-\alpha$
Ⅲ 南西	$180°\sim270°$	$\alpha=180°+R$	$R=\alpha-180°$
Ⅳ 北西	$270°\sim360°$	$\alpha=360°-R$	$R=360°-\alpha$

4. 坐标方位角的传递

在实际工作中,并不需要测定每条直线的坐标方位角,而是通过已知坐标方位角的直线连测后,推算出各条直线的坐标方位角。如图 1-5-6 所示,已知直线 12 的坐标方位角 α_{12},观测了水平角 β_2 和 β_3,要求推算直线 23 和 34 的坐标方位角。

由图 1-5-6 可以看出:

$$\alpha_{23} = \alpha_{21} - \beta_2 = \alpha_{12} + 180° - \beta_2$$
$$\alpha_{34} = \alpha_{32} + \beta_3 = \alpha_{23} + 180° + \beta_3$$

因 β_2 在推算路线前进方向的右侧,该转折角称右角;β_3 在左侧,称为左角。从而可归纳出推算坐标方位角的一般公式为:

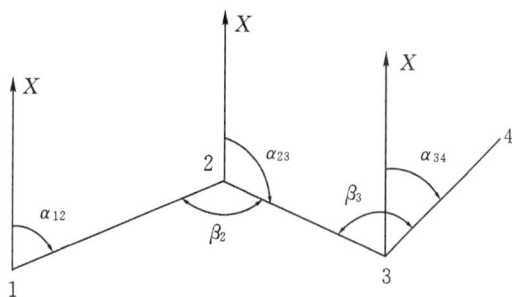

图 1-5-6 方位角的推算

$$\left.\begin{array}{l} \alpha_{前} = \alpha_{后} + 180° + \beta_{左} \\ \alpha_{前} = \alpha_{后} + 180° - \beta_{右} \end{array}\right\} \tag{1-5-2}$$

计算中,如果 $\alpha_{前} > 360°$,应减去 $360°$;如果 $\alpha_{前} < 0°$,则加上 $360°$。

二、坐标推算

1. 坐标的正算

在图 1-5-7 中,若已知 A 点的坐标为 x_A、y_A,直线 AB 的水平距离 D_{AB} 及其坐标方位角 α_{AB},欲求直线另一端点 B 的坐标 x_B、y_B,这就是坐标的正算问题。

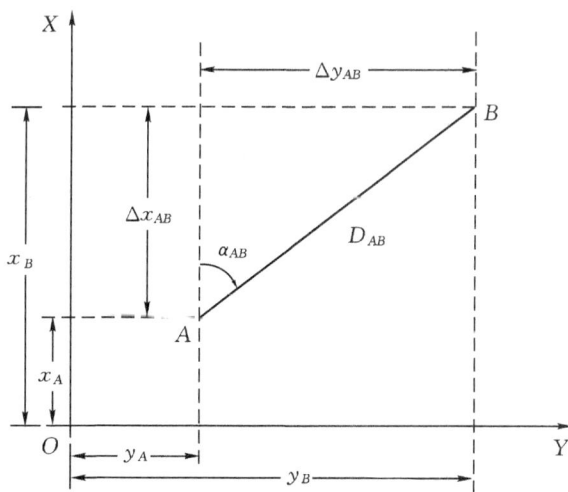

图 1-5-7 坐标正、反算

由图可知:

$$\left.\begin{array}{l} x_B = x_A + (x_B - x_A) = x_A + \Delta x_{AB} \\ y_B = y_A + (y_B - y_A) = y_A + \Delta y_{AB} \end{array}\right\} \tag{1-5-3}$$

直线 AB 两端点坐标的差,称为坐标增量,分别用 Δx_{AB}(纵坐标增量)和 Δy_{AB}(横坐标增量)表示。

由图 1-5-7 可进一步看出,直线 AB 的坐标增量,可由该直线的长度 D_{AB} 及其坐标方位角 α_{AB} 计算得到,即

$$\left. \begin{array}{l} \Delta x_{AB} = D_{AB}\cos\alpha_{AB} \\ \Delta y_{AB} = D_{AB}\sin\alpha_{AB} \end{array} \right\} \qquad (1-5-4)$$

坐标增量的符号取决于坐标方位角的正弦与余弦值,或者说取决于直线的方向,其关系见表 1-5-2。

表 1-5-2 坐标增量的符号与直线方向关系表

直线的方向		函数的符号		坐标增量的符号	
坐标方位角	直线所处象限	cos	sin	Δx	Δy
0°~ 90°	北、东(N、E)	+	+	+	+
90°~180°	南、东(S、E)	−	+	−	+
180°~270°	南、西(S、W)	−	−	−	−
270°~360°	北、西(N、W)	+	−	+	−

将式(1-5-4)代入式(1-5-3),得

$$\begin{array}{l} x_B = x_A + D_{AB}\cos\alpha_{AB} \\ y_B = y_A + D_{AB}\sin\alpha_{AB} \end{array} \qquad (1-5-5)$$

2. 坐标的反算

在图 1-5-7 中,若已知直线 AB 两端点的坐标 x_A、y_A、x_B、y_B,则可计算该直线的水平距离 D_{AB} 及其坐标方位角 α_{AB},这就是坐标反算问题。

坐标反算的计算公式如下:

$$\tan\alpha_{AB} = \frac{\Delta y_{AB}}{\Delta x_{AB}} = \frac{y_B - y_A}{x_B - x_A} \qquad (1-5-6)$$

$$D_{AB} = \sqrt{(\Delta x_{AB})^2 + (\Delta y_{AB})^2} = \sqrt{(x_B - x_A)^2 + (y_B - y_A)^2} \qquad (1-5-7)$$

需要说明的是,利用式(1-5-6)反算方位角时,应根据纵、横坐标增量的符号,确定直线 AB 所在的象限,然后根据象限角与方位角的关系计算出直线 AB 的方位角 α_{AB},同时还要注意 α_{AB} 是 A 点至 B 点的方位角,计算增量时应用 B 点的坐标减去 A 点的坐标,反之亦然。

【例 1-5-1】 设直线 A、B 两点的坐标分别为:A 点,$x_A = 104\ 342.99$ m,$y_A = 573\ 814.29$ m;B 点,$x_B = 102\ 406.50$ m,$y_B = 570\ 525.72$ m,求 AB 距离及坐标方位角。

解:
$$\Delta x_{AB} = x_B - x_A = -1936.49 \text{ m}$$
$$\Delta y_{AB} = y_B - y_A = -3288.57 \text{ m}$$

由坐标增量的符号判断,AB 直线处在第三象限,先算出象限角(不考虑坐标增量的符号)为

$$R_{AB} = \arctan\left|\frac{\Delta y}{\Delta x}\right| = 59°30'29''$$

则

$$\alpha_{AB} = 180° + R_{AB} = 239°30'29''$$

$$D_{AB} = \sqrt{(\Delta x_{AB})^2 + (\Delta y_{AB})^2} = 3816.371 \text{ m}$$

任务二 测定点的坐标

知识要点：极坐标法、直角坐标法、角度交会法、距离交会法。

技能要点：能根据施工现场特点，灵活选择最佳方法测定未知点坐标。

在已知点上设站测量未知点(加密图根控制点或地形点)坐标的基本方法有以下几种，应根据仪器设备和现场条件等多种因素灵活选择使用。

一、极坐标法

如图 1-5-8 所示，在已知点 A 上架设仪器，以 A 至另一已知点 B 为起始方向(即极轴，其方位角 α_{AB} 为已知)，测量 AB 和 AC 之间的水平角 β(极角)以及 AC 的水平距离 D_{AC}(极距)，即可按以下步骤计算未知点 C 的坐标：

(1)计算 AC 边的方位角为
$$\alpha_{AC} = \alpha_{AB} + \beta \quad (1-5-8)$$

(2)计算 AC 边的坐标增量为
$$\left.\begin{array}{l} \Delta x_{AC} = D_{AC}\cos\alpha_{AC} \\ \Delta y_{AC} = D_{AC}\sin\alpha_{AC} \end{array}\right\} \quad (1-5-9)$$

(3)计算 C 点坐标
$$\left.\begin{array}{l} x_C = x_A + \Delta x_{AC} \\ y_C = y_A + \Delta y_{AC} \end{array}\right\} \quad (1-5-10)$$

此法应用最广，尤其适用于开阔地区。

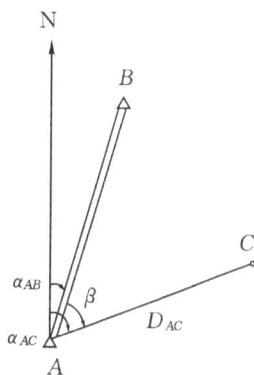

图 1-5-8 极坐标法测定点位

二、直角坐标法

在图 1-5-9 中，将 AB 视为直角坐标系的坐标轴，为测定未知点 E 的位置，先由 E 点向 AB 边作垂线，再分别量取 A 点和 E 点至垂足 E' 的距离 $D_{AE'}$ 和 $D_{EE'}$，即可按以下步骤计算 E 点的坐标：

(1)分别计算 AE' 边和 $E'E$ 边的坐标增量
$$\left.\begin{array}{l} \Delta x_{AE'} = D_{AE'}\cos\alpha_{AE'} \\ \Delta y_{AE'} = D_{AE'}\sin\alpha_{AE'} \end{array}\right\} \quad (1-5-11)$$

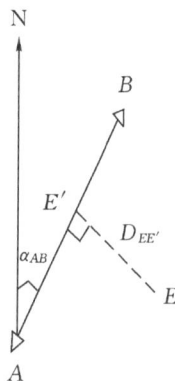

图 1-5-9 直角坐标法测定点位

$$\left.\begin{array}{l} \Delta x_{E'E} = D_{E'E} \cos(\alpha_{AB} + 90°) \\ \Delta y_{E'E} = D_{E'E} \sin(\alpha_{AB} + 90°) \end{array}\right\} \qquad (1-5-12)$$

（2）计算 E 点坐标

$$\left.\begin{array}{l} x_E = x_A + \Delta x_{AE'} + \Delta x_{E'E} \\ y_E = y_A + \Delta y_{AE'} + \Delta y_{E'E} \end{array}\right\} \qquad (1-5-13)$$

此法适用于建筑物较为规整,未知点离已知点较近的地区。

三、角度交会法

角度交会又分前方交会、侧方交会和后方交会等多种形式,适用场合有所不同。

（一）前方交会

如图 1 - 5 - 10 所示,在已知点 A、B 上设站,观测 α、β 角,计算待定点 P 的坐标,即为前方交会。计算公式推导如下:

由 A、B 两点已知坐标按式（1 - 5 - 6）反算得 α_{AB},于是有

$$\alpha_{AP} = \alpha_{AB} - \alpha \qquad (a)$$

按坐标正算可得

$$\left.\begin{array}{l} x_P - x_A = D_{AP} \cos\alpha_{AP} \\ y_P - y_A = D_{AP} \sin\alpha_{AP} \end{array}\right\} \qquad (b)$$

将式（a）代入式（b）,得

$$\left.\begin{array}{l} x_P - x_A = D_{AP}(\cos\alpha_{AB}\cos\alpha + \sin\alpha_{AB}\sin\alpha) \\ y_P - y_A = D_{AP}(\sin\alpha_{AB}\cos\alpha - \cos\alpha_{AB}\sin\alpha) \end{array}\right\} \qquad (c)$$

因有 $\cos\alpha_{AB} = \dfrac{x_B - x_A}{D_{AB}}$,$\sin\alpha_{AB} = \dfrac{y_B - y_A}{D_{AB}}$,代入式（c）可得

图 1 - 5 - 10　测角前方交会

$$\left.\begin{array}{l} x_P - x_A = \dfrac{D_{AP}}{D_{AB}}\sin\alpha\big[(x_B - x_A)\cot\alpha + (y_B - y_A)\big] \\ y_P - y_A = \dfrac{D_{AP}}{D_{AB}}\sin\alpha\big[(y_B - y_A)\cot\alpha - (x_B - x_A)\big] \end{array}\right\} \qquad (d)$$

式（d）右端第一项根据正弦定理可写为

$$\frac{D_{AP}}{D_{AB}}\sin\alpha = \frac{\sin\beta}{\sin(\alpha+\beta)}\sin\alpha = \frac{\sin\beta\sin\alpha}{\sin\alpha\cos\beta + \cos\alpha\sin\beta} = \frac{1}{\cot\alpha + \cot\beta} \qquad (e)$$

将（e）式代入（d）,整理可得

$$\left.\begin{array}{l} x_P = \dfrac{x_A\cot\beta + x_B\cot\alpha + (y_B - y_A)}{\cot\alpha + \cot\beta} \\ y_P = \dfrac{y_A\cot\beta + y_B\cot\alpha - (x_B - x_A)}{\cot\alpha + \cot\beta} \end{array}\right\} \qquad (1-5-14)$$

式（1 - 5 - 14）即为由已知点坐标和观测角直接计算交会点坐标的余切公式。具体算例见表 1 - 5 - 3。需要注意的是,推导余切公式时,所用符号与图 1 - 5 - 10 中的编号是对应的,因此在使用该式时,两个已知点和两个观测角的编号一定要与图 1 - 5 - 10 中的编号相一致,否则会出错。

为了保证交会的精度,交会角 γ 见图（1 - 5 - 10）应大于 30°且小于 120°,最好在 90°左

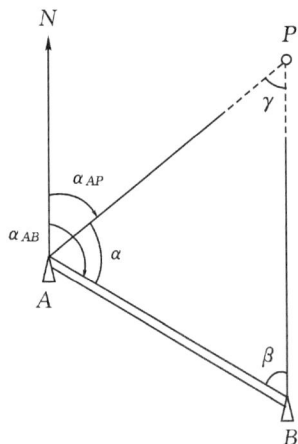

右。同时,为了保证交会的可靠性,最好选择第三个已知点观测相应的角度进行检核。

分别在已知点 A、B、C 上观测角 α_1、β_1、α_2、β_2(见表 1-5-3 中算例附图),由两组图形分别计算待定点 P 的坐标 (x_{P1}, y_{P1}) 及 (x_{P2}, y_{P2})。如两组坐标算得的点位较差

$$f = \pm \sqrt{(x_{P1} - x_{P2})^2 + (y_{P1} - y_{P2})^2} \qquad (1-5-15)$$

如果 $f \leqslant 0.2M \sim 0.3M$ mm(M 为测图比例尺分母),则取其平均值作为 P 点坐标的最后结果。

表 1-5-3 测角前方交会计算表

附图

点名	观测角/° ′ ″		x/m		y/m	
A	α_1	59 20 59	x_A	5 522.01	y_A	1 527.29
B	β_1	54 09 52	x_B	5 189.35	y_B	1 116.90
P			x_{P1}	5 059.93	y_{P1}	1 595.34
$\cot\alpha$	0.592 583	$\cot\beta$	0.722 167	$\cot\alpha + \cot\beta$		1.314 750
B	α_2	61 54 29	x_B	5 189.35	y_B	1 116.90
C	β_2	55 44 54	x_C	4 671.79	y_C	1 236.06
P			x_{P2}	5 060.02	y_{P2}	1 595.35
$\cot\alpha$	0.533 770	$\cot\beta$	0.680 918	$\cot\alpha + \cot\beta$		1.214 688
$e = \sqrt{\delta_x^2 + \delta_y^2} = \pm 0.09$ m			x_P	5 059.98	y_P	1 595.35

(二)侧方交会

如图 1-5-11 所示,在已知点 A(或 B)和待定点 P 上设站,观测 α(或 β)角与 γ 角,计算待定点 P 的坐标,即为侧方交会。因为 α、β、γ 三角之和等于 $180°$,由 $\beta = 180° - \alpha - \gamma$ 即可将 β 角算出,因而侧方交会和前方交会实质相同,仍可用前方交会的方法进行计算。

侧方交会适用于在两个已知点中有一个难以到达或不便设站时使用。

(三)后方交会

如图 1-5-12 所示,在待定点 P 上设站,观测三个已知点 A、B、C 之间的夹角 α、β,亦可

算得 P 点的坐标,称为后方交会。后方交会有多种解算方法,下面介绍一种常用的辅助角法。

如图 $1-5-12$ 所示,在由已知点和待定点组成的两个三角形中,设 φ_1、φ_2 两角为辅助角,由于 α、β 已测定,显然,只要求出两辅助角,就成了两组侧方交会。因此,问题的关键归结于辅助角的解算。

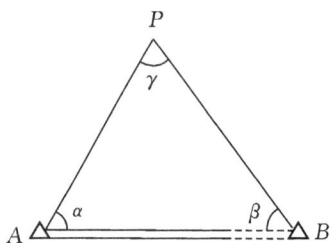

图 $1-5-11$ 测角侧方交会　　　　图 $1-5-12$ 测角后方交会

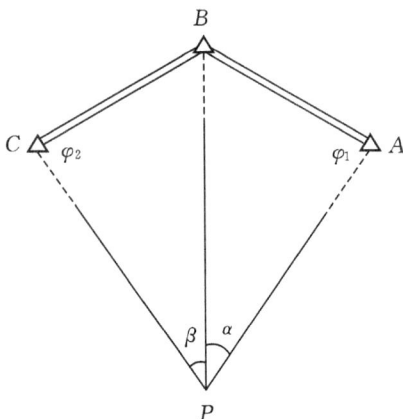

首先,根据三个已知点坐标,按坐标反算得已知方位角 α_{AB}、α_{BC} 和已知边长 D_{AB}、D_{BC},则 BA、BC 两已知边的夹角 $\angle B$ 为

$$\angle B = \alpha_{BC} - \alpha_{BA} \tag{f}$$

在 $\triangle ABP$ 和 $\triangle BCP$ 中,运用正弦定理可得

$$\frac{D_{AB}}{\sin\alpha} = \frac{D_{BP}}{\sin\varphi_1} = K_1 \tag{g}$$

$$\frac{D_{BC}}{\sin\beta} = \frac{D_{BP}}{\sin\varphi_2} = K_2 \tag{h}$$

因为 D_{AB}、D_{BC} 及 α、β 均已知,所以式(g)、(h)中 K_1、K_2 均为常数,两式相除得

$$\frac{\sin\varphi_1}{\sin\varphi_2} = \frac{K_2}{K_1} \tag{i}$$

又设 $\varphi_1 + \varphi_2 = 360° - \alpha - \beta - \angle B = \theta$(亦为常数),即有 $\varphi_1 = \theta - \varphi_2$,代入(i)式,并将 $\sin(\theta - \varphi_2)$ 展开得

$$\frac{\sin\theta\cos\varphi_2 - \cos\theta\sin\varphi_2}{\sin\varphi_2} = \frac{K_2}{K_1} \tag{j}$$

整理即有

$$\left. \begin{array}{l} \varphi_1 = \mathrm{arccot}\left[\dfrac{\dfrac{K_1}{K_2} + \cos\theta}{\sin\theta}\right] \\[4mm] \varphi_2 = \mathrm{arccot}\left[\dfrac{\dfrac{K_2}{K_1} + \cos\theta}{\sin\theta}\right] \end{array} \right\} \tag{1-5-16}$$

求出 φ_1、φ_2 后,然后按侧方交会计算待定点 P 的坐标。

需要注意的是,在后方交会中,过三个已知点构成的外接圆称为危险圆。因为在这个圆周上不同的点位将有相同的圆周角,因此如果待定点刚好位于该圆上(或位于该圆附近),同一组观测角 α、β 就可以算得无数组解,即 P 点有无数组坐标,实质即无解。所以,在选择已知点时,应尽量使待定点避开危险圆。

后方交会仅需设一个测站,就能测定待定点坐标,布点灵活,工作量少,尤其适合在有多个已知点可供照准使用的情况下,直接在作业现场测定待定点坐标时使用。

四、距离交会法

图 $1-5-13$ 中,分别量取控制点 A、B 至点 P 的距离 D_{AP}、D_{BP},亦可按距离交会的方法确定 P 的点位。

首先根据三条边长(包括已知点之间的边长 D_{AB})按余弦定理计算 α、β,然后将 α、β 和 A、B 点的已知坐标代入上述前方交会坐标计算式($1-5-14$),即可计算得交会点 P 的坐标。

此法适用于量距方便的地区。

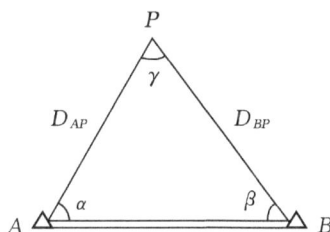

图 $1-5-13$ 距离交会法   图 $1-5-14$ 自由设站定位

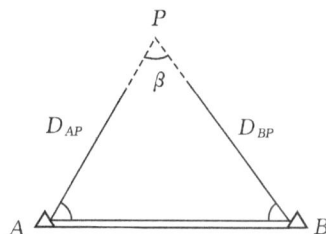

五、自由设站定位

自由设站定位与后方交会相似,也是仅在待定点(如图 $1-5-14$ 中,根据需要在现场自由设定的 P 点)上设站,只是后方交会至少需要 3 个已知点,而自由设站定位至少有 2 个已知点即可,但需同时测量待定点与 2 个已知点之间的夹角和边长(如图 $1-5-14$ 中的夹角 β 和边长 D_{AP}、D_{BP})。计算时,同样可将待定点 P 和两个已知点组成三角形,运用正弦定理,算出 $\angle PAB$ 和 $\angle PBA$,再用前方交会的方法解算出待定点坐标。

任务三 测定点的高程

知识要点:三角高程测量。

技能要点:能根据施工现场特点,灵活选择最佳方法测定未知点高程。

前已述及,测定未知点的高程可以采用水准测量的方法(见模块一项目二),但水准测量通常适用于平坦地区,而当地势起伏较大时,更适宜采用三角高程测量的方法。

一、三角高程测量原理

所谓三角高程测量,就是用经纬仪或全站仪,通过测定目标的竖直角和测站与目标之间的距离,运用三角函数来求得测站和目标之间的高差。

如图 1-5-15 所示,要测定 A、B 两点间的高差,则安置经纬仪于 A 点,瞄准 B 点的觇标顶端,测出竖直角 α,并测量仪器高 i 和觇标高 v。若 A、B 两点间的水平距离 D_{AB} 为已知,则根据三角学原理按下式求出两点间的高差:

$$h_{AB} = D_{AB} \cdot \tan\alpha + i - v \qquad (1-5-17)$$

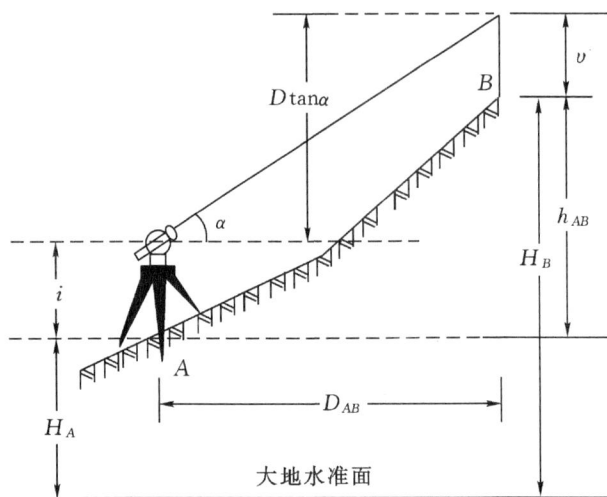

图 1-5-15 三角高程测量

当 A 点高程为 H_A 时,则点 B 的高程为

$$H_B = H_A + h_{AB} = H_A + D_{AB} \cdot \tan\alpha + i - v \qquad (1-5-18)$$

二、地球曲率和大气折光差

在前面分析水准测量误差时曾讨论过地球曲率和大气折光差对水准测量的影响,三角高程测量同样会受到地球曲率和大气折光差的影响。在单程观测的情况下,测站到目标的距离又较长时,这两项误差的联合影响(称为球气差)f 是三角高程测量误差的重要来源。即在精度要求较高的三角测量中,高差计算应考虑球气差的影响,则有

$$h_{AB} = D\tan\alpha + i - v + f$$

根据研究,f 值一般可按下式计算

$$f \approx 0.43 \frac{D^2}{R} \qquad (1-5-19)$$

式中:D——两点间的水平距离,km;

R——地球的曲率半径,km,$R = 6\ 371$ km。

为了克服地球曲率与大气折光差的影响,在可能的情况下,三角高程测量应采用对向观

测的方法,即由 A 点观测 B 点,再由 B 点观测 A 点,取其高差绝对值的平均数(符号以往测为准)作为 A、B 的高差,同时对观测成果进行检核。

三、三角高程测量观测和计算

随着光电测距和全站仪的推广使用,三角高程测量已普遍用于代替四等水准测量和普通水准测量,并可组成相应等级的附合水准路线或闭合水准路线。

光电测距三角高程测量一个测站上的观测可按以下步骤进行(记录和计算见表 $1-5-4$):

(1)安置仪器,量取仪器高和目标高,精确至 mm,各量两次取平均;

(2)用测距仪测量距离;

(3)按中丝法或三丝法(用望远镜十字丝的上、中、下三丝依次照准目标,测其竖直角取平均)测定目标的竖直角;

(4)往测完毕再返测;

(5)将观测值填入表 $1-5-4$ 进行每条边往、返测的高差计算,如往、返较差符合要求,取其平均值作为该边的高差,符号与往测相同。

如果用全站仪测量,先输入仪器高和目标高,照准目标后,仪器可自动测定距离和竖直角,并显示平距和高差。连续测定相邻测站之间的高差,即可组成三角高程测量的附合路线或闭合路线。有关测站观测、对向观测和路线闭合差的技术要求见表 $1-5-5$(引自《工程测量规范》(GB 50026—93))。

表 $1-5-4$　三角高程测量计算

测站点	A	B
目标点	B	A
测向	往测	返测
平距 D(或斜距 S)/m	358.462(平距)	358.464(平距)
竖直角 α	$+2°34'56''$	$-2°34'26''$
$D\tan\alpha$(或 $S\sin\alpha$)/m	$+16.166$	-16.114
仪器高 i/m	1.465	1.455
目标高 v/m	1.500	1.500
球气差 f/m	$+0.009$	$+0.009$
单向高差 h/m	16.140	-16.150
平均高差 $h_{(均)}$/m	$+16.145$	

表 $1-5-5$　光电测距三角高程测量的技术要求

等级	仪器	测回数		指标差较差 /″	竖直角较差 /″	对向观测高差较差 /mm	附合或环线闭合差 /mm
		三丝法	中丝法				
四等	DJ$_2$		3	$\leqslant 7$	$\leqslant 7$	$40\sqrt{D}$	$20\sqrt{\sum D}$
普通	DJ$_6$	1	2	$\leqslant 10$	$\leqslant 10$	$60\sqrt{D}$	$30\sqrt{\sum D}$

注:D 为两点间的水平距离,km。

任 务 四　全 站 仪 坐 标 测 量

知识要点：全站仪坐标测量。

技能要点：能用全站仪直接测定未知点的坐标。

一、全站仪三维坐标测量

如图 $1-5-16$ 所示，将全站仪置于测站点 A 上，选定三维坐标测量模式后，首先输入仪器高 i，目标高 v 以及测站点的三维坐标值（x_A，y_A，H_A）；然后照准另一已知点设定方位角；接着再照准目标点 P 上的反射棱镜；按下坐标测量键，仪器就会按下式利用自身内存的计算程序自动计算并瞬时显示出目标点 P 的三维坐标值（x_P，y_P，H_P）。

$$\left.\begin{array}{l} x_P = x_A + S\cos\delta\cos\alpha \\ y_P = y_A + S\cos\delta\sin\alpha \\ H_P = H_A + S\sin\delta + i - v \end{array}\right\} \tag{1-5-20}$$

式中：S——仪器至反射棱镜的斜距；

　　　δ——仪器至反射棱镜的竖直角；

　　　α——仪器至反射棱镜的方位角。

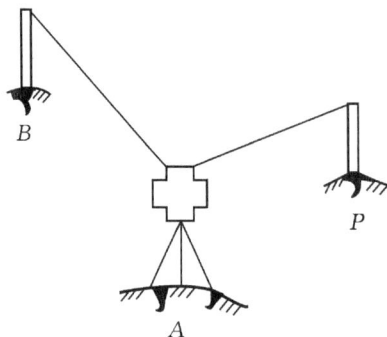

图 $1-5-16$　三维坐标测量示意图

二、全站仪后方交会测量

在待定点上安置全站仪，输入仪器高，进入菜单测量模式，选择后方交会程序，按屏幕提示依次输入两个已知点的三维坐标和目标的棱镜高，并先后瞄准两个已知点棱镜，按测量键，仪器即按自由设站定位法测定测站点的三维坐标。如需继续观测其他已知点，可再按提示输入增加的已知点坐标和棱镜高，依次瞄准各已知点棱镜，按测量键，观测完毕仪器即按后方交会法自动计算测站点的三维坐标予以显示，并作为新的测站点坐标予以存储。

此法非常适合用全站仪测图或放样需要加密临时性的控制点时使用。

项目小结

1.直线定向的标准方向:真北、磁北和坐标北。

2.直线方向的表示有方位角和象限角。方位角的范围:$0°\sim360°$;象限角的范围:$0°\sim\pm90°$。

3.测定未知点坐标的方法有极坐标法、直角坐标法、角度交会法、距离交会法等,测定未知点高程的方法有水准测量、三角高程测量。

4.全站仪的三维坐标测量和后方交会测量可以用于直接测定未知点的三维坐标。

习题与思考题

1.在使用相邻边的方位角推算公式时应注意什么?

2.测定未知点坐标有哪几种方法?各适用于什么场合?

3.和水准测量相比,三角高程测量有何优缺点?适用于什么情况?

4.什么叫直线定向?直线方向用什么表示?用来给直线定向的标准方向有哪些?为什么测量实际工作中常用坐标方位角表示直线方向?

5.什么是方位角、坐标方位?正、反坐标方位角之间有何关系?

6.如图 $1-5-17$ 所示,已知 AC 边的坐标方位角 $\alpha_{AC}=274°16'04''$,$\beta_1=29°52'34''$,$\beta_2=80°46'12''$,求 AB 边的坐标方位角。

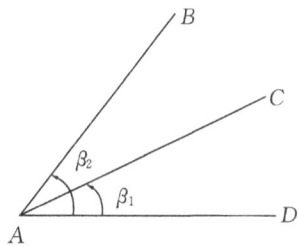

图 $1-5-17$ 坐标方位角的推算

7.如图 $1-5-18$,已知直线 AB 的坐标方位角 $\alpha_{AB}=128°12'54''$,观测角 $\beta_1=220°42'24''$,$\beta_2=120°36'42''$,$\beta_3=225°52'30''$,求 ED 的坐标方位角 α_{ED}。

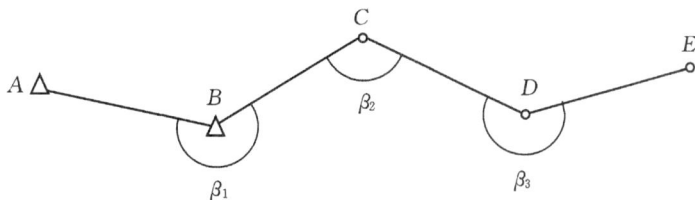

图 $1-5-18$ 坐标方位角的推算

8.根据表 $1-5-6$ 给出的部分数据完成表中相关计算,并将计算结果填入表中。

表 1 - 5 - 6　方位角、象限角计算

直线名称	坐标方位角/ 。 ′ ″	象限角/ 。 ′ ″	反方位角/ 。 ′ ″	夹角/ 。 ′ ″	
AB	256　33　56			∠ABC	
BC		SE23　44　18			
CD			188　30　09	∠BCD	
DE			300　11　24	∠CDE	

项目六 测量误差基本知识

▶ 项目概述

本项目主要包括：测量误差产生的原因、分类及偶然误差的特性；评定观测值精度的指标，观测值中误差、观测值函数中误差，观测值的最可靠值及其中误差。

▶ 学习目标

①了解测量误差产生的原因及分类；②熟悉偶然误差的统计规律性；③掌握评定观测值精度的指标；④能够熟练地运用误差传播定律计算观测值函数的最可靠值，并评定其精度。

任务一 测量误差概述

知识要点：测量误差的来源、分类及偶然误差的特性。

一、测量误差产生的原因

测量工作的实践表明，当对某一客观存在的未知量，例如地面上的某个角度、某两点的距离或高差等，进行多次重复观测时，尽管采用了合格的测量仪器和合理的观测方法，测量技术人员的工作态度也是认真负责的，但是，多次测量的结果可能存在差异，这说明观测值中存在着测量误差，也就是说测量误差是不可避免的。产生测量误差的原因，概括起来主要有以下三个方面。

1.测量仪器

测量工作是观测者使用某种测量仪器或者工具进行的，测量仪器尽管在不断地改进，但难免受到生产水平的限制，如仪器、工具构造上的缺陷及仪器、工具本身精确度的限制，因此，测量结果就会受其影响。例如，一般测角仪器的度盘分划误差可能达到±3″，使得所测的角度也产生误差。另外，仪器结构的不完善，例如，测量仪器轴线位置不正确，也会引起测量误差。

2.观测者

由于观测者的感觉器官能力的局限性，所以，观测者在进行操作仪器过程中的对中、整平、照准、读数等几个方面都会产生误差。例如，在厘米分划的水准尺上，观测者读数时的估读误差，1 mm 左右的读数误差是完全有可能的。另外，观测者的测量技术水平、自身的生理状态、工作态度也会给观测结果带来不同程度的影响。

3.外界条件

测量工作的观测数据采集是在野外进行的，外界环境中不断变化的温度、湿度、风力、日照、大气折光等情况，也会使测量结果产生误差。例如，温度变化使钢尺产生伸缩，风吹和日照使仪器的安置不稳定，大气折光使望远镜的瞄准产生上下或左右的偏差等。

综上所述，测量仪器、人和外界环境是测量工作得以进行的必要条件，总称为观测条件。但是，这些观测条件都有本身的局限性和对测量精度的不利因素。因此，测量成果中的偶然误差是不可避免的。偶然误差的大小决定观测值的精度。偶然误差小,则精度高;偶然误差大,则精度低。凡是在相同的观测条件下进行的同类观测,称为"等精度观测",不同的观测条件下进行的同类观测,则称为"不等精度观测"。

二、测量误差的分类及特性

测量误差按其产生的原因和对观测结果影响性质的不同,可以分为粗差、系统误差和偶然误差三类。

1. 粗差

由于观测者的粗心或者受到某种干扰造成特别大的测量误差称为"粗差"。如测量数据的误读、瞄准错误的目标、记录人员的误记等,粗差也称错误。粗差是可以避免的,包含粗差的观测值应该舍弃,并重新进行观测。在测量误差理论中,应不包括粗差。

2. 系统误差

在相同的观测条件下,对某一量进行一系列的观测,如果测量误差在符号和数值大小上都相同,或按一定的规律变化,这种误差称为"系统误差"。例如,用名义长度为 30 m,而检定长度为 30.005 m 的钢卷尺量距,则每量一尺段就使距离量短了 0.005 m,即具有 −0.005 m 的距离误差,误差的符号不变,且与所量距离的长度成正比。因此,系统误差对观测值的影响具有一定的方向性和明显的积累性。如果这种规律性能够被找到,则系统误差对观测值的影响可进行改正,或者用一定的测量方法使其减弱或者抵消。

3. 偶然误差

在相同的观测条件下,对某一量进行一系列的观测,如果测量误差在符号和数值大小上都不相同,从表面上看没有任何规律,这种误差称为"偶然误差"。偶然误差是由于观测者的感官能力和仪器的性能受到一定的限制,以及受观测条件的影响等原因造成的,是人力所不能控制的或者无法估计的许多因素(如人眼的分辨能力、仪器的极限精度和变化无常的气象因素等)共同引起的测量误差,其数值的正负和大小纯属偶然。例如,在水准尺上毫米数值的估读误差,估读时,有时估的过大,有时估的过小;大气折光使望远镜中目标成像不稳定,使瞄准目标时有时偏左、有时偏右。因此,多次重复观测,取其平均值,可以抵消一部分偶然误差。

在实际测量工作中,只要严格按照国家技术监督部门和测绘管理机构制定的相关测量规范,粗差是可以被发现并剔除的,系统误差也是可以被改正的,而偶然误差却是不可避免的,并且很难完全消除。观测值在消除或大大削弱了粗差和系统误差后,偶然误差就占据了主导地位,其大小将直接影响测量成果的精确程度。因此,了解和掌握其统计规律,对提高测量精度是很有帮助的。

下面结合某个观测实例,用统计方法对偶然误差进行说明和分析,并总结其规律性。

在某个测区,在相同的观测条件下共观测了 358 个三角形的全部内角,由于观测值含有误差,平面三角形三个内角观测值之和并不等于三角形内角和理论值(亦称真值)180°,即:三角形三个内角观测值之和与理论值 180° 的差值不等于 0,而是等于 Δ_i。设三角形内角和的真值为 X,各三角形内角和的观测值为 L_i,则 Δ_i 为三角形内角和的真误差(一般称为三角形的闭合差):

$$\Delta_i = X - L_i \tag{1-6-1}$$

由(1-6-1)计算 358 个三角形内角和观测值的真误差,将真误差按照误差区间 $d\Delta = 3''$ 进行误差个数 k 的统计,并计算其相对个数 $k/n(n=358)$, k/n 称为该区间的误差出现的概率。偶然误差的统计见表 1-6-1。

表 1-6-1　偶然误差的统计

误差区间 $d\Delta('')$	负误差		正误差		误差绝对值	
	k	k/n	k	k/n	k	k/n
0~3	45	0.126	46	0.128	91	0.254
3~6	40	0.112	41	0.115	81	0.227
6~9	33	0.092	33	0.092	66	0.184
9~12	23	0.064	21	0.059	44	0.123
12~15	17	0.047	16	0.045	33	0.092
15~18	13	0.036	13	0.036	26	0.072
18~21	6	0.017	5	0.014	11	0.031
21~24	4	0.011	2	0.006	6	0.017
24 以上	0	0	0	0	0	0
Σ	181	0.505	177	0.495	358	1.000

用图示的方法可以更直观地对偶然误差的特性进行统计分析。根据表 1-6-1 的数据,以误差数值 Δ 为横坐标,以频率 k/n 与区间 $d\Delta$ 的比值 $k/(n \cdot d\Delta)$ 为纵坐标,对于整个统计数据,各小细长状矩形的面积总和应等于 1。可以绘制如图 1-6-1 所示的频率直方图。

从表 1-6-1 和图 1-6-1 的大量测量的统计结果中,可以归纳出偶然误差具有以下的特征:

特性 1　在一定的观测条件下,偶然误差的绝对值不会超过一定的限值;

特性 2　绝对值较小的误差出现的频率高,绝对值较大的误差出现的频率低;

特性 3　绝对值相等的正、负误差出现的频率大致相等;

特性 4　当观测次数无限增多时,偶然误差的算术平均值趋近于零,即偶然误差具有抵偿性,用公式表示为

$$\lim_{n \to \infty} \frac{\Delta_1 + \Delta_2 + \cdots + \Delta_n}{n} = \lim_{n \to \infty} \frac{[\Delta]}{n} = 0 \tag{1-6-2}$$

式中:$[\Delta]$——测量误差的代数和;

n——观测三角形的个数。

可以设想,若观测的次数无限增多,误差的个数也无限增多,即 $n \to \infty$,同时将误差区间 $d\Delta$ 无限缩小,则图 1-6-1 中细长状矩形的顶边所构成的折线就逐渐成为一条光滑的曲线,称为误差分布曲线。该曲线在概率论中称为正态分布曲线,其函数形式为:

$$y = f(\Delta) = \frac{1}{\sqrt{2\pi}\sigma} e^{\frac{-\Delta^2}{2\sigma^2}} \tag{1-6-3}$$

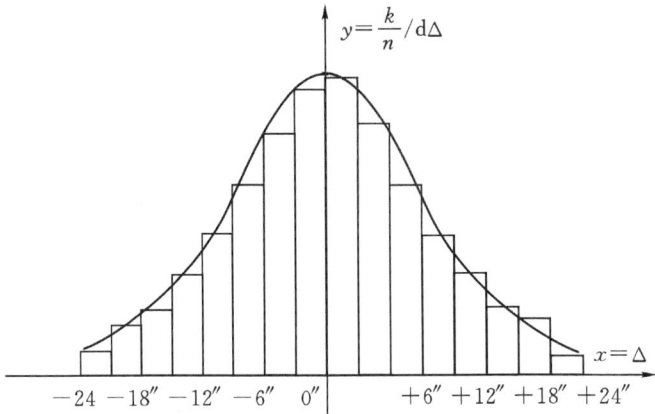

图 1-6-1 频率直方图

式中:e——自然对数的底;

σ——误差分布的标准差。

式(1-6-3)称为"正态分布的密度函数",以偶然误差 Δ 为自变量,以标准差 σ 为密度函数的唯一参数,σ 也是正态分布曲线的拐点的横坐标值。

任务二 评定精度的指标

知识要点:评定观测值精度的指标。

一、方差和中误差

根据任务一内容,σ 在统计学上称为"标准差",是衡量精度的一个指标,标准差的平方(σ^2)称为"方差"。方差为偶然误差平方和的算术平均值:

$$\sigma^2 = \lim_{n \to \infty} \frac{\Delta_1^2 + \Delta_2^2 + \cdots + \Delta_n^2}{n} = \lim_{n \to \infty} \frac{[\Delta^2]}{n} \qquad (1-6-4)$$

因此,标准差的计算式为

$$\sigma = \lim_{n \to \infty} \sqrt{\frac{[\Delta^2]}{n}} = \lim_{n \to \infty} \sqrt{\frac{[\Delta\Delta]}{n}} \qquad (1-6-5)$$

由上式可知,标准差的大小决定于在一定条件下偶然误差出现的绝对值的大小。由于在计算标准差时取各个偶然误差的平方和,因此,当出现有较大绝对值的偶然误差时,在标准差的数值大小中会得到明显的反应。

表 1 - 6 - 2 按观测值的真误差计算中误差

次序	第一组观测值			第二组观测值		
	观测值 1	$\Delta/''$	Δ^2	观测值 2	$\Delta/''$	Δ^2
1	180°00′03″	−3	9	180°00′00″	0	0
2	180°00′02″	−2	4	179°59′59″	+1	1
3	179°59′58″	+2	4	180°00′07″	−7	49
4	179°59′56″	+4	16	180°00′02″	−2	4
5	180°00′01″	−1	1	180°00′01″	−1	1
6	180°00′00″	0	0	179°59′59″	+1	1
7	180°00′04″	−4	16	179°59′52″	+8	64
8	179°59′57″	+3	9	180°00′00″	0	0
9	179°59′58″	+2	4	179°59′57″	+3	9
10	180°00′03″	−3	9	180°00′01″	−1	1
$\Sigma\vert\vert$		24	72		24	130
中误差	$m_1=\pm\sqrt{\dfrac{\Sigma\Delta^2}{10}}=\pm2.7''$			$m_2=\pm\sqrt{\dfrac{\Sigma\Delta^2}{10}}=\pm3.6''$		

为了统一衡量在一定观测条件下观测结果的精度,取标准差 σ 作为依据,在理论上是合理的。但是,在实际测量工作中,观测次数总是有限的,因此,定义按有限次数观测的偶然误差用标准差计算式求得的值称为"中误差"(m),即

$$m=\pm\sqrt{\frac{\Delta_1^2+\Delta_2^2+\cdots+\Delta_n^2}{n}}=\pm\sqrt{\frac{[\Delta\Delta]}{n}} \qquad (1-6-6)$$

对于有限次数的观测,根据两组观测值的偶然误差(三角形的角度闭合差——真误差),分别按式(1-6-6)计算其中误差,列于表 1-6-2 中。

由此可见,第二组观测值的中误差 m_2 大于第一组观测值的中误差 m_1。虽然这两组观测值的误差绝对值之和是相等的,可是在第二组观测值中出现了较大的偶然误差$(-7'',+8'')$,因此,计算出来的中误差就较大,或者说其精度较低。

在一组观测值中,如果标准差已经确定,就可以画出它对应的偶然误差的正态分布曲线。按式(1-6-3),当 $\Delta=0$ 时,$f(\Delta)$ 有最大值;如果以中误差代替标准差,则其最大值为 $\dfrac{1}{\sqrt{2\pi}m}$;现取拐点的横坐标为 $\pm m$。

因此,当 m 较小时,曲线在纵轴方向的顶峰较高,在纵轴两侧迅速逼近横轴,表示大误差出现的频率较小,小误差出现的频率较大,误差分布比较集中;当 m 较大时,曲线的顶峰较低,曲线形状平缓,表示误差分布比较离散。以上两组观测值的正态分布曲线如图 1-6-2 所示。

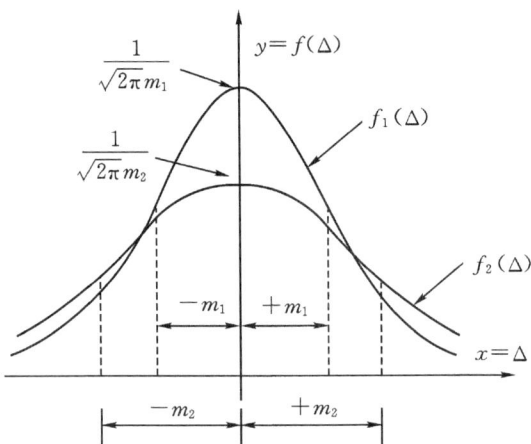

图 1-6-2　不同中误差的正态分布曲线

二、相对中误差

中误差和真误差都属于绝对误差。在某些测量工作中,对观测值的精度仅用中误差来衡量还不能完全反映出观测值的质量,这在距离丈量中特别明显。例如用钢卷尺丈量200 m和40 m两段距离,量距的中误差都是±2 cm,但不能认为二者的精度是相同的,因为量距误差的大小还与其长度有关。为此,用观测值的中误差与观测值之比的形式描述观测的质量,称为"相对中误差"。相对中误差常由中误差求得,是中误差的绝对值与相应观测值的比值,无量纲单位,是一个相对值。通常用分子为1,分母为整数的分数形式来表述,即:

$$K = \frac{|m|}{D} = \frac{1}{D/|m|}$$

在上述例子中,前者的相对中误差为 0.02/200 = 1/10000,而后者则为 0.02/40 = 1/2000,前者的量距精度高于后者。

三、极限误差

由频率直方图(图 1-6-1)可知:图中各矩形小条的面积代表误差出现在该区间中的频率,当统计误差的个数无限增加、误差区间无限减小时,频率逐渐趋于稳定而成为概率,直方图的顶边即形成正态分布曲线。因此,根据正态分布曲线,可以表示出误差出现在微小区间 dΔ 的概率:

$$P(\Delta) = f(\Delta) \cdot \mathrm{d}\Delta = \frac{1}{\sqrt{2\pi}m} \mathrm{e}^{-\frac{\Delta^2}{2m^2}} \mathrm{d}\Delta \tag{1-6-7}$$

根据上式的积分,可以得到偶然误差在任意大小区间中出现的概率。设以 k 倍中误差作为区间,则在此区间中误差出现的概率为:

$$P(|\Delta| < km) = \int_{-km}^{+km} \frac{1}{\sqrt{2\pi}m} \mathrm{e}^{-\frac{\Delta^2}{2m^2}} \mathrm{d}\Delta \tag{1-6-8}$$

分别以 $k=1, k=2, k=3$ 代入上式,可得到偶然误差的绝对值不大于中误差、2 倍中误差和 3 倍中误差的概率：

$$P(|\Delta| \leqslant m) = 0.683 = 68.3\%$$
$$P(|\Delta| \leqslant 2m) = 0.954 = 95.4\%$$
$$P(|\Delta| \leqslant 3m) = 0.997 = 99.7\%$$

由此可见，偶然误差的绝对值大于 2 倍中误差的约占误差总数的 5%，而大于 3 倍中误差的仅占误差总数的 0.3%。一般进行的测量次数有限，3 倍中误差很少遇到。因此，以 2 倍中误差作为允许的误差极限，称为"允许误差"，或称为"限差"，即

$$\Delta_{允} = 2m \tag{1-6-9}$$

任务三　误差传播定律及其应用

知识要点：观测值中误差、观测值函数中误差。

技能要点：能运用误差传播定律计算观测值函数的中误差。

在实际测量工作中，有一些量往往是不能直接观测得到的，而是根据一些直接观测值用一定的函数关系间接计算而得到，因此称这些量为观测值的函数。由于直接观测的量中含有误差，使函数受其影响也必然存在误差。各观测值的中误差与其函数的中误差之间的关系式，称之为"误差传播定律"。一般有下列一些函数关系：

一、和差函数

例如，两点间的水平距离 D 分为 n 段来丈量，各段量的长度分别为 $d_1, d_2, \cdots, d_n$，则 $D = d_1 + d_2 + \cdots + d_n$，即距离 D 是各分段观测值 $d_1, d_2, \cdots, d_n$ 之和。这种函数称为和差函数。

设有和差函数：

$$z = x_1 \pm x_2 \pm \cdots \pm x_n \tag{1-6-10}$$

式中：$x_1, x_2, \cdots, x_n$——独立观测值；

z——观测值的函数。

已知观测值 $x_i (i = 1, 2, \cdots, n)$ 的中误差分别为 $m_1, m_2, \cdots, m_n$，现欲求 z 的中误差。

设 z、x_i 的真误差分别为 Δ_z, Δ_i。由上式可得：

$$\Delta_z = \Delta_1 \pm \Delta_2 \pm \cdots \pm \Delta_n$$

若对 x_i 进行了 n 次等精度观测，则有：

$$\Delta_{z_i} = \Delta_{1_i} \pm \Delta_{2_i} \pm \cdots \pm \Delta_{n_i}$$

将上式平方，得：

$$\Delta_{z_i}^2 = \Delta_{1_i}^2 + \Delta_{2_i}^2 + \cdots + \Delta_{n_i}^2 \pm 2(\Delta_{1_i}\Delta_{2_i} + \Delta_{1_i}\Delta_{3_i} + \cdots + \Delta_{(n-1)_i}\Delta_{n_i})$$

按上式两端求和，并除以 n，可得：

$$\frac{[\Delta_z^2]}{n} = \frac{[\Delta_1^2]}{n} + \frac{[\Delta_2^2]}{n} + \cdots + \frac{[\Delta_n^2]}{n} \pm 2\frac{[\Delta_i\Delta_{(i+1)}]}{n}$$

由于 Δ_i 都是偶然误差，其乘积同样具有偶然误差的特性，根据偶然误差的第四特性，当观测次数 n 无限增多时，上式中的最后一项趋近于零。

根据中误差的定义：

$$\frac{\left[\Delta_{z_i}^2\right]}{n}=m_z^2,\frac{\left[\Delta_1^2\right]}{n}=m_1^2,\frac{\left[\Delta_2^2\right]}{n}=m_2^2,\cdots,\frac{\left[\Delta_n^2\right]}{n}=m_n^2$$

于是前式可写为：

$$m_z^2=m_1^2+m_2^2+\cdots+m_n^2$$

上式可表述为：n 个观测值和差函数的中误差的平方，等于 n 个观测值中误差的平方和。

当各观测值为同等精度观测时，即：

$$m_1=m_2=m_3=\cdots=m_n=m$$

则上式可变为：

$$m_z=m\sqrt{n} \tag{1-6-11}$$

即在等精度观测时，观测值代数和的中误差与观测值的个数 n 的平方根成正比。

【例 1-6-1】分段丈量一直线上的两段距离 AB、BC，结果及其中误差如下：$AB=150.15\ \text{m}\pm0.12\ \text{m}$，$BC=210.24\ \text{m}\pm0.16\ \text{m}$，试求全长 AC 及其中误差 m_{AC}。

解：全长 AC 及其中误差 m_{AC} 为

$$AC=AB+BC=150.15\ \text{m}+210.24\ \text{m}=360.39\ \text{m}$$

$$m_{AC}=\pm\sqrt{0.12^2+0.16^2}=\pm0.20\ \text{m}$$

二、倍数函数

例如，用尺子在 1:1000 的地形图上量得两点间的距离 d，其相应的实地距离 $D=1000d$，则 D 是 d 的倍数函数。

设有函数

$$z=kx \tag{1-6-12}$$

式中：x——直接观测值，其中误差为 m_x；

k——常数，无误差。

设 x、z 的真误差为 Δ_x，Δ_z，则由上式可得：

$$\Delta_z=k\Delta_x$$

当对 x 进行了 n 次观测时，则：

$$\Delta_{z_i}=k\Delta_{x_i} \quad (i=1,2,\cdots,n)$$

将上式平方得：

$$\Delta_{z_i}^2=k^2\Delta_{x_i}^2 \quad (i=1,2,\cdots,n)$$

将上式两边同时求和，并除以 n，可得：

$$\frac{\left[\Delta_z^2\right]}{n}=k^2\frac{\left[\Delta_x^2\right]}{n}$$

由中误差定义：

$$\frac{\left[\Delta_z^2\right]}{n}=m_z^2,\frac{\left[\Delta_x^2\right]}{n}=m_x^2$$

于是有：

$$m_z^2 = k^2 m_x^2$$

则倍数函数的中误差为：

$$m_z = km_x \qquad (1-6-13)$$

【例 1 - 6 - 2】 在比例尺为 1:500 的地图上，测得 A、B 两点间的距离 $d_{AB}=134.7$ mm，图上量距的中误差 $m_d=\pm0.2$ mm，求 A、B 两点间的实地距离 D_{AB} 及其中误差 m_D。

解：根据题意可知，$D_{AB}=500d_{AB}=500\times134.7$ mm$=67.35$ m

根据倍数函数的中误差计算公式，得实地线段 AB 的中误差为

$$m_D = 500m_d = 500\times(\pm0.2\text{mm}) = \pm0.1 \text{ m}$$

则这段距离及其中误差可以写成

$$D = 67.35 \text{ m} \pm 0.1 \text{ m}$$

三、线性函数

例如，计算算术平均值的公式为

$$\overline{x} = \frac{1}{n}(l_1 + l_2 + \cdots + l_n) = \frac{1}{n}l_1 + \frac{1}{n}l_2 + \cdots + \frac{1}{n}l_n \qquad (1-6-14)$$

式中，在直接观测值 l_i 之前乘以某一系数（不一定如上式一样是相同的系数），并取其代数和。因此，可以把算术平均值看成是各个观测值的线性函数。和差函数和倍数函数也属于线性函数。

设有线性函数：

$$z = k_1 x_1 \pm k_2 x_2 \pm \cdots \pm k_n x_n \qquad (1-6-15)$$

式中：x_i——独立变量，$i=1,2,\cdots,n$，其中误差分别为 $m_1,m_2,\cdots,m_n$；

k_i——常数。

设 x_i 的真误差分别为 $\Delta_i(i=1,2,\cdots,n)$，z 的真误差为 Δ_z，则由上式

$$\Delta_z = k_1\Delta_1 + k_2\Delta_2 \pm \cdots \pm k_n\Delta_n$$

根据推导式（1 - 6 - 11）及式（1 - 6 - 13）的方法得：

$$m_z^2 = k_1^2 m_1^2 + k_2^2 m_2^2 + \cdots + k_n^2 m_n^2 \qquad (1-6-16)$$

四、非线性函数

例如已知直角三角形斜边 c 和一锐角 α，则可求其对边 a 和邻边 b，公式为 $a=c\sin\alpha$，$b=c\cos\alpha$。凡是在变量之间用到乘、除、开方、三角函数等数学运算符的函数称为非线性函数。线性函数和非线性函数在此总称为一般函数。

用函数的全微分方法求误差的传播，可以推广到一般多元函数：

$$z = f(x_1, x_2, \cdots, x_n) \qquad (1-6-17)$$

式中：x_i——独立观测值，$i=1,2,\cdots,n$，其中误差分别为 $m_1,m_2,\cdots,m_n$。

当观测值含有真误差 Δ_{x_i} 时，函数 z 的真误差为 Δ_Z，由高等数学知识可知，变量的误差与函数的误差之间的关系，可以近似地用函数的全微分来表示。于是对上式进行全微分，并且以真误差的符号"Δ"代替微分的符号"d"可得

$$\Delta_z = \frac{\partial f}{\partial x_1}\Delta_{x_1} + \frac{\partial f}{\partial x_2}\Delta_{x_2} + \cdots + \frac{\partial f}{\partial x_n}\Delta_{x_n}$$

式中：$\dfrac{\partial f}{\partial x_i}$——函数对各个变量所取的偏导数，以观测值代入函数所算出的是常数。

用推导式(1-6-16)的方法，可得：

$$m_z = \pm \sqrt{\left(\dfrac{\partial f}{\partial x_1}\right)^2 m_1^2 + \left(\dfrac{\partial f}{\partial x_2}\right)^2 m_2^2 + \cdots + \left(\dfrac{\partial f}{\partial x_n}\right)^2 m_n^2} \qquad (1-6-18)$$

此即一般函数的中误差计算公式，是"误差传播定律"的数学表达式。其他函数，如线性函数、和差函数、倍数函数等，都是一般函数的特殊情况。

【例 1-6-3】坐标增量计算公式 $\triangle x = D\cos\alpha$，观测值 $D = (152.60 \pm 0.06)$ m，$\alpha = 106°30'15'' \pm 8''$，求 $\triangle x$ 的中误差 $m_{\triangle x}$。

解：根据式(1-6-18)，有：

$$\dfrac{\partial f}{\partial D} = \cos\alpha \text{ 和 } \dfrac{\partial f}{\partial \alpha} = -D\sin\alpha$$

$$m_{\triangle x} = \pm \sqrt{\left(\dfrac{\partial f}{\partial D}\right)^2 m_D^2 + \left(\dfrac{\partial f}{\partial \alpha}\right)^2 \left(\dfrac{m_\alpha}{\rho}\right)^2} = \pm \sqrt{\cos^2\alpha \cdot m_D^2 + (-D\sin\alpha)^2 \left(\dfrac{m_\alpha}{\rho}\right)^2}$$

$$= \pm \sqrt{(-0.284)^2 \times 0.06^2 + (-152.60 \times 0.959)^2 \times \left(\dfrac{8}{206265}\right)^2}$$

$$\approx \pm 0.02 \text{ m}$$

根据观测值的中误差求观测值函数的中误差，需要应用"误差传播定律"。根据误差传播定律，可将函数与观测值的误差关系表达成为一定的数学公式。

误差传播定律在测绘领域的应用十分广泛，不仅可以求得观测值函数的中误差，还可以研究确定允许误差，或事先分析观测可能达到的精度等。

应用误差传播定律时，可归纳为四步：

(1)根据题意写出函数表达式；

(2)对函数关系式全微分写出真误差关系式；

(3)写出中误差关系式；

(4)将数值代入得到观测值函数的中误差。代入数值时，应注意各项单位的统一。

任务四　算术平均值及其中误差

知识要点：算术平均值、算术平均值中误差。

技能要点：能运用误差传播定律计算角度、距离等基本观测量的最可靠值并评定其精度。

一、算术平均值

在相同的观测条件下，对某个未知量进行 n 次观测，其观测值分别为 $l_1, l_2, l_3, \cdots, l_n$。将这些观测值取算术平均值 $\overline{x}$，它是最接近于未知量真值的一个估值，所以称为"最可靠值"或"最或然值"：

$$\overline{X} = \dfrac{l_1 + l_2 + \cdots + l_n}{n} = \dfrac{[l]}{n} \qquad (1-6-19)$$

对同一量进行多次观测,获得多个观测值而取其算术平均值的合理性和可靠性,可以用偶然误差的特性来证明:设某一量的真值为 X,各次观测值为 $l_1, l_2, l_3, \cdots, l_n$,其相应的真误差为 $\Delta_1, \Delta_2, \cdots, \Delta_n$,则

$$\left. \begin{array}{l} \Delta_1 = X - l_1 \\ \Delta_2 = X - l_2 \\ \vdots \\ \Delta_n = X - l_n \end{array} \right\} \qquad (1-6-20)$$

将上列等式两端相加,并除以 n,得到

$$\frac{[\Delta]}{n} = X - \frac{[l]}{n}$$

根据偶然误差的第(4)个特性,当观测次数无限增多时,$\dfrac{[\Delta]}{n}$ 就会趋近于零,即

$$\lim_{n \to \infty} \frac{[\Delta]}{n} = 0, \lim_{n \to \infty} \frac{[l]}{n} = X$$

也就是说,当观测次数无限增大时,观测值的算术平均值在理论上趋近于该量的真值。在实际工作中,不可能对某一量进行无限次的观测,但是,将有限个观测值的算术平均值作为该量的最或然值,由于偶然误差的抵偿性,可以不同程度地向真实值逼近,即提高该量的观测精度。

最或然值与观测值之差称为"观测值的改正数"(v),此处的最或然值是算术平均值,即

$$\left. \begin{array}{l} v_1 = \bar{x} - l_1 \\ v_2 = \bar{x} - l_2 \\ \vdots \\ v_n = \bar{x} - l_n \end{array} \right\} \qquad (1-6-21)$$

将上列等式两端相加,得

$$[v] = n\bar{x} - [l]$$

再根据式(1-6-19),得到

$$[v] = n\frac{[l]}{n} - [l] = 0 \qquad (1-6-22)$$

一组观测值取算术平均值后,其改正数之和等于零。这一公式可以作为计算算术平均值时的检核。

二、算术平均值的中误差

观测值的精度最理想的是以标准差 σ 来衡量,其数学表达式见式(1-6-5)。但是,由于在实际工作中不可能对某一量进行无限次地观测,因此,只能根据有限次观测,用式(1-6-6)估算中误差 m 来衡量其精度。但是,应用此式时,还需要具有对象的真值 X 为已知、真误差 $\triangle_i$ 可以求得的条件。

在实际工作中,观测值的真值 X 往往是不知道的,真误差 Δ_i 也就无法求得,此时,就不可能用式(1-6-6)求中误差。由上面可以知道:在同样的观测条件下对某一量进行多次观测,可以取其算术平均值 $\bar{x}$ 作为最或然值,可以算得各个观测值的改正数 v_i;并且还知道,$\bar{x}$

在观测次数增多时将逐渐逼近于真值 X。对于有限的观测次数,可以用算术平均值 $\bar{x}$ 代替真值 X 即相应于以改正数 v_i 代替真误差 $\triangle_i$。根据式 $(1-6-1)$ 和式 $(1-6-21)$,得到

$$\Delta_1 = X - l_1, v_1 = \bar{x} - l_1$$
$$\Delta_2 = X - l_2, v_2 = \bar{x} - l_2$$
$$\vdots$$
$$\Delta_n = X - l_n, v_n = \bar{x} - l_n$$

$(1-6-23)$

将上列左右两式分别相减,得到

$$\Delta_1 = v_1 + (X - \bar{x})$$
$$\Delta_2 = v_2 + (X - \bar{x})$$
$$\vdots$$
$$\Delta_n = v_n + (X - \bar{x})$$

$(1-6-24)$

上式等号两端各取其总和,并顾及 $[v]=0$,得到

$$[\Delta] = n(X - \bar{x})$$

$$X - \bar{x} = \frac{[\Delta]}{n}$$

式 $(1-6-24)$ 取其平方和,并顾及 $[v]=0$,得到

$$[\Delta\Delta] = [vv] + n(X - \bar{x})^2$$

式中:

$$(X - \bar{x})^2 = \frac{[\Delta]^2}{n^2} = \frac{\Delta^2_1 + \Delta^2_2 + \cdots + \Delta^2_n}{n^2} + \frac{2(\Delta_1\Delta_2 + \Delta_1\Delta_3 + \cdots + \Delta_{n-1}\Delta_n)}{n^2}$$

上式中,右端第二项中 $\Delta_i\Delta_j(j \neq i)$ 为任意两个偶然误差的乘积,它仍然具有偶然误差的特性。根据偶然误差的第(4)个特性,可以认为

$$\lim_{n \to \infty}\frac{(\Delta_1\Delta_2 + \Delta_1\Delta_3 + \cdots + \Delta_{n-1}\Delta_n)}{n^2} = 0$$

当 n 为限值时,上式的值为一微小量;再除以 n 后,更可以忽略不计,因此

$$(X - \bar{x})^2 = \frac{[\Delta\Delta]}{n^2}$$

$$[\Delta\Delta] = [vv] + \frac{[\Delta\Delta]}{n}$$

$$\frac{[\Delta\Delta]}{n} = \frac{[vv]}{n-1}$$

参照式 $(1-6-6)$,得到按观测值的改正数计算观测值的中误差的公式:

$$m = \pm\sqrt{\frac{[vv]}{n-1}}$$

$(1-6-25)$

上式即为用改正数计算中误差的公式,称为白塞尔公式。

这样,按式 $(1-6-6)$ 演化出式 $(1-6-25)$,用于对同一量进行多次观测时的观测值精度评定。

若对同一量进行 n 次等精度观测,其算术平均值可以写成式 $(1-6-14)$。按误差传播定律,得到算术平均值中误差:

$$m_{\bar{x}} = \pm \sqrt{\left(\frac{1}{n}\right)^2 m_1^2 + \left(\frac{1}{n}\right)^2 m_2^2 + \cdots + \left(\frac{1}{n}\right)^2 m_n^2}$$

由于是等精度观测,因此,$m_1 = m_2 = \cdots m_n =$ m,m 为观测值的中误差。根据上式及式(1-6-25),得到按观测值的中误差和观测值的改正数计算算术平均值的中误差的公式:

$$m_{\bar{x}} = \pm \frac{m}{\sqrt{n}} = \pm \sqrt{\frac{[vv]}{n(n-1)}} \tag{1-6-26}$$

由此可见,算术平均值的中误差是观测值中误差的 $1/\sqrt{n}$。因此,对于某一量进行多次等精度观测而取其算术平均值,是提高观测成果精度的较有效的方法。

【例 1-6-4】对某一个水平距离,在相同条件下进行 6 次观测,求其算术平均值、观测值的中误差及算术平均值的中误差。

解:计算在表 1-6-3 中进行。

表 1-6-3　按观测值的改正数计算中误差

次序	观测值 l/m	改正数 v /cm	vv/cm²	计算算术平均值、观测值中误差及算术平均值中误差
1	120.031	−1.4	1.96	算术平均值:
2	120.025	−0.8	0.64	$\bar{x} = \dfrac{[l]}{n} = 120.017$(m)
3	119.983	+3.4	11.56	观测值中误差:
4	120.047	−3.0	9.00	$m = \pm\sqrt{\dfrac{[vv]}{n-1}} = \pm 3.0$(cm)
5	120.040	−2.3	5.29	
6	119.976	+4.1	16.81	算术平均值中误差:
Σ	720.102	0.0	45.26	$m_{\bar{x}} = \pm\dfrac{m}{\sqrt{n}} = \pm 1.2$(cm)

项目小结

1.测量误差产生的原因:测量仪器、观测者和外界条件。

2.测量误差分类:系统误差和偶然误差。

3.偶然误差的特性:有界性、方向性、对称性和抵偿性。

4.评定测量精度的指标主要是中误差,对距离而言用相对误差。

5.运用误差传播定律计算观测值函数的中误差。

6.等精度直接观测值的最可靠值就是其算术平均值,算术平均值中误差较观测值中误差缩小 $\sqrt{n}$ 倍。

思考题与习题

1.测量误差产生的原因有哪些?

2. 什么叫偶然误差？偶然误差有哪些统计特性？

3. 何谓真误差、中误差、极限误差和相对误差？真误差与中误差的区别在哪里？

4. 对某个水平角等精度观测 4 个测回，观测值列于表 1-6-4。计算其算术平均值，一测回的中误差和算术平均值的中误差。

表 1-6-4　按观测值的改正数计算中误差

次序	观测值 l	改正值 $v/''$	vv	计算 $\bar{x}, m, m_{\bar{x}}$
1	55°40′47″			
2	55°40′40″			
3	55°40′42″			
4	55°40′46″			
Σ				

5. 在等精度观测条件下，对某段距离用光电测距仪测定其水平距离 4 次，观测值列于表 1-6-5。计算其算术平均值，算术平均值的中误差及其相对中误差。

表 1-6-5　按观测值的改正数计算中误差

次序	观测值 l/m	改正值 v/mm	vv/mm^2	计算 $\bar{x}, m_{\bar{x}}, \dfrac{m_x}{\bar{x}}$
1	62.345			
2	62.339			
3	62.350			
4	62.342			
Σ				

6. 在一个平面三角形中，测得其中两个水平角为 α 和 β，其测角中误差为 $\pm20''$，计算第三个角度 γ 及其中误差 m_γ。

7. 已知一圆形地物的直径为 64.780 m±5 mm，求圆周长度 S 及其中误差 m_s。

8. 某一矩形场地量得其长度 $a=(156.34\pm0.10)$ m，宽度 $b=(85.27\pm0.05)$ m，计算该矩形场地的面积 A 及其面积中误差 m_A。

普通测量技能

PUTONGCELIANG JINENG

项目一　小地区控制测量

▶ **项目概述**

本项目主要包括：平面控制测量和高程控制测量的基本概念，导线的布设形式及导线测量的外业观测和内业计算，四等水准测量的布设方法和精度要求，GPS 定位测量等。

▶ **学习目标**

①理解平面控制测量和高程控制测量的涵义；②掌握导线测量的外业观测和内业计算的步骤；③能够熟练地进行四等水准测量的外业观测、记录和内业计算；④熟悉 GPS 测量的技术设计及外业实施步骤。

任务一　控制测量基本知识

知识要点：控制网的分类及控制网必要的起算数据。

如前所述，测量工作的原则是"从整体到局部"、"先控制后碎部"，其涵义就是在测区内先建立测区控制网，用来控制全局，然后根据控制网测定控制点周围的地形或进行建筑施工放样测量。这样不仅可以保证整个测区有一个统一的、均匀的测量精度，而且可以增加作业面，从而加快测量速度。

所谓控制网，就是在测区内选择一些有控制意义的控制点构成几何图形。依控制网的功能可分为平面控制网和高程控制网。按控制网控制的范围，可分为国家控制网、城市控制网、小区域控制网和图根控制网。测定控制点平面坐标的工作，称为平面控制测量。测定控制点高程的工作，称为高程控制测量。

一、控制网的分类

1. 国家控制网

国家控制网是在全国范围内按统一的方案建立的控制网。它用精密的仪器和方法测定，按最小二乘法原理科学地进行测量数据处理，合理地分配测量误差，进而求得观测值的最或然值，最后求得控制点的平面坐标和高程。国家控制网依其精度可分为四个等级，由高级到低级加以控制。就平面控制网而言，先在全国范围内，沿经纬线方向布设了一等锁，作为平面控制的骨干。在一等锁内布设二等全面网，作为全面控制的基础。为了测图和其他工程建设的需要,再在二等网的基础上加密三、四等控制网。建立国家平面控制网,主要是用三角测量和精密导线测量。对国家高程控制网而言,首先是在全国范围内布设纵、横一等路线,在此基础上布设二等闭合或附合水准路线,再在二等水准路线上加密三、四等闭合或附合水准路线。国家高程控制测量主要采用精密水准测量。图 2-1-1 和图 2-1-2 分别为国家平面控制网和高程控制网的布设形式。

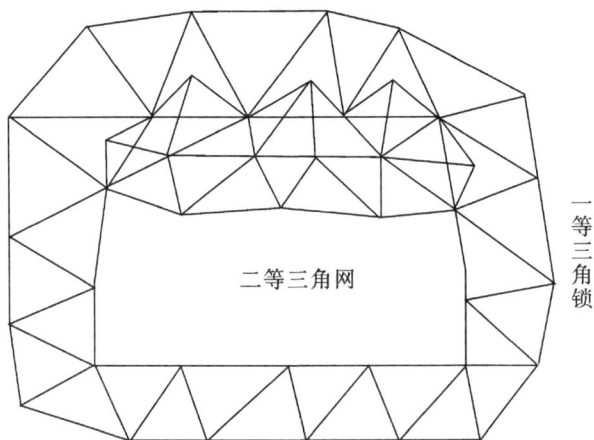

图 2-1-1 国家平面控制网

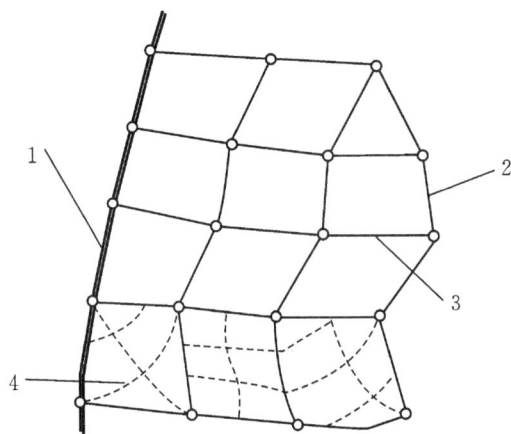

1——等水准路线;2—二等水准路线;
3—三等水准路线;4—四等水准路线

图 2-1-2 国家高程控制网

2.城市控制网

城市控制网是在国家控制网的基础上建立起来的,目的在于为城市规划、市政建设、工业民用建设和施工放样服务。城市控制网建立的方法与国家控制网相同,只是控制网的精度有所不同。为了满足不同的要求,城市控制网也要分级建立。

3.小地区控制网

所谓小地区控制网,是指在面积小于 15 km² 范围内建立的控制网。它的建立,原则上应与国家或城市控制网相连,形成统一的坐标系和高程系,但当连接有困难时,为了建设的需要,也可以建立独立控制网。小区域控制网也要根据面积大小分级建立,其面积和等级的关系如表 2-1-1。

表 2-1-1 小区域控制网布设要求

测区面积	首级控制	图根控制
2~15 km²	一级小三角或一级导线	二级图根
0.5~2 km²	二级小三角或二级导线	二级图根
0.5 km² 以下	图根控制	

4.图根控制网

直接以测图为目的建立的控制网,称图根控制网,其控制点称图根点。图根控制网也应尽可能与上述各种控制网连接,形成统一系统。个别地区连接有困难时,也可建立独立图根控制网。由于图根控制专为测图而作,所以图根点的密度和精度要满足测图要求。表 2-1-2 是对平坦地区图根点密度的规定,对山区或特困地区,图根点的密度可适当增大。

根据专业性质对测量的要求以及测量的发展趋势,本项目主要介绍小区域控制测量中常用的导线测量。

表 2-1-2 图根控制点密度

测图比例尺	1:500	1:1000	1:2000	1:5000
每平方公里图根点个数	150	50	15	5
每幅图图根点个数	9~10	12	15	20

二、小区域控制网的建立方法

小区域控制网最常用的布设方法是导线测量,根据使用仪器的不同分为光电测距导线和钢尺量距导线,两种导线测量的技术要求分别列于表 2-1-3 和表 2-1-4。

表 2-1-3 图根光电测距导线测量的技术要求

比例尺	附合导线长度/m	平均边长/m	导线相对闭合差	测回数/DJ₆	方位角闭合差/″	测距	
						仪器类型	方法与测回数
1:500	900	80	≤1/4 000	1	不超过 $\pm 40\sqrt{n}$	Ⅱ级	单程观测1测回
1:1 000	1 800	150					
1:2 000	3 000	250					

表 2 - 1 - 4　图根钢尺量距导线测量的技术要求

比例尺	附合导线长度 /m	平均边长 /m	导线相对闭合差	测回数 /DJ$_6$	方位角闭合差 /″
1:500	500	75			
1:1 000	1 000	120	≤1/2 000	1	不超过±60$\sqrt{n}$
1:2 000	2 000	200			

此外,在导线测量的基础上,小区域控制点还可以采用极坐标法、交会测量、全站仪坐标测量等方法进行加密(见本书模块一项目五)。高程点的加密仍采用水准测量、三角高程测量或全站仪高程测量的方法。

三、控制网必要的起算数据

在一个区域进行控制测量工作时,至少要有一个已知点的坐标、一条边的已知方位角和一个已知水准点的高程作为必要的起算数据,以便将测区纳入已知的坐标系和高程系。这样的起算数据可以通过与测区附近已有的国家或城市高级测量控制点进行联测的方法获得。若测区附近没有高级测量控制点可以利用,则需要假设一个点的坐标、一条边的方位角和一个水准点的高程,从而建立测区假定的平面直角坐标系和高程系。

任务二　导线测量

知识要点:导线的形式及适用场合。

技能要点:能进行导线测量的外业观测和内业计算。

经纬仪导线是建立图根控制的一种常用方法。导线就是一系列线段连接而成的折线,折线的转折点就是导线点;两转折点之间的线段,称为导线边;相邻两导线边所夹的水平角称为转折角。

经纬仪导线测量,是在选定的导线点上依次测量出其转折角及其各导线边的边长,然后根据已知边的方位角和已知点的坐标,推算出各导线点的坐标。

经纬仪导线一般是在高一级平面控制点的基础上布设的,由于它只需相邻导线点之间互相通视,因此布设灵活,非常适用于建筑物密集的城镇、工矿企业区以及森林隐蔽地区的图根控制测量中。

一、导线形式

按照与高级控制点连接形式的不同,经纬仪导线可以布设成下列几种形式。

1.闭合导线

如图 2 - 1 - 3 所示,导线从一高级控制点 A 出发,经各导线点,仍回到 A 点,组成闭合多边形,此种形式的导线称为闭合导线。图中 M、A 为已知高级点,β_i 称为导线转角,已知边

AM 与第一条导线边 $A1$ 的夹角 β_0 称为连接角。

2.附合导线

如图 2-1-4 所示,导线从一高级点 A 出发,经各导线点后,终止于另一高级点 B,组成一伸展的折线,此种形式的导线称为附合导线。图中 M、A、B、N 为已知点,A 为导线起点,B 为导线终点,β_A、β_B 为连接角。

3.支导线

从一高级点出发,既不回到原高级点,又不附合到另一高级点,而组成一延伸的折线,这种形式的导线称为支导线,如图 2-1-5 所示。

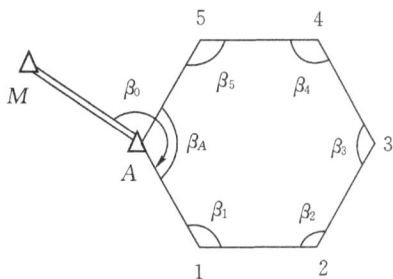

图 2-1-3 闭合导线

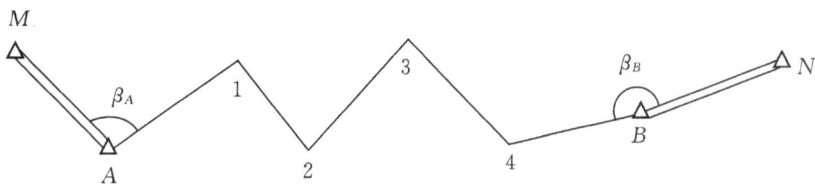

图 2-1-4 附合导线

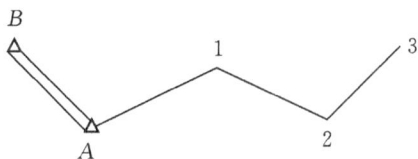

图 2-1-5 支导线

由于支导线没有终止到已知高级点上,没有检核限制条件,如出现错误不易发现,所以一般规定支导线不宜超过三条边,并且需要往返测量,以便检核。

经纬仪导线按量测导线边的方法不同,又可分为钢尺量距导线和光电测距导线。经纬仪导线测量,分为外业工作和内业工作。外业工作包括选点、埋设标志、测角、量边;内业工作则根据已知数据和外业观测数据,计算出各导线点的坐标。

经纬仪导线布设灵活,计算简单,但过去因用钢尺量距,工作十分繁重,使工作受到很多限制。现在随着光电测距仪和全站仪的迅速普及和发展,量距工作变得相当容易,因而在工程测量中,经纬仪导线测量得到广泛的应用。

二、导线测量外业

经纬仪导线测量的外业工作包括踏勘选点、测角、量边。

1.踏勘选点

导线点的选择直接关系到经纬仪导线测量外业工作的难易程度,关系到导线点的数量和分布是否合理,也关系到整个导线测量的精度、速度及导线点的使用和保存,因此在选点前应进行周密的分析研究。

根据测图比例尺及测图范围的不同,布设的图根控制网等级也不同,对导线的总长、平均边长以及导线点的位置等都有一定的要求。为了满足这些要求,踏勘选点前,应根据测区范围、原有资料(已有控制点、地形图)及测图和工程施工的需要,首先进行导线点位的设计。为此,需要在测区原有地形图上画出测区范围,标出已知控制点的位置,根据地形条件,在图上拟定出导线的路线、形式和点位。然后,带图纸到测区进行实地踏勘,按照实际情况,对图上设计作必要的修改与调整。若测区内没有旧地形图,或测区范围较小,也可以直接到测区进行实地踏勘,依实际情况,直接拟定导线的路线、形式及点位。

为了使导线有充分的检核条件,应尽可能布设成单一闭合导线或附合导线,尽量避免采用支导线。

导线点位置的选择,应注意以下几点:

(1)相邻两导线点必须互相通视。

(2)导线点应选在土质坚硬、视野开阔、便于安置经纬仪、便于丈量边长的地方。

(3)导线边长最好大致相等,以减少测水平角时由于望远镜调焦而引起的误差,尤其避免从短边突然转向长边。

(4)如用钢尺量距,则导线点间的地面应比较平坦;若用光电测距仪或全站仪测距,则地形条件不限,但要求在导线点间的光路上,避开发热体、高压线等。

导线点位经选定后,应根据需要埋设永久性标志(如石桩或水泥桩)或打木桩作为临时标志。为了避免混乱,导线点应统一编号并绘制选点略图,以便寻找和使用。

2.测角

为了防止差错和便于计算,应观测导线前进方向同一侧的水平角。前进方向左侧的水平角,叫左角;前进方向右侧的水平角,叫右角。测量人员一般习惯于观测左角,因为这样在内业计算中推算方位角时只进行加法即可。对于闭合导线测角来说,若导线点按逆时针方向顺序编号,这样所观测的角度既是多边形内角,又是导线的左角。

常用的角度观测方法有两种,即测回法和方向观测法。测回法适用于只有两个方向的情况,方向观测法适用于有三个或三个以上观测方向的情况。经纬仪导线边一般较短,仪器对中、照准目标都要特别仔细,瞄准目标时,应尽量照准觇标的底部。

经纬仪导线点水平角观测的技术要求,可参照有关规范进行。

3.量边

导线边长一般用经过检定的钢尺直接丈量。当图根导线作为首级控制时,要往返丈量,并加入尺长改正、温度改正和倾斜改正等改正数,往返丈量较差的相对误差不应大于1/4000。如果导线边长大于钢尺长度,应先进行直线定线,然后再分段丈量。量边也可用光电测距仪或全站仪单向施测完成,此时应加入气象、倾斜等改正数。

三、导线测量内业

经纬仪导线的外业观测工作结束后,即可进行内业计算工作。内业计算的目的是根据已知数据及观测数据求出各导线点的坐标。

内业计算之前,必须先对外业记录进行全面的整理与检查,以确保原始观测数据的正确性。然后绘制导线略图,图上注明点号和相应的角度和边长,供计算时参考。

　　导线布设的主要形式是闭合导线、附合导线及支导线。由于在导线的边长和角度测量中不可避免地存在误差,所以在导线计算中将会出现两种矛盾:一是观测角的总和与导线几何图形内角和的理论值不符的矛盾,即角度闭合差;二是从已知点出发,逐点计算各点坐标,最后闭合到原出发点或附合到另一已知点时,其推算的坐标值与已知坐标值不符,即坐标闭合差。合理地处理这两种矛盾,最后正确计算出各导线点的坐标,就是导线测量内业计算的主要内容。

(一)角度闭合差的计算与调整

1.闭合导线角度闭合差的计算

　　设闭合导线有 n 条边,由几何学可知,平面多边形的内角和的理论值为

$$\sum \beta_{理} = (n-2) \times 180° \tag{2-1-1}$$

若闭合导线内角观测值之和为 $\sum \beta_{测}$,则角度闭合差可按下式计算:

$$f_\beta = \sum \beta_{测} - \sum \beta_{理} = \sum \beta_{测} - (n-2) \times 180° \tag{2-1-2}$$

f_β 的绝对值大小,表明了角度观测的精度。根据《工程测量规范》规定,首级图根控制导线及加密图根控制导线的 f_β 的允许值,分别应不超过 $\pm 40'' \sqrt{n}$ 和 $\pm 60'' \sqrt{n}$。

　　若计算出的 f_β 没有超出规定的范围,就可以进行角度闭合差的分配与调整。反之,若计算出的结果超出规范规定的范围,则应检查原始测量记录,重新观测有问题的测站,查不出原因时,应重新观测所有测站。

2.附合导线角度闭合差的计算

　　在图 2-1-6 中,M、A、B、N 为已知控制点,α_{MA}、α_{BN} 为已知方位角,在 A、B 两点间布设一条附合导线,观测了所有夹角 $\beta_A(\beta_1)$、$\beta_2 \cdots \beta_B$,其中 β_A、β_B 同时又为连接角。

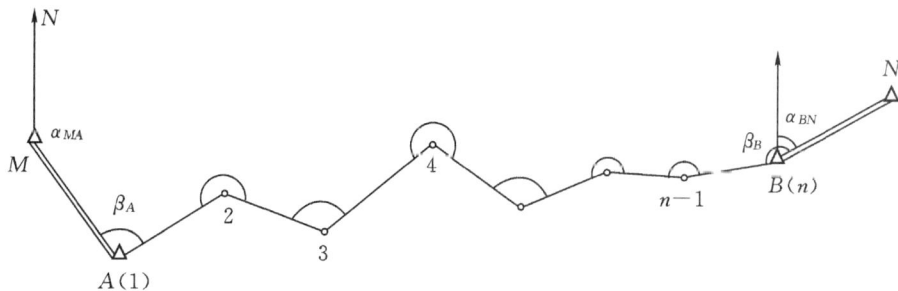

图 2-1-6　附合导线角度闭合差推算

　　从起始边 MA 的坐标方位角 α_{MA} 开始,依次用各导线左角推出各边的坐标方位角,最终推算出终边 BN 的坐标方位角 $\alpha_{BN}{}'$,即

$$\alpha_{12} = \alpha_{MA} + \beta_A \pm 180°$$

$$\alpha_{23} = \alpha_{12} + \beta_2 \pm 180°$$

$$\cdots\cdots$$

$$\alpha_{BN}{}' = \alpha_{n-1n} + \beta_B \pm 180°$$

将上列等式两端分别相加,得

$$\alpha_{BN}{}' = \alpha_{MA} + \sum \beta_{测} \pm n \times 180°$$

式中:$\sum \beta_{测}$ —— 所有观测的夹角总和;

     n —— 观测角的个数。

理论上 $\alpha_{BN}{}'$ 应等于已知的 α_{BN},但由于导线左角观测值总和 $\sum \beta$ 中含有误差,故两者之间将存在一个差数,此差数即为附合导线的角度闭合差 f_β,即

$$f_\beta = \alpha_{BN}{}' - \alpha_{BN} = \sum \beta_{测} + \alpha_{MA} - \alpha_{BN} \pm n \times 180°$$

写成一般形式,即

$$f_\beta = \sum \beta + \alpha_{始} - \alpha_{终} \pm n \times 180° \qquad (2-1-3)$$

3. 角度闭合差的调整

不论是闭合导线还是附合导线,由于各导线的转折角均在大致相同的条件下进行观测的,可以认为每个角度的观测值具有同样的误差,所以角度闭合差的分配原则是:将角度闭合差 f_β 以相反的符号平均分配到各观测角中,使改正后的角度之和等于理论值,每个角度的改正数用 v_β 表示,则

$$v_\beta = -\frac{f_\beta}{n} \qquad (2-1-4)$$

当按上式计算不能整除时,通常对一些短边的邻角多分配一些,最后使各角改正数的总和等于负的闭合差,即

$$\sum v_\beta = -f_\beta \qquad (2-1-5)$$

将各角度的观测值加上相应改正数后,即得改正后的角值,也称为平差角值。

(二)推算导线各边的坐标方位角

不管是闭合导线还是附合导线,各导线边坐标方位角,都是根据已知边的坐标方位角和调整后的转折角,利用坐标方位角的推算公式计算出来的。为了检查过程中有无错误,最后还必须推算到起始边的坐标方位角。

(三)坐标增量计算

依据导线各边边长及推算出的坐标方位角,利用式(1-5-4)计算各边的坐标增量。

(四)坐标增量闭合差的计算及其分配

1. 闭合导线坐标增量闭合差的计算

对于闭合导线,无论边数多少,其纵、横坐标增量的代数和理论上应等于零,即

$$\left.\begin{array}{r} \sum \Delta x_{理} = 0 \\ \sum \Delta y_{理} = 0 \end{array}\right\} \qquad (2-1-6)$$

在实际工作中,由于边长丈量有误差,平差角值中仍然也含有残余误差。因此,计算的纵、横坐标增量的代数和一般不等于零,也就是说,存在着纵、横坐标增量闭合差,分别以 f_x、f_y 表示,即

$$f_x = \sum \Delta x_测 - \sum \Delta x_理 \\ f_y = \sum \Delta y_测 - \sum \Delta y_理$$

将式(2-1-6)代入后,得

$$\left. \begin{array}{l} f_x = \sum \Delta x_测 \\ f_y = \sum \Delta y_测 \end{array} \right\} \qquad (2-1-7)$$

导线存在坐标增量闭合差,反映了导线没有闭合,其几何意义如图2-1-7所示。图中1-1′这段距离叫做导线全长闭合差,以 f_D 表示,按几何关系得

$$f_D = \sqrt{f_x{}^2 + f_y{}^2} \qquad (2-1-8)$$

一般来说,导线愈长,误差的累积越大,这样 f_D 也会相应增大。所以衡量导线的精度不能单纯以 f_D 的大小来判断。导线的精度通常以全长相对闭合差来表示。若以 K 表示导线全长相对闭合差,以 $\sum D$ 表示导线的全长,则

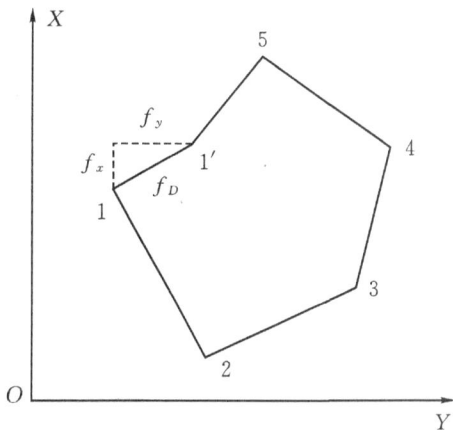

图2-1-7　坐标增量闭合差的几何意义

$$K = \frac{f_D}{\sum D} = \frac{1}{\sum D / f_D} \qquad (2-1-9)$$

全长相对闭合差 K 的分母愈大,导线精度愈高。导线全长相对闭合差的容许值,视不同情况,均有具体规定。对于图根导线,规范规定 $K \leqslant 1/2000$,在隐蔽或施测困难的地区 K 不应超过 $1/1000$。若施测导线计算的相对精度低于上述要求,应首先检查外业观测手簿的记录和全部内业计算,如果仍不能发现错误,则应到现场检查或重测。如果相对闭合差在容许的范围内,那么就可以进行坐标增量闭合差的分配。

2.附合导线坐标增量闭合差的计算

对附合导线而言,导线各边坐标增量代数和的理论值应等于终点(图2-1-6中的 B 点)与始点(图2-1-6中的 A 点)的已知坐标值之差,即

$$\sum \Delta x_理 = x_终 - x_起 \qquad (2-1-10)$$
$$\sum \Delta y_理 = y_终 - y_起$$

从起始点推算至终点的纵、横坐标增量之代数和与理论值不一致,从而产生坐标增量闭合差,即

$$f_x = \sum \Delta x_测 - \sum \Delta x_理 \qquad (2-1-11)$$
$$f_y = \sum \Delta y_测 - \sum \Delta y_理$$

计算附合导线全长绝对闭合差及相对闭合差的方法及公式,均与闭合导线相同。

3.坐标增量闭合差的调整

坐标增量闭合差调整的目的是为了消除观测结果与理论值不符的矛盾,其常用的调整

方法是:将 f_x、f_y 反号并按与边长成正比的原则分配到各边的坐标增量中去。若以 v_x、v_y 分别表示纵、横坐标增量的改正数,则

$$
\left.\begin{aligned}
v_{x_i} &= -\frac{f_x}{\sum D} \cdot D_i \\
v_{y_i} &= -\frac{f_y}{\sum D} \cdot D_i
\end{aligned}\right\} \tag{2-1-12}
$$

坐标增量改正数要求计算至毫米。由于数字凑整的原因,可能还会有微小的不符值,可调整到长边的坐标增量改正数上,使改正数的代数和满足

$$
\left.\begin{aligned}
\sum v_x &= -f_x \\
\sum v_y &= -f_y
\end{aligned}\right\} \tag{2-1-13}
$$

以此作为计算的检核。

(五)坐标计算

根据已知点的坐标和改正后的坐标增量,利用坐标正算公式(1-5-3),依次推算出各点坐标,最后还需推算出起算点的坐标。起算点的坐标计算值应与已知值完全一致,否则说明计算有误,应进行改正。

四、导线测量内业举例

【例 2-1-1】如图 2-1-8 所示为一闭合导线,已知数据和经整理的观测值及边长均已列入表 2-1-5 中,试计算各导线点的坐标。

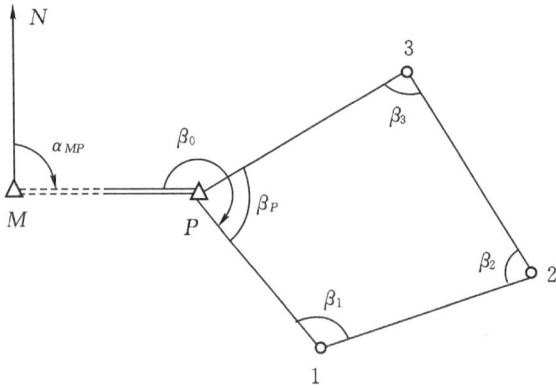

图 2-1-8 闭合导线算例

解:经纬仪导线计算一般均在固定规范的计算表格中进行,本例的计算均在表 2-1-5 中完成,其计算步骤解释如下:

(1)将起算边 MP 的坐标方位角($90°39'12''$)、连接角($240°10'00''$)和已知点 P 的坐标抄入导线坐标计算表格的 4、2、10、11 栏。

(2)将经过整理的外业成果中的水平角及水平边长抄入表 2-1-5 内 2、5 栏。

表 2-1-5 闭合导线坐标计算

点号	观测角 /° ′ ″	改正数 /″	坐标方位角 /° ′ ″	边长 /m	坐标增量计算 Δx /m	坐标增量计算 改正数 /mm	坐标增量计算 Δy /m	坐标增量计算 改正数 /mm	x /m	y /m
1	2	3	4	5	6	7	8	9	10	11
M	连接角		90 39 12							
P	240 10 00								5 609.260	7 130.380
			150 49 12	125.823	−109.855	−26	61.346	−37		
1	98 39 36	+12							5 499.379	7 191.689
			69 29 00	162.924	57.102	−33	152.590	−48		
2	88 36 06	+12							5 556.448	7 344.231
			338 05 18	136.848	126.962	−28	−51.068	−40		
3	87 25 30	+12							5 683.382	7 293.123
			245 31 00	178.765	−74.085	−37	−162.691	−52		
P	85 18 00	+12							5 609.260	7 130.380
			150 49 12							
1										
Σ	359 59 12	+48		604.360	+0.124	−124	+0.177	−177		

备注：

$$f_\beta = \sum \beta_{测} - (n-2) \cdot 180° = -48''$$

$$f_{\beta容} = \pm 40'' \sqrt{n} = \pm 40'' \sqrt{4} = \pm 80''$$

$$|f_\beta| < |f_{\beta容}|$$

$$v_\beta = -f_\beta/n = 48''/4 = 12'', v_\beta 为第 i 角的改正数$$

$$f_x = \sum \Delta x = 0.124 \qquad f_y = \sum \Delta y = +0.177$$

$$f = \sqrt{f_x^2 + f_y^2} = \sqrt{0.124^2 + 0.177^2} = 0.216$$

$$K = \frac{1}{2798} < K_容 = 1/2000$$

注：有下划线的数据表示已知数据

(3)将 2 栏内闭合导线内角求和，并以此求出角度闭合差 $f_\beta = -48''$，再计算出闭合差允许值 $f_{\beta允} = \pm 80''$，然后将它们列入备注栏内，因 $|f_\beta| < |f_{\beta允}|$，故将 f_β 反号平均分配给闭合导线各内角，改正数写在 3 栏内，并计算出边长总和。

(4)根据导线起算边 MP 的坐标方位角 α_{MP} 和连接角 β_0，计算 $\alpha_{P1}(150°49'12'')$，再由改正后的各转折角，推算其余各边的坐标方位角。为了检核，要从 α_{3P} 再推算出 α_{P1}，所有坐标方位角值都写在 4 栏内。

(5)用函数型电子计算器，由 4、5 栏直接或按公式 $\Delta x = D\cos\alpha$、$\Delta y = D\sin\alpha$ 计算出 6、8 栏各相应数值。

(6)计算坐标增量闭合差 f_x、f_y，然后计算导线全长闭合差 f_D 和相对闭合差 K，并写入备注栏内。

(7)因相对闭合差符合规程要求,故按式(2-1-12)计算坐标增量改正数,并将其写入7、9栏内。

(8)根据已知点 P 的坐标和改正后的坐标增量,依次计算出导线各点的坐标并写入10、11栏内。为了检核,应根据3点的坐标计算 P 点坐标,若与 P 点的已知坐标相等,说明计算无误。

至此,全部计算完毕。

【例 2-1-2】如图 2-1-9 所示的附合导线,已知数据和经整理的观测角值及边长均已列入表 2-1-6 中,试计算各导线点的坐标。

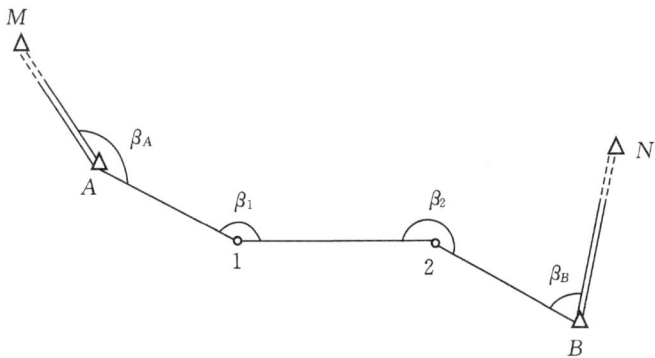

图 2-1-9 附合导线算例

表 2-1-6 附合导线坐标计算表

点号	观测角 /°′″	改正数 /″	坐标方位角 /°′″	边长 /m	坐标增量计算				x /m	y /m
					Δx /m	改正数 /mm	Δy /m	改正数 /mm		
1	2	3	4	5	6	7	8	9	10	11
M			149 40 00							
A	168 03 24	−10							806.00	785.00
			137 43 14	236.018	−174.623	−90	158.780	−41		
1	145 20 48	−10							631.287	943.739
			103 03 52	189.109	−42.747	−72	184.214	−32		
2	216 46 36	−10							588.468	1 127.921
			139 50 18	147.616	−112.812	−56	95.204	−25		
B	49 02 48	−11							475.60	1 223.10
N			8 52 55							

续表 2 - 1 - 6

Σ		-41		572.743	-330.182	-218	438.198	-98		

备注	$f_\beta = \alpha_{MA} + \sum_1^n \beta - n \cdot 180° - \alpha_{BN} = 41''$ $f_{\beta容} = \pm 40'' \sqrt{n} = \pm 40'' \sqrt{4} = \pm 80''$ $\|f_\beta\| < \|f_{\beta容}\|$ $v_{\beta_i} = -\dfrac{f_\beta}{n} = -\dfrac{41''}{4} \approx -10''$ v_{β_i} 为第 i 角的改正数	$f_x = -330.182 - (-330.40) = 0.218$ $f_y = 438.198 - 438.100 = 0.098$ $f = \sqrt{f_x^2 + f_y^2} = \sqrt{0.218^2 + 0.098^2} = 0.239$ $k = \dfrac{f}{\sum D} = \dfrac{0.239}{572.743} = \dfrac{1}{2396} < K_容 = \dfrac{1}{2000}$

注：有下划线的数据表示已知数据

任务三　四等水准测量

知识要点： 双面尺的特点、四等水准测量的观测方法和精度要求。

技能要点： 能进行四等水准测量的外业观测、记录和计算。

三、四等水准测量除用于国家高程控制网加密外，还用于建立小地区首级高程控制网。三、四等水准点的高程一般从附近的一、二等水准点引测，若测区内或附近没有国家一、二等水准点，可建立独立的首级高程控制网。首级高程控制网应布设成闭合水准路线。三、四等水准点应选在土质坚硬、便于长期保存和使用的地方，并应埋设水准标石，亦可利用埋石的平面控制点作为水准点。

三、四等水准测量的精度要求较普通水准测量的精度高，其技术指标见表 2 - 1 - 7。三、四等水准测量的观测应在通视良好，成像清晰稳定的情况下进行。下面以四等水准测量为例，介绍其观测、记录和计算方法。

表 2 - 1 - 7　水准测量的主要技术要求

等级	水准仪的型号	视线长度/m	前后视较差/m	前后视累积差/m	视线离地面最低高度/m	基本分划、辅助分划或黑面红面读数较差/mm	基本分划、辅助分划或黑面红面所测高差较差/mm
三等	DS$_1$	100	3	5	0.3	1.0	1.5
	DS$_3$	75				2.0	3.0
四等	DS$_3$	100	5	10	0.2	3.0	5.0

注：三、四等水准测量采用变动仪器高度观测单面水准尺时，所测两次高差较差，应与黑面、红面所测高差之差的要求相同。

一、测站观测方法

四等水准测量在一测站上进行观测时，水准仪照准双面水准尺的顺序为（如表 2 - 1 - 8 所示）：

后视黑面尺,读取下丝读数(1)、上丝读数(2)和中丝读数(3);

前视黑面尺,读取下丝读数(4)、上丝读数(5)和中丝读数(6);

前视红面尺,读取中丝读数(7);

后视红面尺,读取中丝读数(8)。

以上观测顺序简称为"后前前后"(黑、黑、红、红)。

四等水准测量每站观测顺序也可以为:后后前前(黑、红、黑、红)。

无论何种观测顺序,视距丝和中丝读数均应在水准管气泡居中时读取。

表内带括号的号码为观测读数和计算的顺序。(1)~(8)表示读尺和记录的顺序。

二、计算与检核

测站上以及观测结束后的计算与校核如下:

1. 视距计算

后视距:$(9)=[(1)-(2)]\times100$ （单位:分米）

前视距:$(10)=[(4)-(5)]\times100$ （单位:分米）

表 2 - 1 - 8 　四等水准测量观测手簿

测站编号	后尺	下丝 上丝	前尺	下丝 上丝	方向及尺号	标尺读数		基+K 减 辅	备注
	后 距		前 距			基本分划	辅助分划		
	视距差 d		$\sum d$						
	(1)		(4)		后	(3)	(8)	(14)	
	(2)		(5)		前	(6)	(7)	(13)	
	(9)		(10)		后－前	(15)	(16)	(17)	
	(11)		(12)		h			(18)	
1	1571		0739		后1	1384	6171	0	1号尺 $K1=$ 4787
	1197		0363		前2	0551	5239	－1	
	374		376		后－前	＋0833	＋0932	＋1	
	－0.2		－0.2		h			＋0832.5	
2	2121		2196		后	1934	6621	0	2号尺 $K2=$ 4687
	1747		1821		前	2008	6796	－1	
	374		375		后－前	－0074	－0175	＋1	
	－0.1		－0.3		h			－0074.5	
3	1914		2055		后	1726	6513	0	
	1539		1678		前	1866	6554	－1	
	375		377		后－前	－0140	－0041	＋1	
	－0.2		－0.5		h			－0140.5	

前、后视距差：(11)＝(9)－(10)　　　　　　　　　　　　　　　　　　（单位：米）

前、后视距差累积数：(12)＝前一站(12)＋ 本站(11)

2.高差计算

同一水准尺红、黑面中丝读数的检核：

同一水准尺红、黑面中丝读数之差应等于该尺红、黑面常数差 K（4687 或 4787），其差数按下式计算：

$$(13)＝ K －[(7)－(6)]$$
$$(14)＝ K －[(8)－(3)]$$

(13)、(14)应等于零,不符值应满足要求。

计算黑面高差和红面高差：

黑面高差(15)＝(3)－(6)

红面高差(16)＝(8)－(7)

红、黑面高差之差(17)＝(15)－[(16)±100]

(17)的值应符合技术要求。

计算平均值：

平均高差为(18)＝[(15)＋(16)±100]/2,平均高差计算到 0.5 mm。

3.每页计算检核

四等水准测量中,为了检验计算的正确性,需要进行每页的检核。

高差部分：

按页分别计算后视红、黑面读数总和与前视读数总和之差,其值应等于红、黑面高差之和。

$$\sum[(3)＋(8)]－ \sum[(6)＋(7)]＝ \sum[(15)＋(16)]＝2\sum(18)$$

视距部分：

后视距总和与前视距总和之差,应等于末站视距差累积数,即

$$\sum(9)－ \sum(10)＝ 末站(12)$$

检核无误后应算出总视距,即

$$总视距 ＝ \sum(9)＋ \sum(10)$$

任 务 四　GPS 定 位 测 量

知识要点:GPS 定位的实施方法及其应用。

技能要点:能进行 GPS 静态定位的外业操作和内业数据处理。

一、GPS 测量的技术设计

(一)GPS 网的图形设计

当投入作业的接收机数目在两台或多于两台时,就可以在同一时段内,几个测站上的接收机同步观测同一组卫星,这种观测过程称为同步观测。由同步观测边所构成的几何图形

称为同步网。其中,三台或三台以上接收机同步观测所获得的基线向量构成的闭合环称为同步观测环,简称同步环。不同的接收机数量决定了同步网的网形结构。

同步网是 GPS 网的一个单元。由多个同步网相互连接构成了完整的 GPS 网,这个网也称异步网。同步网的不同连接方式会出现不同的异步网的网形结构。在异步网中,同步网之间的连接方式有以下三种。

1.点连式

同步网之间仅有一点相连接的异步网称为点连式异步网,如图 2-1-10 所示。

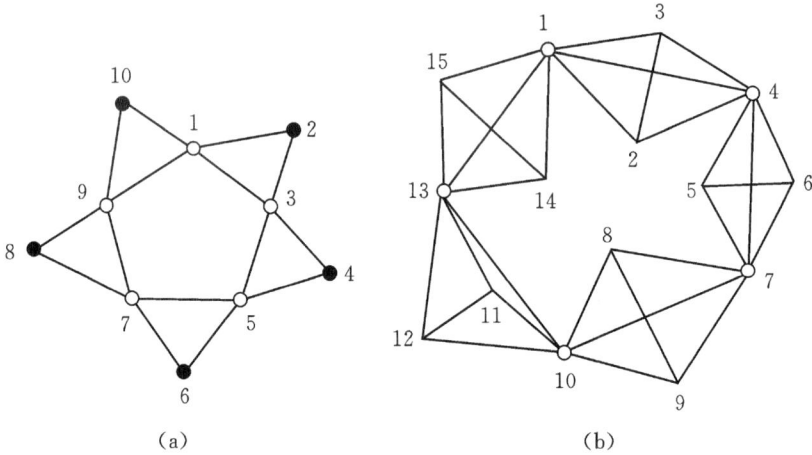

(a)   (b)

图 2-1-10　点连式异步网

2.边连式

同步网之间由一条基线边相连接的异步网称为边连式异步网,如图 2-1-11 所示。

3.混连式

混连式是点连式与边连式的一种混合连接方式,如图 2-1-12 所示。图为四台接收机进行同步观测,由 5 个多边同步网构成的混连式异步网。

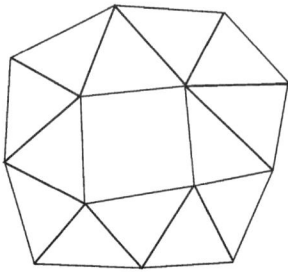

图 2-1-11　边连式异步网

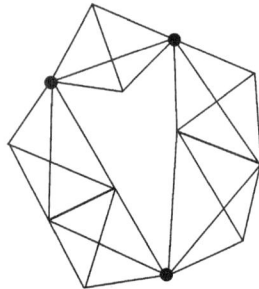

图 2-1-12　混连式异步网

（二）GPS 测量的技术设计

GPS 定位网设计及外业测量的主要技术依据是测量任务书和测量规范。测量任务书是测量施工单位上级主管部门下达的技术文件；而测量规范则是国家测绘管理部门制定的技术法规。

1. GPS 网的精度分级

对于 GPS 网的精度要求，主要取决于网的用途和定位技术所能达到的精度。精度指标通常是以相邻点间弦长标准差来表示，如公式（2-1-14）所示：

$$\sigma = \sqrt{a^2 + (b \cdot d \cdot 10^{-6})^2} \qquad (2-1-14)$$

式中：σ——标准差，mm；

　　　a——固定误差，mm；

　　　b——比例误差系数；

　　　d——相邻点间的距离，km。

GPS 卫星定位网虽然不存在常规控制网的那种逐级控制问题，但是由于不同的 GPS 网的应用和目的不同，其精度标准也不相同。根据传统的习惯做法，人们按其精度划分为 A、B、C、D、E 五级。并规定在布网时可以逐级布设、越级布设或布设同级全面网。

2. GPS 点的密度

不同的任务要求和服务对象，对 GPS 网点的分布有着不同的要求。GPS 网中相邻点间最小距离应为平均距离的 1/2～1/3，最大距离应为平均距离的 2～3 倍。

3. GPS 网的布网原则

为了用户的利益，GPS 网图形设计时应遵循以下原则：

（1）GPS 网应根据测区实际需要和交通状况，作业时的卫星状况，预期达到的精度，成果的可靠性以及工作效率，按照优化设计原则进行。

（2）GPS 网一般应通过独立观测边构成闭合图形，例如一个或若干个独立观测环，或者附合路线形式，以增加检核条件，提高网的可靠性。

（3）GPS 网的点与点之间不要求通视，但应考虑按常规测量方法加密时的应用，每点应有一个以上通视方向。

（4）在可能的条件下，新布设的 GPS 网应与附近已有的 GPS 点进行联测；新布设的 GPS 网点应尽量与地面原有控制网点相联接，联接处的重合点数不应少于三个，且分布均匀，以便可靠地确定 GPS 网与原有网之间的转换参数。

（5）GPS 网点，应利用已有水准点联测高程。C 级网每隔 3～6 点联测一个高程点，D 和 E 级网视具体情况确定联测点数。A 和 B 级网的高程联测分别采用三、四等水准测量的方法，C 至 E 级网可采用等外水准或与其精度相当的方法进行。

二、GPS 测量的外业实施

（一）外业准备

1. 制定外业观测计划

制定观测计划主要包括以下内容：

(1)确定测量模式

测量模式的确定主要包括定位方式的确定和控制网网形的确定。如某计划采用静态差分定位,投入 3 台接收机作业,同步网之间以边连式连接。

(2)选定最佳观测时段

GPS 卫星的观测是待 GPS 卫星升离地平线一定的角度才开始的,这个角度就是卫星高度截止角。高度角愈小,愈有利于减小三维位置图形强度因子 PDOP 的数值,从而延长最佳观测时间。但是卫星高度角愈小,对流层影响愈显著,测量误差随之增大。在精密定位测量时,卫星高度截止角宜选定在 15°左右。

(3)确定同步观测时段长度及起止时分

确定同步观测时段长度及起止时分可在技术规范的基础上参考星历预报结果进行。

(4)编制观测调度表

作业小组应在观测前根据测区地形、交通状况、控制网的大小、精度的高低、仪器的数量、GPS 网的设计、星历预报表和测区的天气、地理环境等编制作业调度表,以提高工作效率。

2.编写技术设计书

GPS 技术设计书应包括以下内容:测区及任务概况、技术依据及精度指标、观测纲要、数据处理、上交资料。

(二)踏勘选点

由于 GPS 测量中不要求测站之间相互通视,网的图形结构也比较灵活,所以选点的野外工作比较简便。但是,点位的正确选择对观测工作的顺利进行和测量结果的可靠性具有重要意义。所以,在选点工作开始之前,必须搜集测区的有关资料,例如已有的小比例尺地形图(1:1 万～1:10 万)、行政区划图和已有的测绘成果资料。要充分了解和研究测区情况,特别是交通、通讯、供电、气象及原有控制点等情况。

1.GPS 选点要求

(1)点位应选设在易于安置接收设备和便于操作的地方,视野应开阔。被测卫星的地平高度角一般应大于 10°～15°,以减弱对流层折射影响。

(2)点位应远离大功率无线电发射源(如电视台、微波站等,其距离不得小于 200 m。并应远离高压输电线,其距离不得小于 50 m),以避免周围磁场对 GPS 卫星信号的干扰。

(3)点位附近不应有强烈干扰接收卫星信号的物体(接打手机、对讲机最好在 10 m 以外),并尽量避免大面积水域,以减弱多路径误差的影响。

(4)点位应选在交通方便的地方,有利于用其他测量手段联测或扩展。

(5)地面基础稳定,利于点位保存。

(6)应充分利用符合要求的旧控制点。

2.选点作业

选点人员在实地选定的点位上,打一木桩或以其它方式加以标定,同时树立测旗,以便埋石及观测人员能迅速找到点位,开展后续工作。选点人员还应按技术设计的要求,最后确认该点是否进行水准联测,并应实地踏勘水准路线,提出有关建议。

GPS 点名可取村名、山名、地名、单位名、应向当地政府部门或群众进行调查后确定。当利用符合要求的旧控制点时,点名不宜更改。

不论是新选定的点或利用原有点位,均应按规范或规程中规定的格式在实地绘制 GPS 点点之记。点周围有高于 10°的障碍物时;应用平板仪和罗盘仪绘制点的环视图。测区选点完成后,还应绘制 GPS 网选点图。

最后,要对选点工作写出总结,包括详细的交通情况,车的种类、车次以及通讯、供电、充电情况等。

3.GPS 点标志和标石埋设

中心标石是地面 GPS 点的永久性标志,为了长期使用 GPS 测量成果,点的标石必须稳定、坚固以利于长期保存和利用。

各等级 GPS 点的标石用混凝土灌制。一般普通标石分上标石和下标石两层,其上均设有金属的中心标志。

埋设标石时,须使各层标志中心在同一铅垂线上,其偏差不得大于 2 mm。新埋设标石时,应依法办理征地手续和测量标志委托保管书。

(三)外业观测

(1)GPS 观测工作依据的主要技术指标以城市测量规范为准。

(2)天线安置

(3)开机观测

观测作业的主要目的是捕获 GPS 卫星信号,对其进行跟踪、处理、量测。最终获得所需要的信息和观测数据。

(4)观测记录

三、GPS 测量的内业数据处理

GPS 定位用于控制测量时,还需在外业结束后,将观测数据传输至计算机,运行后处理软件,进行以下数据处理:

(1)数据预处理。对观测数据进行检验,剔除粗差,将各种数据文件加工成标准化文件。

(2)基线向量解算。计算所有同步观测相邻点之间的三维坐标差(即独立基线向量),检核重合边,即同一基线在不同时段测得的基线边长的较差,以及由基线向量构成的各种同步环和异步环的闭合差是否满足相应等级的限差要求。

(3)GPS 测量控制网无约束平差。以解算的基线向量作为观测值,对 GPS 网进行无约束平差,从而得到各 GPS 点之间的相对坐标差值,再以基准点在 WGS-84 坐标系的坐标值为起算数据,即得各 GPS 点的 WGS-84 坐标,以及所有基线的边长和相应的精度。

(4)GPS 测量控制网约束平差。根据 GPS 测量控制网和国家或城市测量控制网联测的结果,将联测的高级点的坐标、边长、方位角或高程作为强制约束条件,对 GPS 网进行二维或三维约束平差和坐标转换,使所有 GPS 点获得与国家或城市测量控制网相一致的二维或三维坐标值。

四、GPS 测量的应用

GPS 测量的应用包括以下几方面:

(1)布设精密工程测量控制网。用 GPS 布设隧道贯通、大坝施工等精密工程测量控制网,其精度比常规方法高出一个数量级。

(2)布设一般测量控制网。用 GPS 布设一般测量控制网,较常规方法速度快、精度高。

(3)加密测图控制。GPS 静态测量可用于加密测图控制网,一次布测完成,无需逐级加密和复杂计算。

(4)直接用于地形测量、地籍测量或施工测量。GPS 采用准动态测量模式,进行地形图、地籍图的测绘或工程的定线、放样,亦将给这些测量工作带来很大方便。

(5)直接用于变形监测。国内外已将 GPS 广泛应用于油田、矿山地壳的变形监测,城市因过度抽取地下水造成的地面沉降监测,大型水库的大坝变形监测,大型桥梁及高层建筑的变形监测。

项目小结

1.小区域平面控制测量最常用的方法是导线测量,其形式有:闭合导线、附合导线和支导线。

2.导线测量的外业包括:踏勘选点、角度测量、距离测量和连接测量。

3.导线测量的内业计算包括:角度闭合差的计算和调整,坐标方位角的推算,坐标增量闭合差的计算和调整,待定点坐标计算。

4.小区域高程控制测量最常用的方法是四等水准测量,其原理和一般水准测量相同,只是精度要求更高。

5.GPS 系统包括地面监控部分、空间卫星部分和用户接收部分三大部分。GPS 定位的实质就是将高速运动的卫星瞬时位置作为已知的起算数据,利用 GPS 信号接收机观测其至 GPS 卫星之间的距离,采用空间距离后方交会的方法,确定 GPS 信号接收机所在点的空间位置。它具有全球性、全天性、速度快、精度高、自动化等优点,在测量中应用广泛。

思考题与习题

1.为什么要进行控制测量?控制测量的方法有哪些?

2.经纬仪导线的布设形式有哪些?

3.简述经纬仪导线外业测量的工作过程?

4.经纬仪导线测量的主要技术要求是什么?

5.什么是角度闭合差?什么是坐标增量闭合差?

6.四等水准测量的观测程序是什么?

7.简述 GPS 测量实施的步骤?

8.如图 2-1-13 所示,已知 CA 边的坐标方位角 $\alpha_{CA} = 274°25'16''$,观测水平角为:$\alpha = 36°28'56''$,$\beta = 88°47'21''$,求 AB 坐标方位角 α_{AB} 及

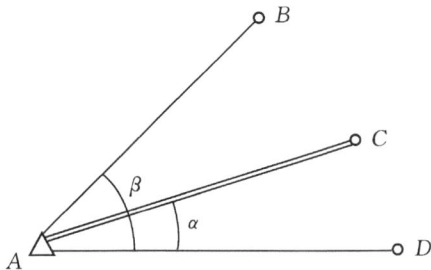

图 2-1-13

AD 坐标方位角 α_{AD}。

9. 如图 2-1-14 所示，已知 AB 边的坐标方位角 $\alpha_{AB}=357°32'48''$，观测水平角为：$\alpha=41°54'38''$，$\beta=97°28'55''$，$\gamma=54°33'16''$，$\delta=104°55'47''$，求各边（AC、BC、AD、BD）的方位角。

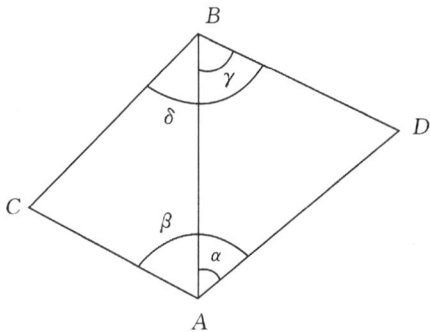

图 2-1-14

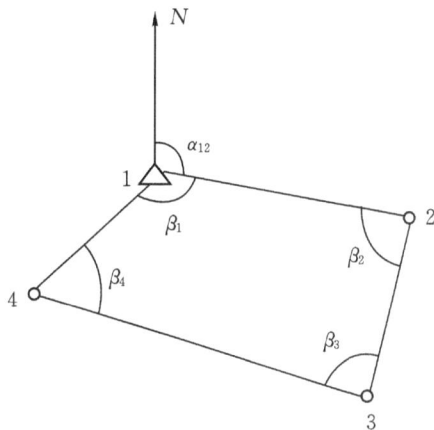

图 2-1-15

10. 如图 2-1-15 所示的闭合导线，已知数据和观测数据如下：$x_1=5032.70$ m，$y_1=4537.66$ m，$\alpha_{12}=97°58'08''$，观测数据如表 2-1-9 所示，试推算各边的坐标方位角及各点坐标。

表 2-1-9　闭合导线计算

序号	水平角/° ′ ″	水平边长/m
1	125　52　04	
		100.79
2	82　46　29	
		78.96
3	91　08　23	
		137.22
4	60　14　02	
		78.67
1		

项目二　大比例尺地形图测绘

▶ 项目概述

　　本项目主要包括：地形图的基本知识，地物符号、地貌符号，地形图经纬仪测绘法、数字化测图及航空摄影测量简介。

▶ 学习目标

　　①理解比例尺、比例尺精度的概念，熟悉地形图分幅和编号的方法；②了解常用的地物和地貌符号；③掌握用经纬仪测绘大比例尺地形图的方法；④能够利用全站仪、RTK等进行数字化测图；⑤了解航空摄影测图的方法。

任务一　地形图基本知识

　　知识要点：比例尺及其精度，地形图的分幅和编号。
　　技能要点：能熟练地阅读地形图。

一、地形图的定义

　　地球表面十分复杂，有高山、平原、河流、湖泊，还有各种人工建筑物，通常把它们分为地物和地貌两大类。地面上有明显轮廓的、天然形成的或人工建造的各种固定物体，如江河、湖泊、道路、桥梁、房屋和农田等称为地物；地球表面的高低起伏状态，如高山、丘陵、平原、洼地等称为地貌。地物和地貌总称为地形。通过野外实地测绘，可将地面上的各种地物、地貌沿铅垂方向投影到同一水平面上，再按一定的比例缩小绘制成图。在图上主要表示地物平面位置的地形图，称为平面图。如果既表示出各种地物，又用等高线表示出地貌的图，称为地形图。地形图是城乡建设和各项建筑工程进行规划、设计和施工必不可少的基本资料。

二、比例尺及其精度

（一）比例尺的概念

　　地面上的地物或地貌（高低起伏的地表情况）在平面上的投影，不可能按其真实的大小绘在图上，而是将其缩小。我们把地形图上任一线段的长度与它所代表的实地水平距离之比，称为地形图比例尺。比例尺是地形图最重要的参数，它既决定了地形图图上长度与实地长度的换算关系，又决定了地形图的精度与详细程度。

（二）比例尺的种类

1.数字比例尺

　　数字比例尺是用分子为1，分母为整数的分数表示。设图上一线段长度为 d，相应实地的水平距离为 D，则该地形图的比例尺为

$$\frac{d}{D} = \frac{1}{D/d} = \frac{1}{M} \tag{2-2-1}$$

式中，M 为比例尺分母。比例尺分母 M 越小、比例尺越大，表示地物地貌越详尽。

数字比例尺通常标注在地形图下方。为了满足经济建设和国防建设的需要,测绘和编制了各种不同比例尺的地形图。通常称 1∶100 万,1∶50 万和 1∶20 万比例尺的地形图为小比例尺地形图;1∶10 万,1∶5 万,1∶2.5 万比例尺的地形图称为中比例尺地形图;1∶1 万,1∶5000,1∶2000,1∶1000 和 1∶500 比例尺的地形图为大比例尺地形图。1∶100 万,1∶50 万,1∶20 万,1∶10 万,1∶5 万,1∶2.5 万,1∶1 万七种比例尺的地形图为国家基本比例尺地形图。不同比例尺的地形图一般有不同的用途。大比例尺的地形图通常是直接为满足各种工程设计、施工而测绘的,任务一重点介绍大比例尺地形图的基本知识。

2.图示比例尺

为了用图方便,以及减小图纸伸缩而引起的误差,常在图廓的下方绘一图示比例尺,用以直接度量图上直线的实际水平距离。如图 2-2-1 所示为 1∶500 的图示比例尺,由间距为 2 mm 的两条平行直线构成,以 2 cm 为单位分成若干大格,左边第一大格十等分,大小格分界处注以 0,右边其他大格分界处标记按绘图比例尺换算的实际长度。使用直线比例尺时,首先用分规在地形图上量出某两点的长度,然后将分规移至直线比例尺上,使其一脚尖对准 0 右边的一个整分划线上,从另一脚尖读取左边的小分划。如图 2-2-1 中长度为 33.4 m 和 28.8 m。图示比例尺绘制在地形图正下方,可以减少图纸伸缩对用图的影响。

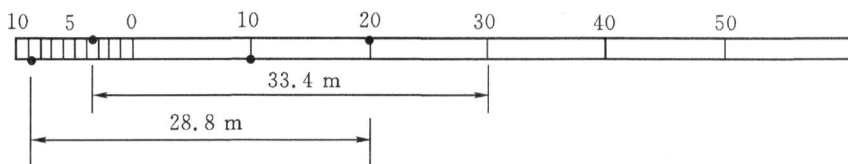

图 2-2-1　图示比例尺

(三)比例尺精度

通常人眼能分辨的图上最小距离为 0.1 mm。因此,我们将地形图上 0.1 mm 所代表的实地水平长度,称为比例尺精度,用 ε 表示,M 表示地形图比例尺的分母,则

$$\varepsilon = 0.1M \qquad (2-2-2)$$

比例尺越大,其比例尺精度也越高。几种常用地形图的比例尺精度如表 2-2-1 所示。

表 2-2-1　几种常用地形图的比例尺精度

比例尺	1∶5000	1∶2000	1∶1000	1∶500
比例尺精度/m	0.50	0.20	0.10	0.05

比例尺精度的概念,对测图和设计用图都有重要的意义。根据比例尺的精度,可确定测绘地形图时测量距离的精度。例如测 1∶2000 图时,实地测距只需取到 0.2 m,因为即使量得再精细,在图上也无法表示出来。另外,如果规定了地形图上要表示的最短长度,根据比例尺的精度,可确定测图的比例尺。如一项工程设计用图,要求图上能反映 0.1 m 的精度,则所选图的比例尺就不能小于 1∶1000。图的比例尺越大,其表示的地物、地貌就越详细,精

度也越高。但比例尺愈大,测图所耗费的人力、财力和时间也愈多。因此,在各类工程中,究竟选用何种比例尺测图,应从实际情况出发,合理选择。

三、地形图的分幅和编号

为了便于测绘、管理和使用地形图,需将同一区域内的地形图进行统一的分幅和编号。地形图分幅有两种方法:其一是按经纬线分幅的梯形分幅法,用于国家基本比例尺地形图;其二是按坐标格网划分的矩形分幅法,用于工程建设大比例尺地形图。下面分别进行介绍。

(一)梯形分幅和编号

1∶100 万地形图的分幅与编号按照国际统一规定进行,是梯形分幅和编号的基础。其做法是将整个地球表面用子午线分成 60 个 6°的纵列,自经度 180°起,自西向东用阿拉伯数字 1~60 编列号。同时,由赤道起分别向南向北至 88°止,以每隔 4°的纬度圈分成许多横行,横行用大写的拉丁字母 A,B,C,…,V 表示。

由上所述可知,一张 1∶100 万比例尺地形图,是由纬差 4°的纬圈和经差 6°的子午线所形成的梯形。每一幅 1∶100 万比例尺的梯形图图号是由横行的字母与纵列的数字组成。图 2-2-2 为我国领域的 1∶100 万比例尺地形图的分幅与编号情况。例如某地的纬度为北纬 39°54′30″,经度为东经 118°28′25″,其所在 1∶100 万比例尺图的图幅编号为 J-50。

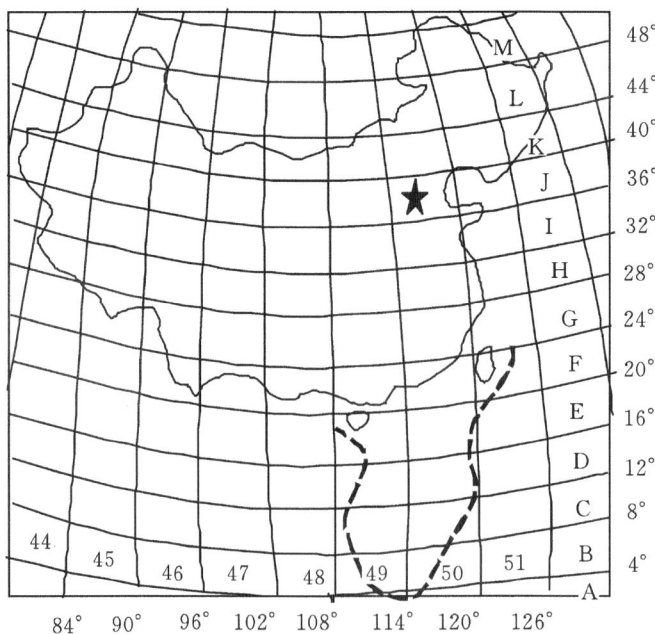

图 2-2-2 1∶100 万比例尺地形图的分幅与编号

1∶50 万,1∶25 万,1∶10 万地形图都是在 1∶100 万地形图的基础上进行分幅编号的。如图 2-2-3,每一幅 1∶100 万地形图分为 2 行 2 列,共 4 幅 1∶50 万地形图,分别以 A,B,C,D 为代号,例如 J-51-C;每一幅 1∶100 万地形图分为 4 行 4 列,共 16 幅 1∶25 万地形图,分别以[1],[2],[3],[4],…,[16]为代号,例如 J-5l-[8];每一幅 1∶100 万地形图分为 12 行

12 列,共 144 幅 1∶10 万地形图,分别以 1,2,3,4,…,144 为代号。表 2-2-2 列出了不同比例尺地形图之间的图幅关系。

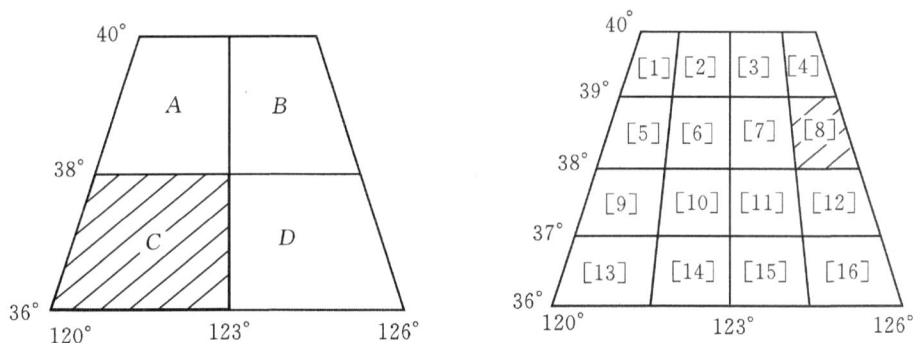

图 2-2-3　1∶50 万,1∶25 万比例尺地形图的分幅与编号

表 2-2-2　不同比例尺的图幅关系

比例尺		1∶100 万	1∶50 万	1∶25 万	1∶10 万	1∶5 万	1∶2.5 万	1∶1 万	1∶5000	1∶2000	1∶1000	1∶500
图幅范围	经差	6°	3°	1°30′	30′	15′	7′30″	3′45″	1′52.5″	37.5″	18.75″	9.375″
	纬差	4°	2°	1°	20′	10′	5′	2′30″	1′15″	25″	12.5″	6.25″
行列数量关系	行数	1	2	4	12	24	48	96	192	576	1152	2304
	列数	1	2	4	12	24	48	96	192	576	1152	2304
不同比例尺的图幅数量关系		1	4	16	144	576	2304	9216	36864	331776	1327104	5308416
			1	4	36	144	576	2304	9216	82944	331776	1327104
				1	9	36	111	576	2304	20736	82944	331776
					1	4	16	64	256	2304	9216	36864
						1	4	16	64	576	2304	9216
							1	4	16	144	576	2304
								1	4	36	114	576
									1	9	36	144
										1	4	16
											1	4

我国 2012 年 6 月 29 日颁布了《国家基本比例尺地形图分幅和编号 GB/T 13989—2012》新标准。该标准自 2012 年 10 月 1 日起实施。按照该标准,1∶100 万的分幅仍按国际

统一规定进行,其图号由该图所在的行号(字符码)与列号(数字码)组成。如北京所在的地形图编号为 J-50。

(1)1∶50 万～1∶5000 地形图的图幅编号

1∶50 万～1∶5000 国家基本比例尺地形图的分幅是在 1∶100 万地形图的基础上逐次加密划分而成,其编号由 10 位代码组成,如图 2-2-4 所示。

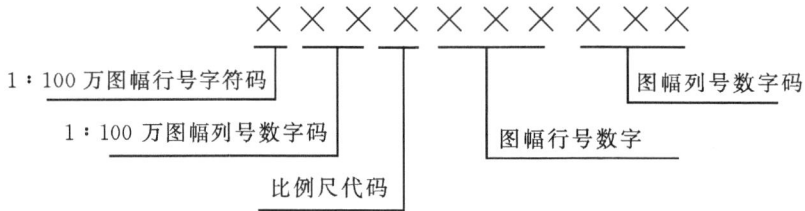

图 2-2-4 1∶5000～1∶50 万比例尺地形图图号的构成

(2)1∶2000 地形图的图幅编号

1∶2000 地形图的分幅编号宜与 1∶50 万～1∶5000 地形图的编号方法相同,亦可根据需要以 1∶5000 地形图编号分别加短线,再加 1、2、3、4、5、6、7、8、9 表示,如图 2-2-5 所示,灰色区域编号为 H49H192097-5。

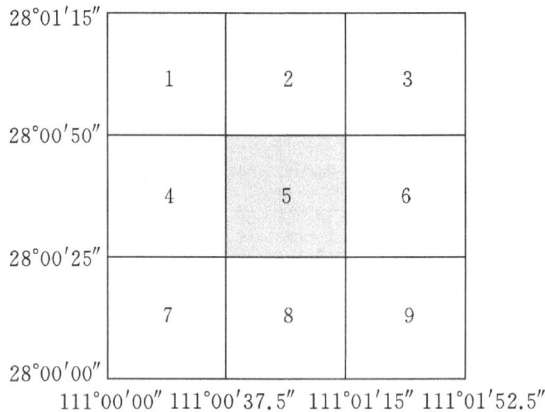

图 2-2-5 1∶2000 地形图的经纬度分幅顺序编号

(3)1∶1000、1∶500 地形图的图幅编号

1∶1000、1∶500 地形图的分幅编号均以 1∶100 万地形图编号为基础,采用行列式编号方法,图号由其所在 1∶100 万地形图的图号、比例尺代码和各图幅的行列号共 12 位码组成,如图 2-2-6 所示。

(4)比例尺代码

1∶50 万～1∶500 地形图的比例尺代码见表 2-2-3。

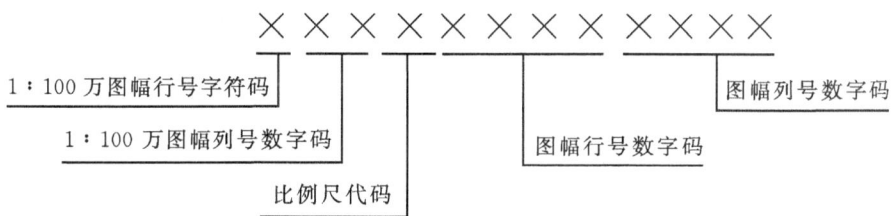

图 2-2-6 1：1000、1：500 地形图图号的构成

表 2-2-3 比例尺代码表

比例尺	1：50 万	1：25 万	1：10 万	1：5 万	1：2.5 万	1：1 万	1：5000	1：2000	1：1000	1：500
代码	B	C	D	E	F	G	H	I	J	K

例如,图 2-2-7 阴影部分编号分别为:J50B001002,J50C003003。

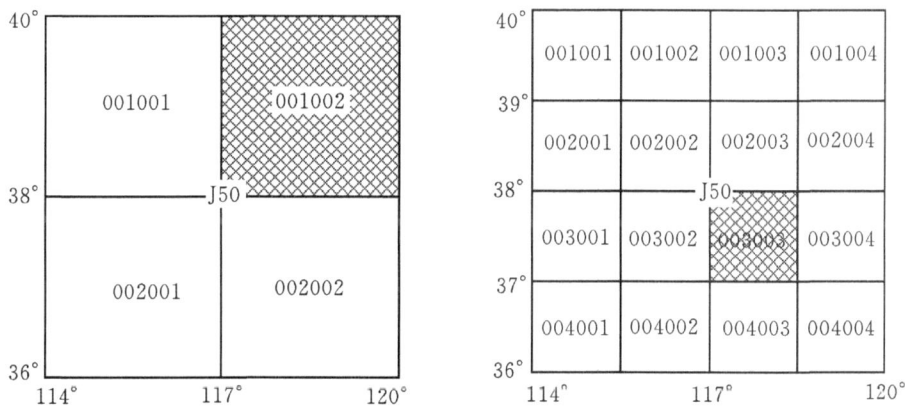

图 2-2-7 1：50 万和 1：25 万地形图图号

(二)矩形分幅和编号

大比例尺地形图常采用矩形分幅,图幅一般为 50 cm×50 cm 或 40 cm×50 cm,以纵横坐标的整公里数或整百米数作为图幅的分界线。当分幅图幅大小为 50 cm×50 cm 时,又称正方形分幅。各种比例尺地形图的图幅大小见表 2-2-4。

正方形图幅的编号,一般可采用以下几种方法。

(1)坐标编号法。坐标编号是用该图幅西南角的 x 坐标和 y 坐标的公里数来编号。编号时,1：5000 地形图,坐标取至 1 km;1：2000,1：1000 地形图,坐标取至 0.1 km;1：500 地形图,坐标取至 0.01 km。比如某幅 1：1000 西南角坐标为 $x=3267$ km,$y=50$ km,则其编号为 3267.0—50.0。

表 2 - 2 - 4　各种比例尺地形图的图幅大小

比例尺	矩形分幅		正方形分幅		
	图幅大小 / cm×cm	实地面积 / km²	图幅大小 / cm×cm	实地面积 / km²	一幅 1：5000 图所含幅数
1：5000	40×50	5	40×40	4	1
1：2000	40×50	0.8	50×50	1	4
1：1000	40×50	0.2	50×50	0.25	16
1：500	40×50	0.05	50×50	0.0625	64

(2)自然序数法。对带状或小面积测区,可按统一顺序进行编号,一般从左到右,从上到下用阿拉伯数字 1,2,3,4,…编定,如图 2-2-8 中新镇-8(新镇为测区名称)。

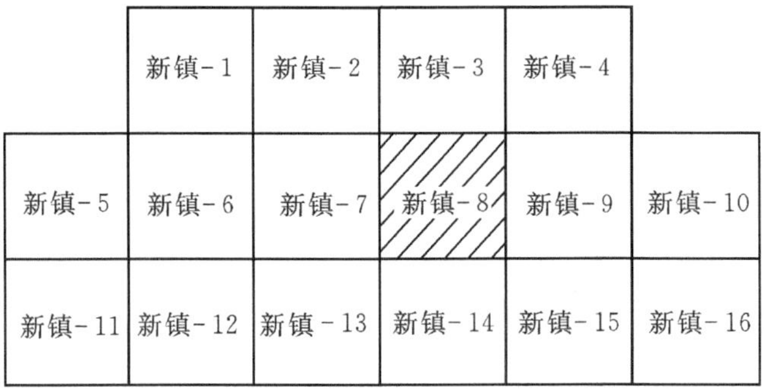

	新镇-1	新镇-2	新镇-3	新镇-4	
新镇-5	新镇-6	新镇-7	新镇-8	新镇-9	新镇-10
新镇-11	新镇-12	新镇-13	新镇-14	新镇-15	新镇-16

图 2 - 2 - 8　自然序数编号法

(3)行列式编号。行列式编号一般以代号(如 A,B,C,…)的横行,从上往下排列,以阿拉伯数字为代号的纵列,从左向右排列来编定,如图 2-2-9 中的 C-4。

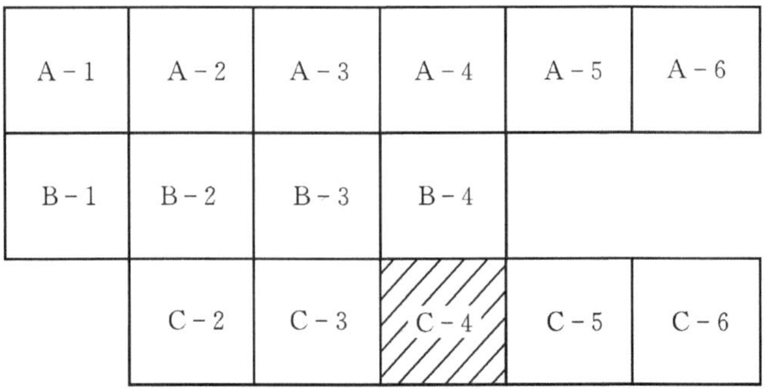

A - 1	A - 2	A - 3	A - 4	A - 5	A - 6
B - 1	B - 2	B - 3	B - 4		
	C - 2	C - 3	C - 4	C - 5	C - 6

图 2 - 2 - 9　行列式编号

四、地形图图名、图号和图廓

(一)地形图的图名

每幅地形图都应标注图名,一般以图幅内最著名的地名、厂矿企业或村庄的名称作为图名。图名一般标注在地形图北图廓外上方中央,如图2-2-10中,图名为"热电厂"。

(二)图号

为了区别各幅地形图所在的位置,每幅地形图上都编有图号。图号就是该图幅相应分幅方法的编号,标注在北图廓上方的中央、图名的下方,如图2-2-10所示。

(三)图廓和接合图表

1.图廓

图廓是地形图的边界线,有内、外图廓线之分。内图廓就是坐标格网线,也是图幅的边界线,用0.1 mm细线绘出。在内图廓线内侧,每隔10 cm,绘出5 mm的短线,表示坐标格网线的位置。外图廓线为图幅的最外围边线,用0.5 mm粗线绘出。内、外图廓线相距12 mm,在内外图廓线之间注记坐标格网线坐标值,如图2-2-10所示。

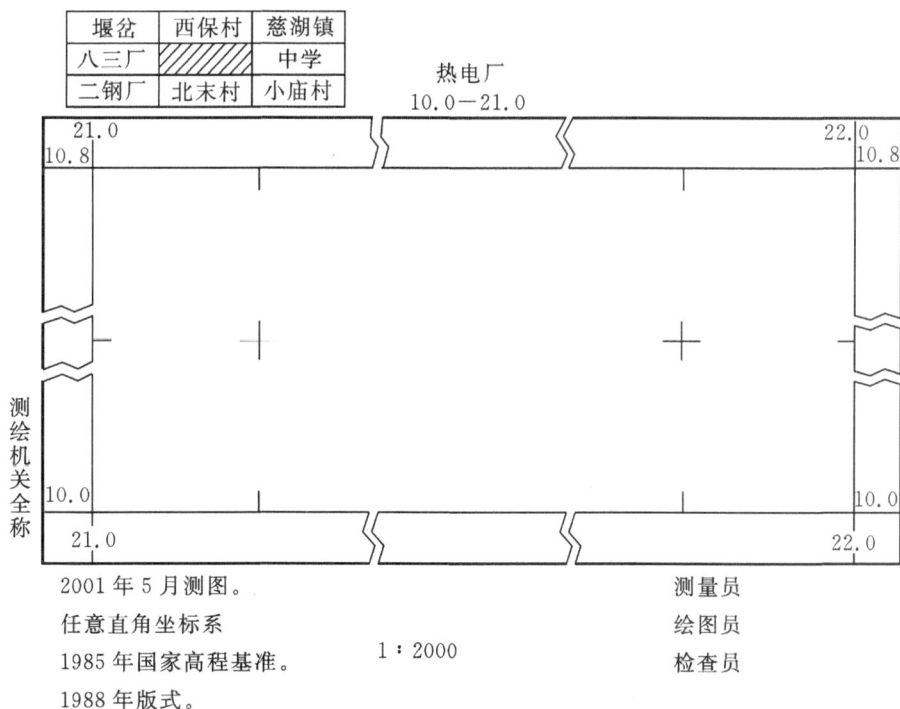

图2-2-10 热电厂地形图图廓

2.接合图表

为了说明本图幅与相邻图幅之间的关系,便于索取相邻图幅,在图幅左上角列出相邻图幅图名,斜线部分表示本图位置,如图2-2-10所示。

任务二 地形图符号

知识要点:地物符号、地貌符号。

技能要点:能熟练地阅读地形图。

一、地物符号

地形图上表示地物类别、形状、大小及位置的符号称为地物符号。地物的种类繁多,形态复杂,一般可分为两类,一类是自然地物,如河流、湖泊等;另一类为人工地物,如房屋、道路、管线等。地物的类别、大小、形状及其在图上的位置,都是按规定的地物符号和要求表示的。国家测绘总局颁发的《地形图图式》统一了地形图的规格要求、地物、地貌符号和注记,供测图和识图时使用。

表 2-2-5 为大比例尺地形图图式中的部分常用符号(符号上所注尺寸,均以毫米为单位)。

表 2-2-5 地物符号

编号	符号名称	图例	编号	符号名称	图例
1	三角点	△ 凤凰山 / 394.468 3.0	7	水准点	2.0 ⊗ Ⅱ京石5 / 32.804
2	不埋石的图根点	1.5 ⊕ 25 / 62.74 2.5	8	学校	(文) 3.0
3	岗亭、岗楼	3.5 ⊕ 1.0	9	大面积的竹林	2.0 3.0
4	烟囱	3.5 ⊕ 1.0	10	耕地 1.水稻田 2.旱地	0.2 2.0 10.0 10.0 / 1.0 ㅛ ㅛ 2.0 10.0 ㅛ ㅛ10.0
5	坚固房屋 4—房屋层数	坚4 1.5	11	菜地	2.0 2.0 10.0
6	普通房屋 2—房屋层数	2 1.5			

续表 2-2-5

编号	符号名称	图例	编号	符号名称	图例
12	台阶	0.5 ... 0.5 ... 0.5	21	活树篱笆	3.5 0.5 10.0 ... 1.0 0.8
13	路灯	1.5 ... 1.0	22	高压线	4.0
14	土围墙	10.0 ... 0.5	23	低压线	4.0
15	栅栏、栏杆	1.0 ... 10.0	24	电线架	
16	篱笆	1.0 ... 10.0	25	电杆	1.0 ...
17	树林	1.5 ... 松	26	公路	0.3 沥 砾 0.3
18	独立树 1. 阔叶 2. 针叶	1.5 1 3.0 0.7 2 3.0 0.7	27	简易公路	8.0 2.0
19	大车路	0.15 碎石 0.3	28	小路	4.0 1.0 ... 0.3
20	沟渠 1)有堤岸的 2)一般的 3)有沟堑的	1) 2) ... 0.3 3)	29	水龙头	3.5 ... 2.0 ... 1.2
			30	钻孔	3.0 ... 1.0

根据地物形状大小和描绘方法的不同,地物符号可分为比例符号、非比例符号、半比例符号和地物注记四种。

1. 比例符号

地物的形状和大小均按测图比例尺缩小,并用规定的符号绘在图纸上,这种地物符号称为比例符号。这类符号一般是用实线或点线表示其外围轮廓,如房屋、湖泊、森林、农田等。比例符号准确地表示地物的位置、形状和大小。

2. 非比例符号

有些地物,轮廓较小,无法将其形状和大小按比例缩绘到图上,如三角点、水准点、烟囱、消火栓等,就采用统一尺寸,用相应的符号表示,这种符号称为非比例符号。非比例符号只能表示物体的位置和类别,不能用来确定物体的尺寸。

3. 半比例符号

地物的长度可按比例尺缩绘,而宽度按规定尺寸绘出,这种符号称为半比例符号。如铁路、公路、围墙、通讯线等。半比例符号只能表示地物的位置(符号的中心线)和长度,不能表示宽度。

4. 地物注记

对地物加以说明的文字、数字或特有符号,称为地物注记。如村庄、工厂、河流的名称,河流的流速、深度,房屋的层数,控制点的点号、高程,地面的植被种类等。

比例符号和半比例符号的使用界限并不是绝对的。如公路、铁路等地物,在 1∶500～1∶2000 比例尺地形图上是用半比例符号绘出的,但在 1∶500 比例尺以上的地形图上是按比例符号绘出的。一般来说,测图比例尺越大,用比例符号描绘的地物越多。比例尺越小,用非比例符号表示的地物越多。

二、地貌符号

地貌形态多种多样,可按其起伏变化的程度分成平地、丘陵地、山地、高山地。在大比例尺地形图中,通常用等高线和规定的符号表示地貌。图上表示地貌的方法有多种,对于大、中比例尺地形图主要采用等高线法。对于特殊地貌则采用特殊符号表示,如表 2－2－6 所示。

(一)等高线

1. 等高线定义

等高线是地形图上高程相等的相邻点所连成的闭合曲线。如图 2－2－11 所示,设有一山地被等间距的水平面所截,则各水平面与高地的相应的截线,即等高线。将各水平面上的等高线沿铅垂方向投影到水平面 H 上,并按一定的比例尺缩绘到图纸上,就得到用等高线表示的该山地的地形图。这些等高线的形状和高程,客观地显示了该山地的空间形态。在等高线上标注的数字为该等高线的海拔高度。

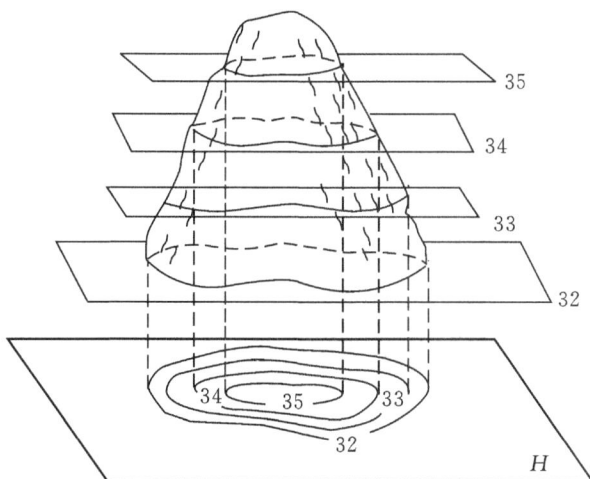

图 2 - 2 - 11　等高线

表 2 - 2 - 6　地貌符号

序号	符号名称	图例	序号	符号名称	图例
1	等高线 (a)首曲线 (b)计曲线 (c)间曲线	a)0.15 ⌒ 87 b) 0.3 ⌒ 85 c) 0.15 ⌐ 6.0 ⌐ 1.0	4	梯田坎	1.3 1　84.2
2	示坡线	20.8	5	陡崖 (a)土质的 (b)石质的	a)　b)
3	高程点 及其注记	0.5 ● 158.3　🌲 65.6	6	冲沟	

2.等高线的分类,如图 2 - 2 - 12 所示

(1)首曲线,也称基本等高线,是指按规定的基本等高距描绘的等高线,用宽度为0.15 mm的细实线表示。

(2)计曲线,为了计算高程方便,每隔四条基本等高线有一条加粗描绘的等高线,称之为计曲线。

(3)间曲线,是指当基本等高线不足以显示局部地貌特征时,按二分之一基本等高距加

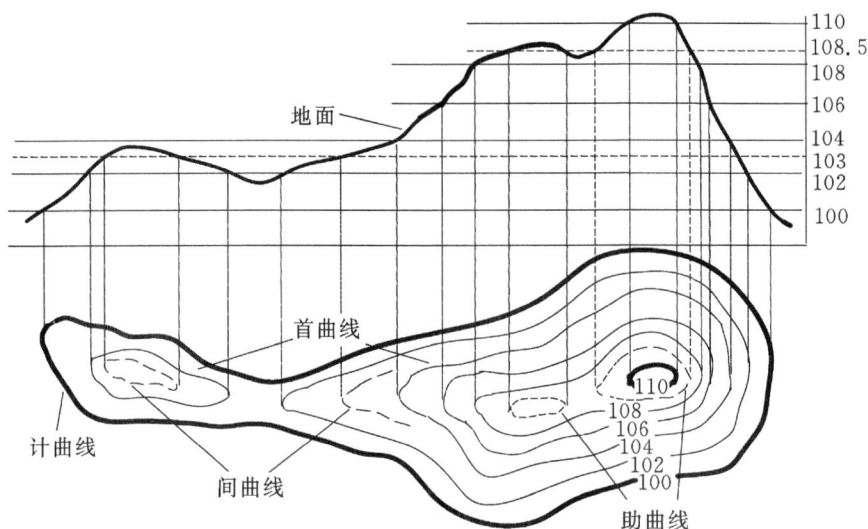

图 2-2-12 各种等高线

绘的等高线,用长虚线表示,描绘时可不闭合。

(4)助曲线,按四分之一基本等高距所加绘的等高线,称为助曲线。用短虚线表示,描绘时也可不闭合。

(二)等高距与等高线平距

相邻等高线之间的高差称为等高距或等高线间隔,常以 h 表示。如图 2-2-10 中的等高距为 2 m。相邻等高线之间的水平距离称为等高线平距,常以 d 表示。等高线平距 d 的大小与地面的坡度有关。等高线平距越小,地面坡度越大;平距越大,则坡度越小。由此可见,地形图上等高线的疏、密显示了地面坡度的变化情况。

等高距选择过小,会成倍地增加测绘工作量。对于山区,有时会因等高线过密而影响地形图清晰。等高距的选择,应该根据地形类型和比例尺大小,并按照相应的规范执行。表 2-2-7 是大比例尺地形图基本等高距参考值。

表 2-2-7 大比例尺地形图基本等高距

地貌类别	比例尺			
	1：500	1：1000	1：2000	1：5000
平地	0.5 m	0.5 m	0.5 或 1 m	0.5 或 1 m
丘陵地	0.5 m	0.5 或 1 m	1 m	1 或 2 m
山地	0.5 或 1 m	1 m	1 或 2 m	2 或 5 m
高山地	1 m	1 m	2 m	5 m

(三)典型地貌的等高线

地貌的形态虽然纷繁复杂,但都可以看作是由几种典型的地貌组成的。掌握典型地貌的等高线特征,有助于识读、应用和测绘地形图。

(1)山头和洼地(盆地)。山头和洼地的等高线特征如图 2-2-13 和图 2-2-14 所示。山头与洼地的等高线都是一组闭合曲线,但它们的高程注记不同。山头内圈等高线的高程大于外圈等高线的高程;洼地则相反。

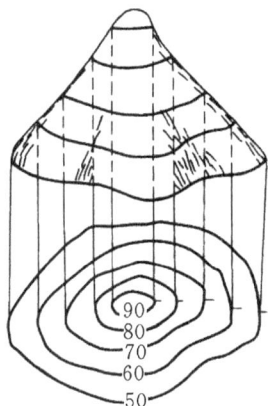

图 2-2-13 山头的等高线

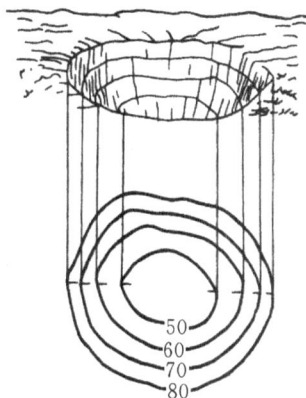

图 2-2-14 洼地的等高线

(2)山脊和山谷。从山顶向某个方向延伸的高地称为山脊。山脊上最高点的连线称为山脊线。山脊的等高线为一组凸向低处的曲线,如图 2-2-15 所示。相邻山脊之间沿着某个方向延伸的洼地称为山谷。山谷中最低点的连线称为山谷线。山谷的等高线为一组凸向高处的曲线,如图 2-2-16 所示。因山脊上的雨水会以山脊线为分界线而流向山脊的两侧,所以山脊线又称为分水线。在山谷中的雨水由两侧山坡汇集到谷底,然后沿山谷线流出,所以山谷线又称为集水线。山脊线和山谷线与等高线正交。

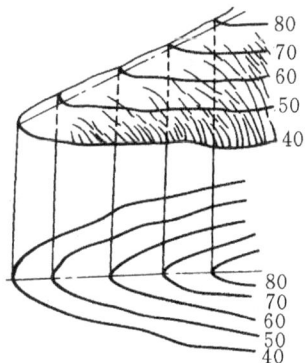

图 2-2-15 山脊的等高线

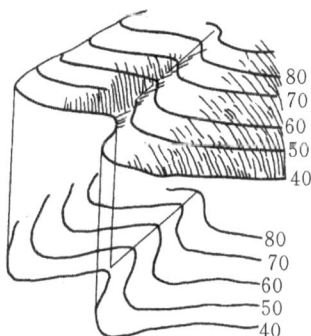

图 2-2-16 山谷的等高线

(3)鞍部。相邻两山头之间呈马鞍形的低凹部位称为鞍部。鞍部的等高线是由两组对称的山脊等高线和山谷等高线组成。即在一圈大的闭合曲线内,套有两组小的闭合曲线,如图 2-2-17 所示。

(4)陡崖和悬崖。坡度在 70°以上或为 90°的陡峭崖壁称为陡崖,因用等高线表示将非常

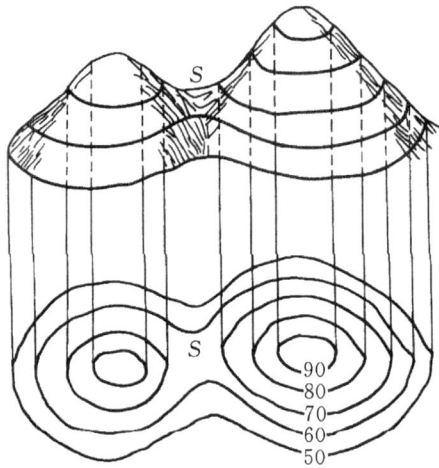

图 2-2-17 鞍部的等高线

密集甚至会重叠,故在陡崖处不再绘制等高线,而采用陡崖符号来表示,如图 2-2-18 所示。悬崖是上部突出,下部凹进的陡崖。上部的等高线投影到水平面时,与下部的等高线相交,下部凹进的等高线用虚线表示,如图 2-2-19 所示。

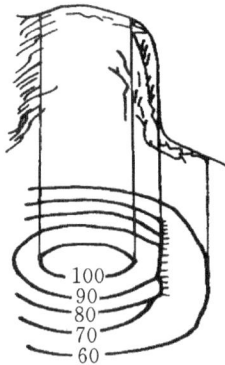

图 2-2-18 陡崖的等高线

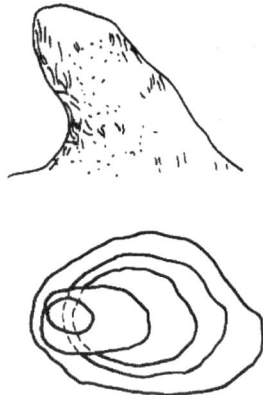

图 2-2-19 悬崖的等高线

认识了典型地貌的等高线特征以后,进而就能够认识地形图上用等高线表示的各种复杂地貌。

(四)等高线的特性

等高线的特性包括以下内容:

(1)同一条等高线上各点的高程相等。

(2)等高线是闭合曲线,不能中断,如果不在同一幅图内闭合,则必定在相邻的其他图幅内闭合。所以,在描绘等高线时,凡在本图幅内不闭合的等高线,应绘到图幅边缘,不能在图幅内中断。

（3）等高线只有在绝壁或悬崖处才会重合或相交。

（4）山脊、山谷的等高线与山脊线、山谷线正交。

（5）等高线的平距小，表示坡度陡，平距大则坡度缓。

任务三　经纬仪测图

知识要点：经纬仪测绘的原理和方法。

技能要点：能运用经纬仪进行地形图测绘。

一、测图前的准备工作

图根控制测量结束之后，应认真做好测图的各项准备工作。测图前应整理本测区的控制点成果和测区内可利用的资料，勾绘出测图范围。制订好工作计划和施测方案及技术要求等。组织安排好测绘人员，对测图用的仪器应进行检验与校正，测图板的准备、绘制坐标格网和展绘图幅内各级控制点。

（一）图纸的准备

对于临时性测图，可选择质地较好的白图纸并将图纸直接固定在图板上进行测绘。若要长期保存使用，一般选用的图纸为无色透明的聚酯薄膜。聚酯薄膜厚度为 0.07～0.10 mm，一面打毛。聚酯薄膜具有透明度好、伸缩性小、耐湿、耐磨、耐酸、抗张力强等优点，但它有易燃、易折等缺点，故在使用和保管中应注意防火防折。聚酯薄膜固定在图板上的方法，是用胶带粘贴或用铁夹固定。为使铅笔线条看清楚，最好在薄膜下垫一张浅色纸。

（二）绘制坐标格网

为了准确地将图根控制点绘制在图纸上，首先要在图纸上精确的绘制 10 cm×10 cm 的直角坐标方格网。绘制坐标方格网因所用工具不同，绘制方法也不一样。绘制坐标格网常用对角线法、格网尺法和绘图仪法。这里仅介绍简便易行的对角线法。

如图 2-2-20 所示，先在图纸中央画两条对角线交于 O 点。以 O 点为圆心，以适当长度为半径，用杆规（或大圆规）在对角线上画弧，分别交于 A、B、C、D 四点，连接各点，得到矩形 $ABCD$，从 A、B 两点起，分别沿 AD、BC 向右每隔 10 cm 截取一点；再从 A、D 两点起分别沿 AB、DC 向上每隔 10 cm 截取一点，用 0.1 mm 细线连接相应各点，即得坐标方格网，并按要求绘制图廓。

坐标方格网绘好后要进行检查，检查项目和精度要求是：方格网线粗不应超过 0.1 mm；方格网线段长与理论长度之差不超过 0.2 mm；对角线上各点应在一条直线上，其偏差值不超过 0.2 mm；方格网对角线长度与其理论值之差不超过 0.3 mm。

（三）展绘控制点

展绘控制点前，首先按图的分幅位置将坐标格网线的坐标值标注在相应方格网边线的外侧。展绘时，先根据控制点坐标确定该点所在方格，然后用该点坐标值减去所在方格西南角坐标值，最后按坐标差值，按测图比例尺展绘在图纸上。如图 2-2-21 所示，按坐标展绘控制点 D 的坐标，根据 D 点的坐标值，可确定其位置在 $efhg$ 方格内。分别从 e、g 点开始沿

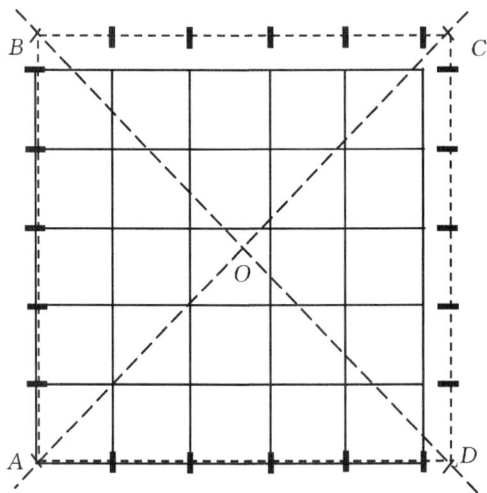

图 2-2-20 绘制坐标格网

ef 和 gh 方向按测图比例尺各量取 20.34 m,得 i、j 两点;然后从 i 点开始沿 ij 方向按测图比例尺量取 23.43 m,得 D 点。同法可将图幅内所有控制点展绘在图纸上,控制点展绘后,应认真校核,其方法是用比例尺在图上量取相邻两点间距离,与其坐标反算长度相比较,其差值不应超过图上 0.3 mm,检查无误后,在点右侧画一横线,其上注明点号,下部注明该点的高程。

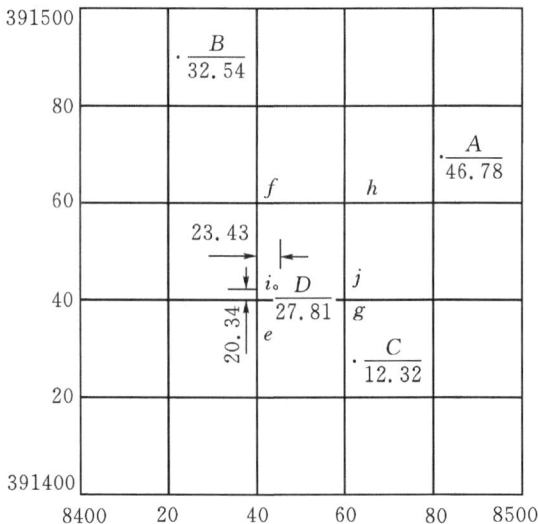

图 2-2-21 展绘控制点

二、经纬仪测图

(一)碎部点的选择

碎部点是指地物、地貌的特征点。碎部点是构成地形图的重要因素,其选择的是否正确恰当是影响成图质量和测图效率的关键因素。测定碎部点的平面位置和高程并按测图比例尺缩绘在图纸上的工作称为碎部测量。

1.地物的特征点

地物的特征点指地物轮廓线上的转折点、交叉点、弯曲点及独立地物的中心等,如房角点、道路转折点、交叉点、河岸线转弯点等。连接这些特征点,便可得到与实地相似的地物形状。一般规定主要地物凸凹部分在图上大于 0.4 mm 均要表示出来。在地形图上小于 0.4 mm,可以用直线连接。

2.地貌的特征点

地面上的各种地形虽然十分复杂,但可以看成是由向着各个方向倾斜和具有不同坡度的面组成的多面体。而山脊线、山谷线、山脚线等地性线是多面体的棱线。因此,地貌的特征点应选在这些地性线的转折点(方向变化和坡度变化处)上。此外还应选择山头、鞍部、洼坑底部等处。根据这些特征点的高程勾绘等高线,即可将地貌在图上表示出来。有关碎部测量的一般规定如表 2-2-8 所示。

表 2-2-8 碎部测量的一般规定

测图比例尺	测站至测点的最大视距		碎部点最大间距/m	等高线间隔	
	主要地物点/m	次要地物地貌点/m		标准间隔/m	一般采用的间隔/m
1:500	60	100	15	0.25	0.25,0.5,1.0
1:1000	100	150	30	0.5	0.5,1.0,2.0
1:2000	180	250	50	1	0.5,1.0,2.0,5.0
1:5000	300	350	100	2.5	1.0,2.0,5.0,10.0

(二)一个测站点的测绘工作

经纬仪测绘法是将经纬仪安置在测站点上,绘图板安置在经纬仪旁,由经纬仪测定碎部点的方向与已知方向之间的夹角,并用视距测量方法测出测站点至碎部点的距离及碎部点的高程。然后,根据测定数据用量角器和比例尺把碎部点展绘在图纸上,并注明其高程。最后再对照实地描绘地物和地貌。一个测站上的测绘工作步骤如下:

(1)安置仪器。如图 2-2-22 所示,将经纬仪安置于测站点 A 上,对中、整平,并且量取仪器高度 i。

(2)定向。用经纬仪盘左位置瞄准控制点 B,设置水平度盘读数为 $0°00'00''$。B 点称为后视点,AB 方向称为起始方向或后视方向。在小平板上固定好图纸,并安置在测站附近,使图纸上控制边方向与地面上相应控制边方向大致相同。连接图上对应的控制点 a,b,并适当

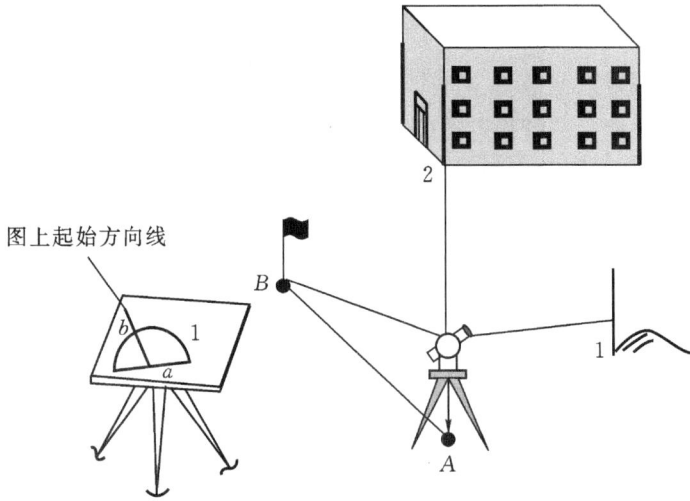

图 2-2-22 经纬仪测绘法

延长 ab 线,ab 即为图上起始方向线。然后用小针通过量角器圆心插在 a 点,使量角器圆心 a 固定在点上。

(3)立尺。立尺员将视距尺依次立在地物和地貌的碎部点上。立尺前,立尺员应根据实地情况及本测站实测范围,按照"概括全貌、点少、能检核"的原则选定立尺点,并与观测员、绘图员共同商定跑尺路线。比如在平坦地区跑尺,可由近及远,再由远及近地跑尺,立尺结束时处于测站附近。在丘陵或山区,可沿地性线或等高线跑尺。

(4)观测。观测员转动经纬仪照准部,瞄准 1 点视距尺,读尺间隔、中丝读数 v、竖盘读数及水平角。同法观测周围 2,3,…各点。

(5)记录与计算。记录测得的尺间隔、中丝读数、竖盘读数及水平角等数据。对特殊的碎部点,如道路交叉口、山顶、鞍部等,还应加备注说明。然后根据测得的数据按视距测量计算公式计算水平距离 D 和高程 H。

(6)刺点。绘图员转动量角器,将量角器上等于水平角值的刻划线对准起始方向线 ab,此时量角器的零方向便是碎部点 1 的位置,用铅笔在图上标定,并在点的右侧注明其高程。同法,将其余各碎部点的平面位置及高程绘于图上。

(三)碎部测量的注意事项

(1)仪器迁到下一测站,应先观测前站所测的某些明显碎部点,以检查由两个测站测得该点平面位置和高程是否相同,相差较大,则应查明原因,纠正,再继续进行测绘。

(2)测图过程中,每观测 20~30 个碎部点后,应检查起始方向,其归零差不得超过 $4'$。否则,应重新定向,并检查已测的碎部点。

(3)立尺人员应将视距尺竖直,并随时观察立尺点周围的情况,弄清碎部点之间的关系,地形复杂时还需绘出草图,以协助绘图人员做好绘图工作。

(4)绘图人员要注意图面正确、整洁、注记清晰,并做到随测点、随展绘、随检查。

(5)当每站工作结束时,应检查有无漏测、测错,并将图面上的地物、地性线及等高线与实地对照,及时发现问题,予以纠正。在确认地物、地貌无测错或漏测时,方可迁站。

三、地形图的拼接、检查与整饰

如果测区面积较大,由多幅图拼接而成,应及时对各幅图衔接处进行拼接检查,经过检查与整饰,才能获得合乎要求的地形图。

(一)地形图拼接

对于分幅测绘的地形图,在相邻图幅连接处,由于测量误差和绘图的影响,使得地物轮廓线、等高线往往不能完全吻合。如在图 2-2-23 中,相邻边的房屋、河流、等高线都有偏差。因此,在相邻图幅测绘完成后需要进行图的拼接修正。为了保证相邻图幅的拼接,每幅图的四边均需测出图廓线外 5 mm。拼接时,用宽 5~6 cm 的透明纸蒙在上图幅的接图边上,用铅笔把坐标格网线、地物、地貌符号描绘在透明纸上,然后再把透明纸按坐标格网线位置蒙在下图幅衔接边上,用铅笔描绘地貌、地物符号。在地形测绘中,地物点相对于控制点的点位中误差与等高线高程中误差的相应规定见表 2-2-9。若地物、地貌偏差不超过表 2-2-9 中规定的 $2\sqrt{2}$ 倍时,可先在透明纸上按平均位置修改,在保持地物、地貌相互位置和走向正确的前提下,根据平均位置改正相邻图幅的地物、地貌位置。若超过限差时,应到现场检查予以纠正或重测。

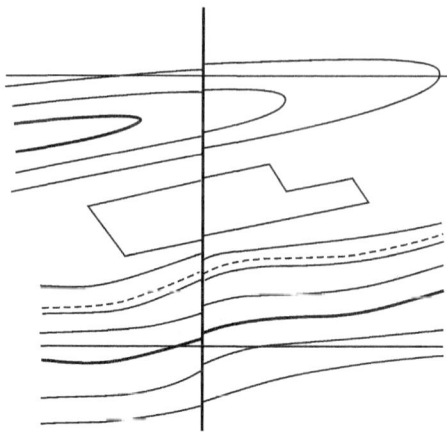

图 2-2-23 相邻图幅拼接

表 2-2-9 地物点位、点间距和等高线高程中误差

地区类别	地物点点位中误差(图上)/mm	地物点间距中误差(图上)/mm	等高线高程中误差(等高距)			
			平地	丘陵地	山地	高山地
平地、丘陵地和城市建筑区	0.5	0.4	1/3	1/2	2/3	1
山地、高山地和施测困难的旧街坊内部	0.75	0.6	1/3	1/2	2/3	1

(二)地形图的检查

在测图中,测量人员应做到随测随检查。为了保证成图的质量,在地形图测完后,必须对成图质量进行全面严格的检查,确认无误后方可上交。图的检查可分为室内检查和野外检查两部分。

1.室内检查

室内检查的内容包括:对控制测量的原始数据、外业观测手簿、计算手簿以及控制点成果表进行检查,看资料是否齐全、各项限差是否符合要求等。对图面进行检查,看图面地物、地貌是否清晰易读,各种符号、注记以及描绘质量是否合乎要求,等高线与地貌特征点的高程是否相符,接边精度是否合乎要求等。如发现错误和疑点,不可随意修改,应加记录,并到野外进行实地检查、修改。

2.野外检查

野外检查是在室内检查的基础上进行重点抽查。有巡视检查和仪器设站检查两种检查方法。

(1)巡视检查。根据室内检查的疑点,按预定的巡视检查路线,进行实地对照查看。主要查看地物、地貌各要素测绘是否正确、齐全,等高线的勾绘是否逼真,地物取舍是否得当,图式符号运用是否正确等。

(2)仪器设站检查。根据室内检查和野外巡视检查的情况,在野外设站检查,除对以上发现的问题进行修改和补测外,还要对本测站所测地形进行检查,看所测地形图是否符合要求。如果发现点位的误差超限,应按正确的观测结果修正。仪器检查量一般为10%左右。

(三)地形图的整饰

当原图经过拼接和检查后,还应按规定的地形图图式符号对地物、地貌进行清绘和整饰,使图面更加合理、清晰、美观。整饰的顺序是先图内后图外,先地物后地貌,先注记后符号。图上的注记、地物以及等高线均按规定的图式进行注记和绘制,但应注意等高线不能通过注记和地物。最后,应按图式要求注明图名、图号、比例尺、坐标系统及高程系统、施测单位、测绘者及施测日期等。

任务四　数字化测图简介

知识要点:数字化测图的工作流程。

技能要点:能够用 GPS、全站仪等测量仪器进行数字化测图。

随着计算机技术和测绘技术的发展和测绘仪器的更新,传统的测图技术已经基本上被数字测图技术所取代。目前,以现代测绘设备和计算机应用软件为主体的数字测图技术已广泛应用于测绘生产,地形测量已从传统的白纸测图转变为数字测图。广义的数字化测图又称为计算机成图,主要包括:地面数字测图、地图数字化成图、航测数字测图、计算机地图制图。在实际工作中,大比例尺数字化测图主要指野外实地测量即地面数字测图,也称野外数字化测图。

地形测量包括地物和地貌测量两大内容。传统的平板仪测图和经纬仪测图通称白纸测图,它主要采用解析法和极坐标法,其成果为模拟式的图解图。但由于其成图周期长、精度低、劳动强度大等局限逐渐被淘汰。而全数字地形测图顺应现代测绘技术新潮流,利用先进的测量仪器(如 GPS 接收机、全站仪等)和自动化成图软件,采用各种灵活的定位方法进行以数字信息表示地图信息的测图工作,它的成果为模型式的数字图。

一、数字化测图的概念和作业方法

数字化测图就是利用全站仪、RTK 等数字化测量仪器将实地各种有关的地物、地貌通过野外采集转化为数字形式,通过数据接口传输给计算机,利用专业的图形编辑软件进行处理,得到内容丰富的电子地图,需要时,由电子计算机的图形输出设备(如显示器、绘图仪)输出地形图或各种专题地图。其作业过程如图 2 - 2 - 24 所示。

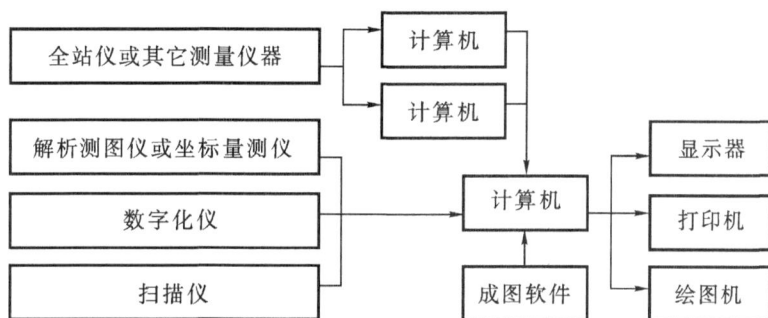

图 2 - 2 - 24　数字化测图的作业过程

目前大比例尺野外数字测图主要使用全站仪采集数据。整个工作分为两个阶段:数据采集(控制测量、地形特征点采集)和内业绘图处理(数据传输、图形绘制和编辑)。其工作流程如下:

1. 编制技术设计书

当测绘施工单位接受甲方测绘任务后,根据甲方提出的施工技术要求,为保证测绘产品符合技术标准及甲方要求,并获得最佳的经济效益,应由测绘施工单位编写技术设计书,制定出切实可行的技术施工方案,以保证测绘产品或测绘成果符合技术要求。

2. 控制测量

在技术设计书编制完成后,应按照技术设计书的要求,对整个测区进行控制测量工作,对收集到的已有控制点资料的作业单位、施测年代、采用的技术依据和选用基准等情况进行分析和评定,并作出评价和指出其利用的可能性,根据甲方和设计书的要求,对整个测区进行控制测量。对整个测区进行选点、埋石、GPS 首级控制网的观测及计算,之后进行导线及水准的观测计算工作,完成测区的控制测量工作。

3. 野外数据采集

在完成测区控制测量工作后,即可进行数字化测图的野外数据采集工作。由于野外数字化测图作业方法和作业习惯不同,所以作业模式和作业过程也不尽相同,目前主要有以下两种作业方法:

(1)画草图作业方法:由于用在画草图的时间比较多,所以作业效率比较低,而且在内业处理时,需要按照草图将点位用不同的信息线连起来,工作量比较大,但这种作业方法成图比较直观,不容易出错。

(2)全编码法:这种作业模式是规定不同的地物使用不同的编码,由跑尺的作业人员把地物编码报给仪器操作员,然后仪器操作员使每个点位都附带有编码信息,在内业处理时根据点位编码信息使其自动连线、成图,这种作业方法外业工作效率比较高,内业工作量比较少,但对于有方向属性的一些信息线容易出错(例如坎)。

4.内业数据传输、处理

在外业完成数据点位信息采集后,根据所使用的不同类型的仪器采用不同类型的数据传输软件,将数据传入电脑中,在数据传输时,可以使用南方 CASS 软件的数据传输模块对野外采集到的数据进行传输。在数据传输完成后,则需要对数据文件的数据格式进行编辑,以适用于不同图形编辑软件对不同展点数据格式的不同要求。在数据传输时,如果利用 CASS 软件进行的数据传输,则不需要对数据格式进行编辑,直接展点即可。数据展点格式为:

K,1507837.335,3610130.035,33.608

K2,507854.474,3610124.861,34.023

1,507834.450,3610120.564,33.895

2,507847.790,3610116.534,33.965

············

5.展点

在数据格式编辑完成后,打开 CASS 软件,在主菜单中点击"绘图处理",在其子菜单中点击"展野外测点点号",找到 CASS 坐标文件展点即可。但展上去的为测点点位。用同种方法,在其子菜单中找到"展高程点",把点的高程也展上。

6.连线

点位展到图上以后,即可根据外业草图用 CASS 工具和符号把相邻的点位连接起来,把测区地物、地貌如实地反映出来。在连线过程中应当注意在线的转折处应适当增加节点,以避免出现线划棱角分明、不圆滑和在连线完成后进行线划拟合时出现线划拟合过度等现象。在进行连线时,应注意围墙、坎等有方向属性的线型,以免出现坎等线反向情况的发生。连线时,一定要严格按照 CASS 规定的线型、图层进行连线,防止发生图层错乱现象。当所有地物线均连接完成后,对于山区则还需要勾绘等高线。勾绘等高线有以下两种方法:

(1)使用 CASS 软件,根据数据文件或区域范围内高程点自动生成等高线 在山区地貌不是十分复杂、地物不多的情况下比较实用,但是生成等高线后图形文件变得比较大,为后期处理带来许多不便,在计算机配置不高的情况下一般不要用。

(2)手工绘制等高线 等高线在自动生成时会自动拟合,线体有很多节点,修改时非常繁琐。手工绘制等高线的方法是使用复合线工具来绘制等高线,复合线使等高线容易拉动修改。在等高线绘制完后进行批量拟合复合线,然后把拟合后的复合线加注等高线属性。

7.展绘控制点

根据 CASS 软件中的各级控制点符号,将测区各级控制点展绘到 CASS 图形中。

8. 文件保存

CASS 软件在图形编辑过程中,有文件自动保存功能,自动保存文件名为 *.DWL 文件,当CASS 软件使用不当,出现致命错误导致文件无法恢复使用时,将自动保存的文件后缀名改为 *.DWG 文件来恢复,因此在使用 CASS 软件进行图形编辑处理时,注意适时保存。

9. 图幅接边

图幅编辑完成之后,要综合各小组的成果进行图幅的拼接,目的是将其拼成一副完整的地形图,相邻图幅应自然接边,图形上的线要素与面要素既要进行几何位置接边,又要进行属性接边,直线地物要素在接边时应保持其直线性。当然在测图分组过程中,可以以路或沟中心为界进行分组,这样在进行图幅接边时,可以减少很多线划的拼接工作,同时要注意电线杆等地物的接边处理。

10. 成果图输出

数据输出包括纸图输出、电子图输出、表册输出、数据库输出等,图形数据可以按各种比例尺显示输出。

二、数字化测图技术的特点

(1)劳动强度小,自动化程度高 外业采集的数据可以自动记录于电子手簿中,避免了传统测图繁琐的记录、计算、检核,大大提高了劳动效率。电子手簿中的数据可以通过电缆直接向计算机传输,在室内通过计算机键盘和鼠标的简单操作,即可完成图形编辑,大大减少了外业工作时间。

(2)精度高 传统的测图,地物点平面位置的误差主要受解析图根点的展绘误差和测定误差、测定地物点的视距误差、方向误差等影响。测量数据作为电子数据格式可以自动传输、记录、存储、处理和成图,在全过程中原始数据的精度毫无损失,不存在传统测图中的视距误差、方向误差、展点误差,很好地反映了外业测量的高精度,获得高精度的测量成果。

(3)信息量大 数字地图包含的信息量几乎不受"测图比例尺"的限制,甚至可以没有"测图比例尺"的概念。数据可分层存放,使地面信息的存放几乎不受限制。比如将房屋、道路、水系电力线、地下管线、植被、地貌等存于不同的层中,通过关闭层、打开层等操作来提取相关信息,便可方便地得到所需测区内的地籍图。在数字地籍图的基础上,可综合相关内容补充加工成不同用户所需要的城市规划图、城市建设用图、房地产图以及各种管理的用图和工程用图等。

(4)信息存储、传递方便 数字信息可以通过磁盘、光盘以计算机文件的形式保存或传递,还可以通过电缆或计算机互联网传输。在数据的存储、传递方面优势是传统测图无法比拟的。

(5)便于成果更新 数字化测图的成果是以点的定位信息和绘图信息存入计算机的,当实地有变化时,只需输入变化信息的坐标、代码,经过编辑处理。很快便可以得到更新的图,从而可以确保地面的可靠性和现势性。

大比例尺数字化测图技术逐步替代传统的白纸测图,促进了测绘行业的自动化、现代化、智能化。测量的成果不仅有绘在纸上的地形图,还有方便传输、处理、共享的数字信息,即数字地形图,它将为信息时代地理信息的发展产生积极的意义。数字测图作为一种全解析机助测图方法,与模拟测图相比具有显著优势和发展前景,是测绘发展的技术前沿。大比例尺数字化测图是近几年随着电子计算机、地面测量仪器、数字测图软件和 GIS 技术的应用而迅速发展起来的全新内容,广泛用于测绘生产、土地管理、城市规划等部门,并成为测绘技术变革的重要标志。

任务五　航空摄影测量简介

知识要点:航空摄影测量基本知识。

技能要点:能够进行以航片测制地形图。

航空摄影测量指的是在飞机上用航摄仪器对地面连续摄取像片,结合地面控制点测量、调绘和立体测绘等步骤,绘制出地形图的作业。

航空摄影测量可以应用于国民经济的各个领域里,特别是在编制国家基本地图、资源调查、地质普查和探矿、森林调查和防护、土地规划及各种工程勘测等方面,使用效果尤其显著。

航空摄影测量这种方法可把大量野外工作变为室内作业,具有速度快、成本低、精度均匀、不受季节限制等优点。国家 1 : 10 万~1 : 1 万的基本图,各专业部门工程规划设计使用的 1 : 5 000 和 1 : 2 000 等大比例尺地形图,均采用航空摄影测量绘制。

一、航摄像片的基本知识

航空像片是用航空摄影机在飞机上对地面进行摄影所得,它是测图的基本资料。航片影像要覆盖整个测区面积,在天气晴朗条件下,按选定的航高和航线连续飞行摄影。相邻两航片之间要有影像重叠,规定航向重叠不小于 60%,旁向重叠不小于 30%,如图 2-2-25 所

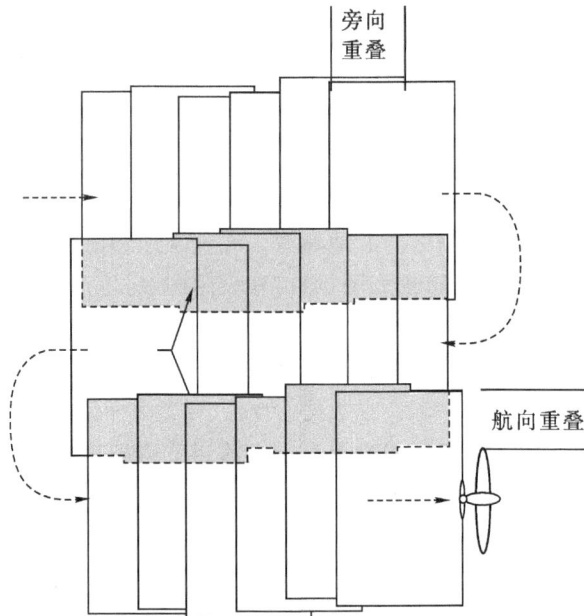

图 2-2-25　航空相片的航向与旁向重叠

示。航摄影片与地形图相比有以下特点:

(1)投影方式的差别 地形图是将地物、地貌在水平面上的垂直投影,地形图比例尺为一常数。航摄像片是中心投影。如图 2-2-26 所示,地面点 A 发出光线经摄影镜头 S 交于底片 a 上。摄影镜头 S 到底片的距离为摄影机焦距 f,S 到地面的垂直距离称为航高 H。由图 2-2-26 可得像片的比例尺为:

$$\frac{1}{M} = \frac{ab}{AB} = \frac{f}{H} \tag{2-2-3}$$

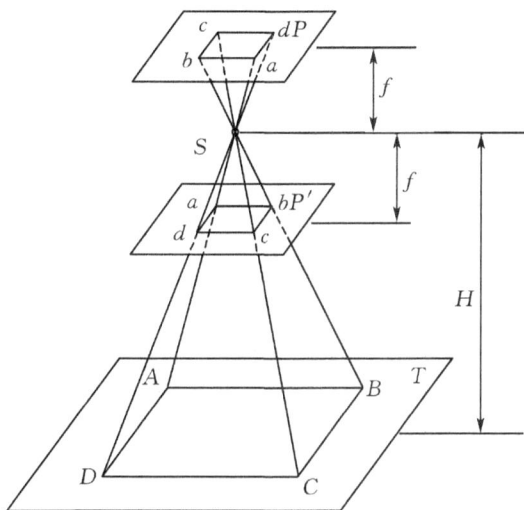

图 2-2-26 航片中心投影

(2)地面起伏引起的像点位移 由图 2-2-26 及像片比例尺的公式可知,只有当像片严格水平且地面也绝对平坦时,中心投影图才会与地形图所要求的垂直投影保持一致。当像片水平而地面起伏时,如图 2-2-27 所示,地面两等长线段 AB 和 CD 位于不同的高度,它们在像片上的构像 ab、cd 却有不同的长度和比例尺。即使在地面同一水平位置而高度不同的 D' 点,在像片上也有着不同的影像 d',即为因地面起伏引起的像点位移产生的误差,称为投影误差。投影误差的大小,与地面点相对于选定的基准面 T_0 的高程 h 成正比。

(3)航摄像片倾斜误差 如图 2-2-28 所示,P 和 P' 分别为水平和倾斜像片,水平面上等长线段 AB、CD 在水平像片上构像为 ab、cd,在倾斜像片上构像为 a'b'、c'd',可见倾斜像片上各处的比例尺都不相同。由于像片倾斜引起像点位移产生的误差称为倾斜误差。为此,航片内业利用地面已知控制点,采取像片纠正的方法来消除倾斜误差。

(4)表达方式不同 在地形图上,地物地貌是按确定的地物符号、地貌符号、文字注记等表达。航片上则是物体的自然影像,以相关的形状、大小、色调、阴影等表示地物、地貌。这种表达方式有一定程度的不确定性和局限性。利用航片制作地形图,需要补充地物的属性、关系和地貌的植被等资料。为此,航测通过内业判读和外业调绘的方法来识别和综合有关地物和地貌信息,并按统一的图示符号和文字注记绘注在像片上。

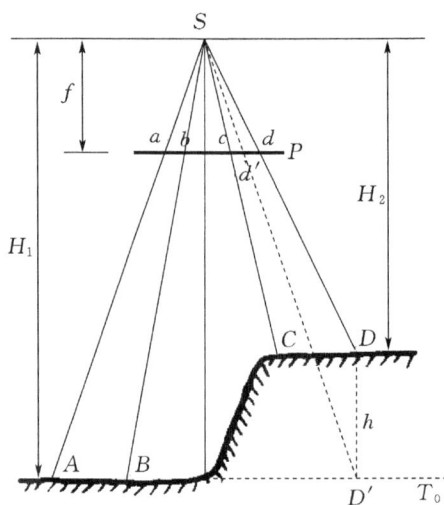

图 2-2-27　地形起伏产生投影误差

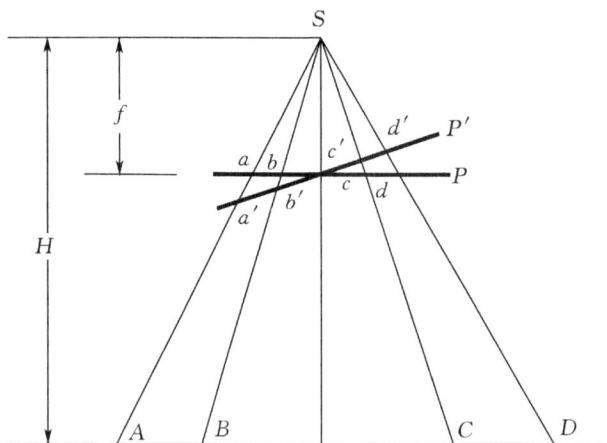

图 2-2-28　像片倾斜误差

二、航测成图简介

航空摄影测量是以航片测制地形图,它包括航空摄影,航测外业,航测内业三部分工作内容。航测外业主要包括控制测量和像片调绘。航测内业则包括控制加密和测图。控制加密是在外业控制点基础上由室内进行的。测图有测制线划地形图、像片平面图、影像地形图以及数字地面模型(DTM)。航测成图方法已经历全模拟法、模拟-数值法、模拟-解析法及数字-解析法等几个阶段,如表 2-2-10 所示。不同的仪器,其测图的方法也不相同,但其测图的基本原理是一致的。目前航测成图的常用方法有:综合法和全能法。

(1)综合法　综合法测图是航空摄影测量和地形测量相结合的一种测图方法。航片通过航测内业进行纠正和影像镶嵌,获得地面影像点的平面相关位置,镶嵌好的像片平面图拿到野外进行地物调绘和地貌测绘,得到航测地形原图(也称影像地图)。综合法测图主要适用于平坦地区,多用于地形图修测和大型工程的规划设计用图。

表 2 - 2 - 10　摄影测量发展的几个阶段

	全模拟	模拟-数值	模拟-解析	数字-解析
影像材料	模拟	模拟	模拟	数字化
立体模型	模拟	模拟	解析	解析
输出产品	模拟	数字化	数字化	数字化

(2)全能法　它是利用航片和立体测图仪,根据空间交会原理,在室内经过称为相对定向和绝对定向的工作过程,然后建立按比例缩小的且与地面完全相似的光学(或数学)立体模型,用此模型测绘地物和地貌,绘制地形图。全能法是通过测图仪器的机械补偿装置或计算机的内置解算软件对航片的倾斜和地形起伏的影响进行改正,因此它适合各类地形不同比例尺的测图。

项目小结

1.地形图就是一定范围内的地物、地貌沿铅垂线投影到水平面上,再按规定的符号和比例尺缩绘成的图纸。

2.比例尺是图上任意两点间水平距离和实地水平距离之比。

3.比例尺精度是 0.1 mm 所代表的实地水平距离。

4.常用的地物符号有比例符号、半比例符号、非比例符号和地物注记,地貌符号用等高线来表示。

5.常用的地形图测绘方法有:经纬仪测绘法、全站仪测绘法和 RTK 测绘法等。

6.大比例尺数字化测图的工作流程包括:编制技术设计书、控制测量、野外数据采集、内业数据传输与处理、展点、连线、图幅接边、成果图输出。

7.航空摄影测量是以航片测制地形图,它包括:航空摄影、航测外业和航测内业三部分工作。航测外业主要包括控制测量和像片调绘。航测内业包括控制加密和测图。

思 考 题 与 习 题

1.什么是地形图?

2.什么是地形图比例尺、比例尺精度? 比例尺精度有什么用途?

3.地物符号有几种? 各有何特点?

4.什么是等高线、等高距和等高线平距? 在同一幅地形图上,等高线平距与地面坡度的关系如何?

5.等高线有哪些性质?

6.试画出山头、洼地、山脊、山谷和鞍部等典型地貌的等高线。

7.测图前要做哪些准备工作？

8.测图时,立尺员应在哪些地方立尺？

9.简述经纬仪测绘法在一个测站上测绘地形图时的工作步骤。

10.怎样进行地形图的拼接？有哪些要求？

11.什么是数字化测图？它与传统测图有什么区别？

12.简述数字化测图的工作流程。

13.航空像片与地形图的区别是什么？

项目三　大比例尺地形图的应用

▶ **项目概述**

本项目包括:地形图的识读,地形图的基本应用及其在工程施工中的应用。

▶ **学习目标**

①熟悉地形图图式符号;②能够熟练地在纸质地形图上确定点的坐标、高程、两点间的距离等基本内容;③掌握纸质地形图及数字地形图在工程施工中的各项应用。

地形图包含丰富的自然地理、人文地理和社会经济信息,是进行建设工程项目的规划、设计和施工的重要依据。借助地形图,既可以了解该地区地势、山川河流、交通线路、建筑物的相对位置以及森林分布等情况,又可以在图上进行距离、方位、坡度和土方的计算。

任务一　地形图的识读

知识要点:地形图识读的内容。

技能要点:能熟练地识读地形图。

为了能够正确地应用地形图,必须要读懂地形图(即识图)。通过对地形图上各种符号和注记的识读,可以判断地貌的自然形态和地物间的相互关系,在头脑中形成相应的、真实的、客观的立体模型,这也是地形图识读的主要目的。地形图识读包括:地形图图廓外注记的识读、地物的识读、地貌的识读等。

根据地形图图廓外的注记,可全面了解地形的基本情况。例如由地形图的比例尺可以知道该地形图反映地物、地貌的变化程度;从图廓坐标可以掌握图幅的范围;通过接图表可以了解与相邻图幅的关系;了解地形图的坐标系统、高程系统、等高距、测图方法等,对正确用图有很重要的作用。

地物识读的目的是了解地物的大小、种类、位置和分布情况。由于地物是用《地形图图式》中规定的符号、注记表示的,因此,只有熟悉《地形图图式》规定的地物符号和注记,才能正确、迅速地进行地物识读。通常按照先主后次,由大到小,并顾及取舍的内容与标准进行,首先了解主要地物的分布情况,例如,大的居民点、主要交通线路及主要水系等;然后识别小的居民点、次要道路、植被和其他地物。同时,了解该地区的社会经济发展情况。

地貌识读的目的是了解图内的地貌情况,主要根据基本地貌的等高线特征和特殊地貌(如陡崖、冲沟等)符号进行,如利用等高线的形状、走向来判定山头、山脊、山谷、鞍部和洼地等;再根据等高线的疏密及变化方向来判定地面的坡度变化情况,从总体上把握地貌分布特点和变化趋势,形成立体概念。

任务二　纸质地形图的基本应用

知识要点:地形图的识读及面积量算方法。

技能要点:能在地形图上确定点的坐标、高程、距离、方位角等。

一、在地形图上确定某点的坐标

1. 确定点的地理坐标

如图 2-3-1 所示,欲求 M 点的地理坐标,可根据地形图四角的经纬度注记和黑白相间的分度带。初步知道 M 点在纬度 38°56′线以北,经度 115°16′线以东。再以对应的分度带用直尺绘出经纬度为 1′的网格,并量出经差 1′的网格长度为 57 mm,纬差 1′的长度为 74 mm;过 M 点分别作平行纬线 aM 和平行经线 bM 两直线,量得 aM = 23 mm,bM = 44 mm。则 M 点的经纬度按下式计算:

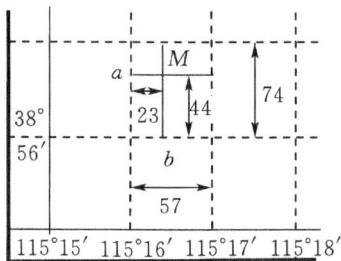

图 2-3-1 求 M 点地理坐标

$$\lambda_M = 115°16′ + \frac{23}{57} \times 60″ = 115°16′24.2″$$

$$\phi_M = 38°56′ + \frac{44}{74} \times 60″ = 38°56′35.7″$$

2. 确定点的平面直角坐标

欲求图 2-3-2 中 K 点的平面直角坐标,过 K 点分别作平行于 X 轴和 Y 轴的两个线段 ab 和 cd。然后量出 aK 和 cK 并按比例尺计算其实地长度,设 aK = 63.2 m,cK = 36.1 m,则

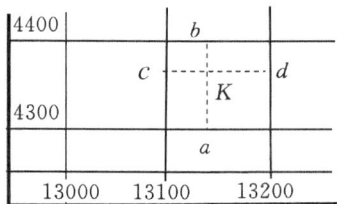

图 2-3-2 求 K 点平面直角坐标

$$X_K = 4300 \text{ m} + 63.2 \text{ m} = 4363.2 \text{ m}$$

$$Y_K = 13100 \text{ m} + 36.1 \text{ m} = 13136.1 \text{ m}$$

为了检核,还应量出 bK 和 dK 的长度。若精度要求较高,应考虑图纸伸缩的影响,首先量出图上方格边长,看是否等于理论长度 10 cm,并按下式计算 K 点的坐标:

$$X_K = 4300 + \frac{ak}{ab} \times 0.1 \times M$$

$$Y_K = 13100 + \frac{ck}{cd} \times 0.1 \times M$$

式中:M——比例尺分母。

二、在图上确定点的高程

1. 点在等高线上

如果所求点恰好位于等高线上,则该点高程等于所在等高线高程。

2. 点不在等高线上

若所求点不在等高线上,可按平距与高差的比例关系求得。如图 2-3-3 所示,求 B 点的高程,可过 B 点作一条大致垂直于两条等高线的直线,分别交等高线于 m、n 两点,分别量 mn、mB 的长度,则 B 点高程 H_B 可按下式计算:

$$H_B = H_m + \frac{mB}{mn} \cdot h \tag{2-3-1}$$

式中:H_m——m 点的高程,为 38 m;

h——等高距,为 1 m;

设 $mn=14$ mm, $mB=9$ mm。

则 B 点高程为:

$$H_B = 38 + \frac{9}{14} \times 1 = 38.64 \text{ m}。$$

通常可根据等高线用目估法按比例推算图上点的高程。

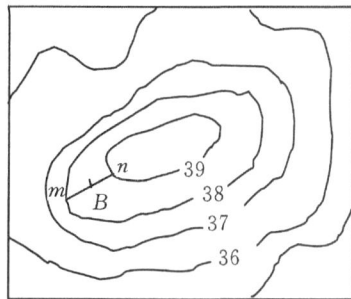

图 2-3-3　求点的高程

三、在图上确定两点间的距离

a. 两点间的水平距离

1. 解析法

设所量线段为 AB,先求出端点 A、B 的直角坐标 $(x_A、y_A)$ 和 $(x_B、y_B)$;然后按距离公式计算线段长度 D_{AB}。

$$D_{AB} = \sqrt{(x_B - x_A)^2 + (y_B - y_A)^2} \tag{2-3-2}$$

2. 图解法(直接量测)

用卡规(两脚规)在图上直接卡出线段的长度,再与图上的图示比例尺比量,即得其水平距离。

$$D_{AB} = dM \tag{2-3-3}$$

式中:d——图上量测长度;

M——比例尺分母。

当精度要求不高时,可用比例尺直接在图上量取。

b. 两点间的倾斜距离

由前述可知,实地倾斜线的长度 D',可由两点间的水平距离 D 及其高差 h,按下式进行计算:

$$D' = \sqrt{D^2 + h^2} \tag{2-3-4}$$

四、在图上确定某一直线的坐标方位角

1. 解析法

欲求一线段 AB 的坐标方位角,先求出两端点 A、B 的直角坐标值 $(x_A、y_A)$ 和 $(x_B、y_B)$,然后根据坐标反算。计算坐标方位角 α_{AB} 为

$$\alpha_{AB} = \arctan \frac{y_B - y_A}{x_B - x_A} \tag{2-3-5}$$

把 AB 两点的坐标值代入上式计算。如果欲求线段 AB 的磁方位角或真方位角,则可依磁偏角 δ 和子午线收敛角 γ 进行换算。

2. 图解法

过 A、B 两点分别作平行于纵轴的直线,然后用量角器量出 AB 和 BA 的坐标方位角 α_{AB} 和 α_{BA},量测时各量测两次并取平均值,α_{AB} 和 α_{BA} 应相差 $180°$。由于图纸伸缩及量测误差的影响,一般两者不会正好相差 $180°$,即

$$\alpha_{AB} \neq \alpha_{BA} \pm 180°$$

设

$$\delta = \alpha_{BA} \pm 180° - \alpha_{AB}$$

求出 δ 值后,在 α_{AB} 的量测值上加改正数 $\dfrac{\delta}{2}$,再以此作为直线 AB 的坐标方位角。

五、在图上确定某一直线的坡度

地面某线段对其水平投影的倾斜程度就是该线段的坡度。在地形图上求得直线的长度以及两端点的高程后,可按下式计算该直线的平均坡度 i,坡度角为 α,其水平投影长度为 D,端点间的高差为 h,则线段的坡度 i 为

$$i = \tan\alpha = \frac{h}{D} \tag{2-3-6}$$

按上式,在地形图上量出线段的长度及其端点间的高差,便可算出该线段的坡度。坡度有正负号,"＋"表示上坡,"－"表示下坡,坡度常用百分率(％)或千分率(‰)表示,也可用坡度角表示。

任务三　纸质地形图在工程设计中的应用

知识要点:识读地形图、道路图上选线及场地平整设计等。

技能要点:能够使用地形图进行纵断面图的绘制、判断两点是否通视、选择路线、面积计算、场地平整设计等。

一、绘制地形纵断面图

地形纵断面图是指沿某一方向描绘地面起伏状态的竖直面图。可以在实地直接测定,也可根据地形图绘制。绘制断面图时,首先要确定断面图的水平方向和垂直方向的比例尺。通常,在水平方向采用与所用地形图相同的比例尺,而垂直方向的比例尺通常要比水平方向大 10 倍,用以突出地形起伏状况。

如图 2-3-4(a)所示,要求在等高距为 10 m、比例尺为 1:5000 的地形图上,沿 AB 方向绘制地形断面图,方法如下:

(1)在地形图上绘出断面线 AB,依次交于等高线 1、2、3…点。

(2)在另一张白纸(或毫米方格纸)上绘出水平线 AB,并作若干平行于 AB 等间隔的平行线,间隔大小依竖向比例尺而定,再注记出相应的高程值,如图 2-3-4(b)。

(3)把 1、2、3…等交点转绘到水平线 AB 上,并通过各点作垂直线,各垂线与相应高程的水平线交点即断面点。

(4)用平滑曲线连接各断面点,则得到沿 AB 方向的断面图,如图 2-3-4(b)。

二、判定两地面点间是否通视

要确定地面上两点之间是否通视,可以根据地形图来判断。在图上判定两点间的通视情况,主要是根据观察点、遮蔽点、目标点三者的位置关系和高程而定。如果两点间地形比较平

(a)

(b)

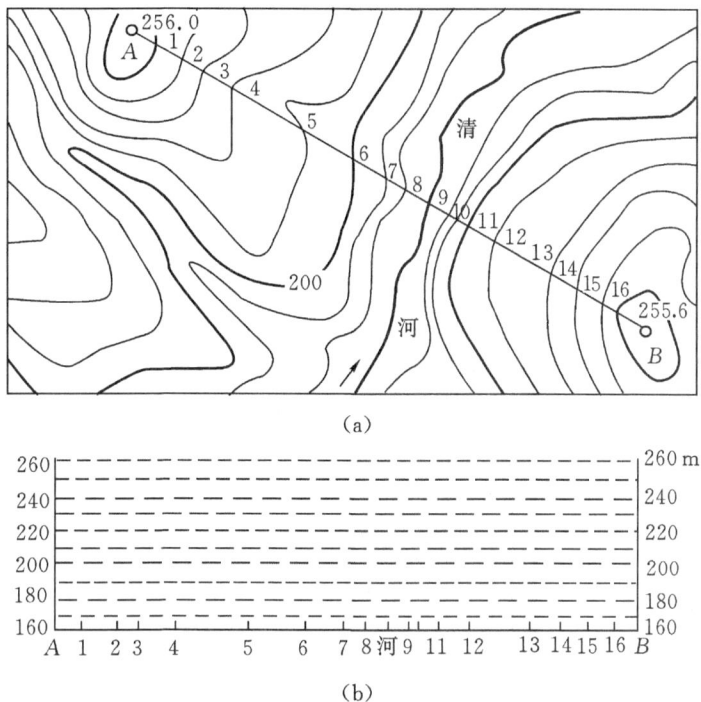

图 2-3-4 绘制地形纵断面图和确定两点通视

坦,通过在地形图上观看两点之间是否有阻挡视线的建筑物就可以进行判断;但两点间地形起伏变化较复杂的情况下,则可以采用绘制简略断面图来确定其是否通视,如图 2-3-4(b),则可以判断 AB 两点可以通视。

三、选择路线

1. 选择最短路线

斜坡上一点出发,向不同的方向,地面坡度大小是不同的,其中有一个最大坡度,即斜坡的最大坡度线,就是垂直于图上等高线的直线,也为最短路线。降雨时,水沿着最大坡度线流向下方。欲求斜坡上最大坡度线,就要在各等高线间找出连续的最短距离(即等高线间的垂直线),将最大坡度线连接起来,就构成坡面上的最大坡度线。其作法如图 2-3-5 所示,欲由 a 点引一条最大坡度线到河边,则从点 a 向下一条等高线作垂线交于 1 点,由 1 点再作下一条等高线的垂线交于 2 点,同法交出点 B,则 a、1、2、B 连线即为从 a 点至河边的最大坡度线。

2. 选择规定坡度的路线

在进行线路设计时,往往需要在坡度 i 不超过某一数值的条件下选定最短的路线。如图 2-3-5 所示,已知图的比例尺为 1:10000,等高距 $h=1$ m,需要从河边 A 点至山顶修一条坡度不超过 1‰ 的道路,此时路线经过相邻两等高间的水平距离 D,$D=h/i=1/1‰=100$ m,D 化算为图上距离 d,则 $d=10$ mm,然后将两脚规的两脚调至 10 mm,自 A 点作圆

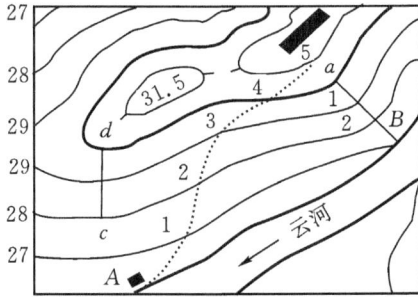

图 2-3-5　选最短路线和规定坡度路线

弧交 27 m 等高线于 1 点,再自 1 点以 10 mm 为半径作圆弧交 28 m 等高线于 2 点,如此进行到 5 点所得的路线符合坡度的规定要求。如果某两条等高线间的平距大于 10 mm,则说明该段地面小于规定的坡度,此时该段路线就可以向选择任意方向铺设,最后选用哪条,则主要根据占用耕地、撤迁民房、施工难度及工程费用等因素决定。

四、面积的计算

量算面积的方法很多,主要介绍解析法、图解法两种。

1. 解析法

利用闭合多边形顶点坐标计算面积的方法,称为解析法。其优点是计算面积的精度很高。如图 2-3-6 所示,四边形 $ABCD$ 各顶点坐标分别为:$x_1,y_1;x_2,y_2;x_3,y_3;x_4,y_4$。四边形的面积 S 等于四个梯形的面积的代数和:

$$S = S_{ABB_1A_1} + S_{BCC_1B_1} - S_{ADD_1A_1} - S_{DCC_1D_1}$$

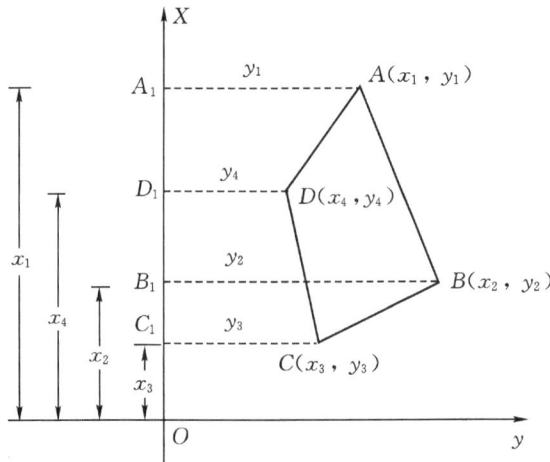

图 2-3-6　解析法求算面积

多边形相邻点 x 坐标之差是相应梯形的高;相邻点 y 坐标之和的一半是相应梯形的中位线。故四边形 $ABCD$ 的面积为:

$$S = \frac{1}{2}\left[(x_1-x_2)(y_1+y_2)+(x_2-x_3)(y_2+y_3)-(x_1-x_4)(y_1+y_4)-(x_4-x_3)(y_4+y_3)\right]$$

将上式化简并将图形扩充至 n 个顶点的多边形,上式可写成一般式:

$$S = \frac{1}{2}\sum_{i=1}^{n} x_i(y_{i+1}-y_{i-1}) \qquad (2-3-7)$$

或推导出另一种形式:

$$S = \frac{1}{2}\sum_{i=1}^{n} y_i(x_{i+1}-x_{i-1}) \qquad (2-3-8)$$

其中 i 为多边形各顶点的序号。当 i 取 1 时, $i-1$ 就为 n;当 i 为 n 时, $i+1$ 就为 1。

2.图解法

(1)几何图形法

地形图上所测的面积图形是多边形时,可把它分成若干三角形、梯形等简单几何图形,分别计算面积,求其总和,再乘上比例尺分母的平方即可。为了提高量测精度,所量图形应采用不同的分解方法计算两次,两次结果符合精度要求,取平均值作为最后结果。

(2)透明方格纸法

地形图上所求的面积范围很小,其边线是不规则的曲线,可采用透明方格纸法。在透明方格纸(方格边长一般为 1 mm、2 mm、5 mm、10 mm)或透明胶片上做好边长 1 mm 或 2 mm 的正方形格网膜片。测量面积时,将透明方格纸覆盖在图上并固定,统计出整方格数,目估不完整的方格数,用总方格数乘上该比例尺图的方格面积,即得所求图形的面积。方格法简单易行,适用范围广。

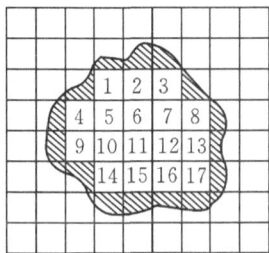

图 2-3-7 透明方格纸法

例如:如图 2-3-7 所示,方格边长为 1 cm,比例尺为 1:5000,算得整方格数为 17 个,不完整方格数为 7.75 个,共 24.75 个,则该图形所代表的实地面积为:

$$S = 24.75 \times 25 \times 10^6 = 618.75 \times 10^6 \text{ cm}^2 = 61875 \text{ m}^2$$

(3)平行线法

方格法的量算受到方格凑整误差的影响,为了减少边缘因目估产生的误差,可采用平行线法。如图 2-3-8 所示,量算面积时,将绘有间距 $h=1$ mm 或 2 mm 的平行线组的透明纸覆盖在待算的图形上,则整个图形被平行线切割成若干等高 h 的近似梯形,设图中梯形的中位线分别为 L_1,$L_2\cdots L_n$,量取其长度,则图形总面积 S 为:

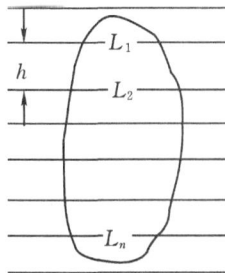

图 2-3-8 平形线法

$$S = h(L_1+L_2+\cdots+L_n) = h\sum_{i=1}^{n}L_i \qquad (2-3-9)$$

即图形面积 S 等于平行线间距乘以梯形各中位线的总长。最后,再根据图的比例尺将其换算为实地面积。

用平行线法,在 1:2000 比例尺的地形图上量得各梯形上、下底平均值的总和 $\sum L_i = 876$ mm, $h=2$ mm,则该图形所代表的实地面积为:

$$S = 2 \times 10^{-3} \times 876 \times 10^{-3} \times 2000^2 = 7008 \text{ m}^2$$

五、地形图在平整土地中的应用

(一)在地形图上绘出填挖边界线

在平整场地的土石方工程中,可以在地形图上确定填方区和挖方区的边界线。如图 2-3-9所示,要将山谷地形平整为一块平地,并且其设计高程为 45 m,则填挖边界线就是 45 m 的等高线,可以直接在地形图上确定。

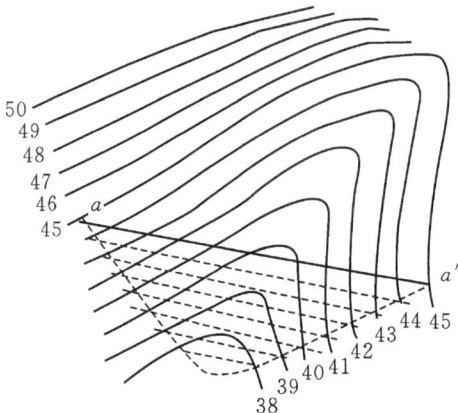

图 2-3-9 确定填挖边界线

如果在场地边界 aa' 处的设计边坡为 1:1.5(即每 1.5 m 平距下降深度 1 m),欲求填方坡脚边界线,则需在图上绘出等高距为 1 m、平距为 1.5 m 的一组平行于 aa' 表示斜坡面的等高线。如图 2-3-9所示,根据地形图同一比例尺绘出间距为 1.5 m 的平行等高线与地形图同高程等高线的交点,即为坡脚交点。依次连接这些交点,即绘出填方边界线。同理,根据设计边坡,也可绘出挖方边界线。

(二)土地平整中的土方计算

为了使起伏不平的地形满足一定工程的要求,需要把地表平整成为一块水平面或斜平面。在进行工程量的预算时,可以利用地形图进行概算。

1.方格网法

如果地面坡度较平缓,可以将地面平整为某一高程的水平面。如图 2-3-10,计算步骤如下:

(1)绘制方格网 方格网的边长取决于地形的复杂程度和土石方量估算的精度要求,一般取 10 m 或 20 m。然后,根据地形图比例尺在图上绘出方格网。

(2)求各方格角点的高程 根据地形图上的等高线和其他地形点高程,采用目估法内插出各方格角点的地面高程值,并标注于相应顶点的右上方。

(3)计算设计高程 将每个方格角点的地面高程值相加,并除以 4 则得到各方格的平均高程,再把每个方格的平均高程相加除以方格总数就得到设计高程 $H_{设}$。$H_{设}$ 也可以根据工程要求直接给出。

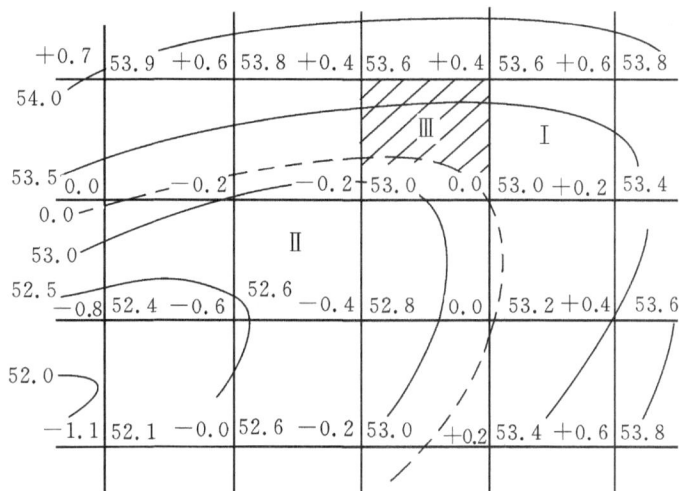

图 2-3-10　方格网法土方量计算

（4）确定填、挖边界线　根据设计高程 $H_设$，在地形图 2-3-10 上绘出高程为 $H_设$ 的高程线（如图中虚线所示），在此线上的点即为不填又不挖，也就是填、挖边界线，亦称零等高线。

（5）计算各方格网点的填、挖高度　将各方格网点的地面高程减去设计高程 $H_设$，即得各方格网点的填、挖高度，并注于相应顶点的左上方，正号表示挖方，负号表示填方。

（6）计算各方格的填、挖方量　下面以图 2-3-10 中方格Ⅰ、Ⅱ、Ⅲ为例，说明各方格的填、挖方量计算方法。

方格Ⅰ的挖方量：$V_1 = \dfrac{1}{4}(0.4 + 0.6 + 0 + 0.2)A = 0.3A$

方格Ⅱ的填方量：$V_2 = \dfrac{1}{4}(-0.2 - 0.2 - 0.6 - 0.4)A = -0.35A$

方格Ⅲ的填、挖方量：

$$V_3 = \frac{1}{4}(0.4 + 0.4 + 0 + 0)A_挖 + \frac{1}{4}(-0.2 + 0 + 0 + 0)A_填 = 0.2A_挖 - 0.05A_填$$

其中，A 为每个方格的实际面积，$A_挖$、$A_填$ 分别为方格Ⅲ中挖方区域和填方区域的实际面积。

（7）计算总填、挖方量　将所有方格的填方量和挖方量分别求和，即得总填、挖土石方量。

当把地面平整为水平面时，每个方格角点的设计高程值相同。当地面坡度较大时，可以按照填、挖土石方量基本平衡的原则，将地形整理成某一坡度的倾斜面。由图 2-3-10 可知，而当把地面平整为倾斜面时，每个方格角点的设计高程值则不一定相同，这就需要在图上绘出一组代表倾斜面的平行等高线。它们都是通过具体的设计要求直接或间接提供的，绘出倾斜面等高线后，通过内插即可求出每个方格角点的设计高程值，计算各方格网点的填、挖高度，并计算出土方量。

2. 等高线法

如果地形起伏较大时，可以采用等高线法计算土石方量。首先从设计高程的等高线开始计算出各条等高线所包围的面积,然后将相邻等高线面积的平均值乘以等高距即得总的填挖方量。

如图 2-3-11,地形图的等高距为 5 m,要求土地平整后的设计高程为 492 m。首先在地形图中内插出设计高程为 492 m 的等高线(如图中所示虚线),再求出 492 m、495 m、500 m,3 条等高线所围成的面积 A_{492}、A_{495}、A_{500},即可算出每层土石方的挖方量为:

$$V_{492-495} = \frac{1}{2}(A_{492} + A_{495}) \cdot 3$$

$$V_{495-500} = \frac{1}{2}(A_{495} + A_{500}) \cdot 5$$

$$V_{500-503} = \frac{1}{3}A_{500} \cdot 3$$

则总的土石方挖方量为:

$$V = \sum V = V_{492-495} + V_{495-500} + V_{500-503}$$

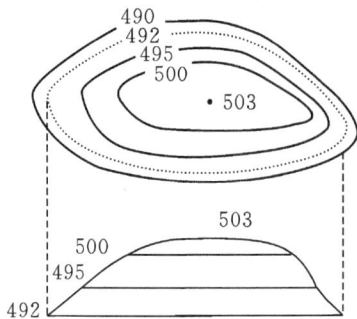

图 2-3-11　等高线法土方量计算

3. 断面法

在地形图上根据计算土方量的范围,以一定的间距等分施工场地,利用地形图以一定间距绘出地形断面图,并在各个断面图上绘出平整场地后的设计高程线。按照设计高程与地面线所组成的断面图,计算出断面图上地面线与设计高程线所围成的面积,再乘上等分的间距即可得出每两断面间的土石方量。将各断面所分隔的各部分土石方量加起来即可得总土石方量。

每断面土石方量:

$$V_i = \frac{S_{i-1} + S_i}{2}D \tag{2-3-10}$$

其中 S_{i-1},S_i 为相邻断面的面积,D 为相邻断面的间距。

总土石方量:

$$V = \sum_{i=1}^{n} V_i \tag{2-3-11}$$

任务四 数字地形图在工程施工中的应用

技能目标:能在工程施工中应用数字地形图。

运行 CASS 软件,可以将数字地形图应用于工程施工,包括通过数字地形图获取各种地形信息,建立数字地面模型(DTM),绘制纵横断面图,计算面积,土方量计算以及进行道路工程量的计算。

一、数字地形图基本要素查询

1.查询点的坐标

选取"工程应用\查询指定点的坐标"菜单,用鼠标左键点击图上指定点,即在左下角状态栏显示该点的 x、y 坐标值,再点击右键可以重复查询。

2.查询两点之间的距离和方位角

选取"工程应用\查询两点距离和方位"菜单,用鼠标左键点击图上所要查询的两点,即在左下角状态栏显示指定两点之间的实地距离和方位角。

3.查询线长

选取"工程应用\查询线长"菜单,用鼠标左键点击图上所要查询的线段,即在左下角状态栏显示该线段的长度。

4.查询实体面积

选取"工程应用\查询实体面积"菜单,鼠标左键点击图上所要查询实体的边界线(实体的边界线应闭合),即在左下角状态栏显示该实体的面积(单位:m^2)。

5.计算地表面积

先在图上指定区域绘制闭合多边形,选取"工程应用\计算表面积"菜单,选择"根据图上高程点",用拾取框选择该边界线,输入边界插值间隔,系统将自动将边界线内的高程点连接并显示为带坡度的三角网(DTM),再通过每个三角形的面积累加,得到并在状态栏显示该指定区域内不规则地貌的面积。

二、纵断面图的绘制

纵断面图可以根据高程点数据文件、等高线或三角网等生成。下面介绍由图上等高线绘制断面图的方法。

先在图上用复合线绘制断面方向线,点击"工程应用\绘断面图\根据等高线"指令,用拾取框选择所绘断面方向线,在弹出的对话框中输入横向比例尺(如 1:1000)、纵向比例尺(如 1:100),在图上适当处拾取绘纵断面图左下角的位置(框内"断面图位置"处显示其纵、横坐标),再对其他参数进行设置,确定后即在屏幕上绘出纵断面图。

三、土方量计算

(一)方格网法计算土方量

方格网法计算土方量主要用于区域场地平整的土方量计算,即根据实地测定的地面点三维坐标和设计高程,通过生成方格网计算每个方格网内的填、挖土方,再累计得到指定范围内总的填、挖方量,并绘制填、挖方分界线。

1.建立高程点数据文件

用方格网法计算土方量时,除数字地形图外,还需要用到图上高程点的数据。此时,如果有与地形图相应的高程点数据文件,可以直接调入使用;如果没有与地形图相应的高程点数据文件,则需要从 CAD 的有关图层上导入高程点数据,建立相应的高程点数据文件,再调入使用。其步骤为:打开地形文件,点击"工程应用\高程点生成数据文件\无编码高程点"菜单,在弹出的对话框中给新建的高程点数据文件定名并保存,在左下方命令行输入高程点数据所在图层名,如"gcd",回车后即将高程数据导入上述新建的高程点数据文件中。

2.场地平整设计面为平面的操作步骤

首先在屏幕上用复合线画出平整场地的区域(应闭合),鼠标点击"工程应用\方格网法土方计算",图上拾取所绘区域边界线,在弹出的对话框中选择已建立的数字地形图相应的高程点数据文件,"设计面"选为"平面",输入场地平整的设计目标高程(如 746 m),方格的宽度等,确定后,命令行即显示场地的最小高程和最大高程、总填方量和总挖方量,同时在图上绘出方格网与挖、填分界线。

(二)断面法计算土方量

断面法计算土方量主要用于道路土方量计算,即根据图上指定的道路中心线和同一图件的高程数据文件,生成道路的里程文件,根据道路的纵、横断面和设计高程首先计算每两个相邻横断面之间的填、挖方量,再累计得出整条道路总的填、挖方量,其操作步骤如下:

1.建立高程点数据文件

用断面法计算土方量时,除数字地形图外,还需要用到图上高程点的数据。此时,如果有与地形图相应的高程点数据文件,可以直接调入使用;如果没有与地形图相应的高程点数据文件,仍需要事先新建相应的高程点数据文件,其数据亦可从相应的图层上导入。

2.生成里程文件

所谓里程文件,就是由道路中线各里程桩及其横断面方向上的地形信息组成的数据文件,有关道路坡度设计及土方量的计算等工作都需要通过分析里程文件中的数据方可生成。生成里程文件的方法有多种,包括断面线生成,由等高线生成,由三角网生成和由坐标文件生成。

3.选择土方量计算类型

鼠标点击"工程应用\纵断面土方计算\道路断面"指令,即选择道路断面为土方量计算的类型。

4.设置道路设计参数

在出现的对话框中调入上述生成的里程文件,输入横断面的设计参数,包括"中桩设计高程"、"路宽"、"断面图比例"、"行间距"、"列间距"、"每列断面个数"等。

5.计算工程量

鼠标点击"工程应用\断面法土方计算\图面土方计算"指令,拖框选择所有参与计算的道路横断面图,在屏幕适当位置点击鼠标指定"土石方计算表"左上角位置,回车后屏幕自动绘出土方计算成果表。

（三）DTM 法计算平整场地的土方量

DTM 法计算平整场地的土方量就是首先根据坐标文件或图上高程点在指定范围内建立三角网式的数字地面模型（DTM），再根据平整场地的设计高程，计算每个三棱柱的填、挖方量，最后累计得到指定范围内填、挖的土方量，并绘出填、挖分界线。

（四）区域平衡法土方量计算

所谓区域平衡法土方量计算，就是平整场地时，以指定范围内的平均高程作为场地平整的设计高程，使填、挖方分界线两侧的总填方与总挖方基本相等，从而大大减少平整场地的成本。

首先在屏幕上用复合线画出平整场地的区域（应闭合），鼠标点击"工程应用\区域土方平衡\根据图上高程点"，图上拾取所绘区域边界线，输入边界插值间隔等，确定后，设置计算表的起始位置，回车即显示平整场地的土方平衡高度、挖方量、填方量的计算成果。

项目小结

1.地物识读的目的是了解地物的大小、种类、位置和分布情况。通常按照先主后次、由大到小，并顾及取舍的内容与标准进行。首先了解主要地物的分布情况，然后识别小的居民点、次要道路、植被和其他地物。

2.地貌识读的目的是了解图内的地貌情况，主要根据基本地貌的等高线特征和特殊地貌（如陡崖、冲沟等）符号进行，再根据等高线的疏密及变化方向来判定。

3.地形图的基本应用包括确定点的坐标、高程、两点间的距离，确定直线的方位角和坡度。

4.地形图在工程设计中的应用包括绘制地形纵断面图、判定两点间是否通视、选择路线、面积量算和土地平整等。

5.运行 CASS 软件，可以将数字地形图应用于工程施工，包括通过数字地形图获取各种地形信息，建立数字地面模型（DTM），绘制纵横断面图，计算面积，土方量计算以及进行道路工程量的计算。

思考题与习题

1.简述地形图识读的基本过程。

2.根据图 2-3-12 做以下题目：

（1）求图上 CD 直线的方位角 α_{CD}。

（2）求图上 C、D 两点高程。

（3）试绘出 CD 直线的纵断面图。要求水平比例尺用1：10000、高程比例尺用1：1000。

（4）由图上山底 G 点至山顶 H 点选一条坡度小于5%的道路，并在图上标出其位置。

3.在地形图上确定面积的方法有哪些？简述之。

4.简述地形图在土地平整中土方量的计算方法。

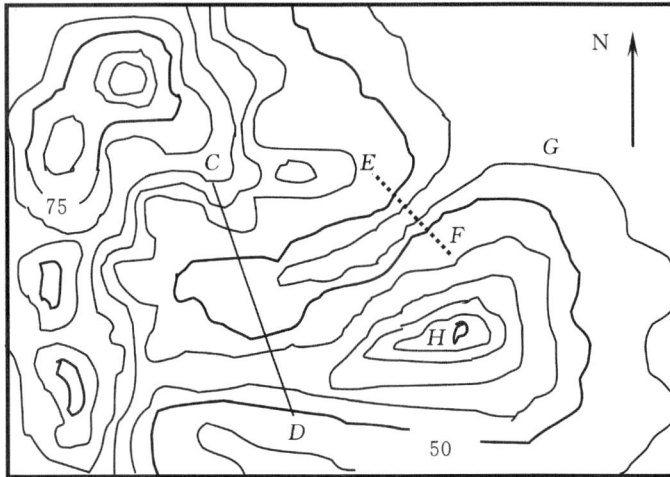

图 2-3-12　1:10000 的地形图

项目四　点位测设

▶ **项目概述**

本项目主要包括：施工测量的基本测设、点位测设和坡度线的测设。

▶ **学习目标**

①了解施工测量的基本知识；②掌握水平距离、水平角和高程的基本测设；③能够熟练地使用普通测量仪器进行一般工程的点位测设和坡度线的测设。

任务一　施工测量基本知识

知识要点：施工测量的概念、特点和所遵循的原则。

在施工过程中进行的一系列测量工作称为施工测量。施工测量的基本任务是将设计的建筑物、构筑物的平面位置和高程，按照设计要求以一定的精度在实地上进行测设，作为施工的依据，因此也称为"施工放样"。施工测量的过程与地形测量相反。

施工测量贯穿于整个施工过程中，从场地平整、建筑物轴线放样、建筑物的细部放样，如基坑开挖、基础施工、建筑物主体施工、细部结构安装等，都需要进行施工测量。建筑工程竣工后，为便于管理、维护、改建或扩建，需要进行工程竣工测量。某些高大或重要的建、构筑物，在施工期间和建成后，还需要进行建筑物的变形观测，为工程建筑的安全施工和使用提供依据。因此，施工测量工作直接影响工程的质量及施工的进度。所以，测量人员必须熟悉相关的图纸，了解设计的内容、性质及对测量工作的要求，了解施工的全过程，密切配合施工进度进行测设工作。

在施工现场，由于各种建、构筑物的分布较广，而且施工有先后。为了保证各建、构筑物在平面位置和高程上都能符合设计要求，互相连成统一的整体，施工测量与测绘地形图一样，也要遵循"从整体到局部，先控制后碎部"的测量原则，也需要进行控制测量，建立施工控制网，然后以此为基础，测设出各个建筑物、构筑物的位置。施工控制网的精度一般要高于测图控制网。

建筑物的施工放样与地形测图相比较，放样精度要求比较高，因为放样的误差将1:1的影响建筑物的位置、尺寸和形状，而地形图则总是按一定的比例尺缩小来应用的。因此，测量人员应严格执行质量管理规程，仔细复核放样数据，力争将错误降到最低。

建筑物施工期间和建成后的变形观测，关系到施工安全、工程质量和建成后的运行维护等重要问题，而一些影响工程安全的建筑物或构筑物的变形，在开始时也往往是比较微小的。因此，变形观测需要有较高的测量精度，并要求及时提供变形数据，据此作出变形分析和预报，以便采取必要的措施。

任务二　基本测设

知识要点：距离、角度和高程的测设。

技能要点：能使用普通测量仪器和全站仪进行水平角、水平距离和高程等基本测设。

一、水平距离的测设

水平距离是指地面上两点之间的水平长度。测设水平距离是从地面上某一已知起点开始，沿某一已知方向，根据设计长度用钢尺或者测距仪等工具，将另一端点测设到地面上。

测设水平距离的常用方法有三种，即往返测设分中法、归化测设法和测距仪测设法。

1. 往返测设分中法

用这种方法测设水平距离时，先在已知起点上沿标定方向，用钢尺等工具直接量取设计长度，并在地面上临时标出其端点，这一过程称为往测。然后，从终点向起点再量取其长度，称为返测。往测长度与返测长度之差称为较差。若往返测较差在设计精度范围以内，则可取平均值作为最或然值，最后将终点沿标定的方向移动较差的一半，并用标志固定下来，即完成测设工作。

测设的水平距离一般是根据控制点和待定点的坐标反算得到的，用经过检定的钢卷尺测设一段设计长度为 D 的水平距离时，也需要计算距离的尺长改正 Δl_d 和温度改正 Δl_t；如果测设的场地不水平，则还需测定距离两端的高差 h，计算高差改正 Δl_h，计算测设水平距离 D 时应丈量的距离为

$$D' = D - \Delta l_d - \Delta l_t - \Delta l_h \qquad (2-4-1)$$

在建筑场地测设一段水平距离 D_{AB} 时，起点 A 应是固定的，按指定的 AB 方向，沿地面丈量 D'_{AB}，即得到测设距离的另一端点 B。为了检核，通常再放样一次，若放样之差在允许范围内，则取分中点作为 B 点的最终位置。

建筑工地在施工放样前的场地如果已经过平整，则不需要高差改正；尺长改正和温度改正可视其数值的大小和施工放样的精度要求而取舍。用钢尺测设水平距离适合于场地平整、距离较短（不超过一尺段）的场合，在建筑物内部地坪上进行建筑物细部放样时，用钢尺测设距离尤为合适。

2. 归化测设法

归化测设法是精确测设水平距离的方法之一。测设时，先确定欲测设距离的方向，并在该方向的起点上用钢尺量取设计长度，大致确定终点 B'，作为临时点标定在地面上。而后反复丈量多次，取其平均值作为 D' 的精确值（图 2-4-1）。根据设计值 D 与实量值 D' 计算距离归化值：

$$\Delta D = D' - D$$

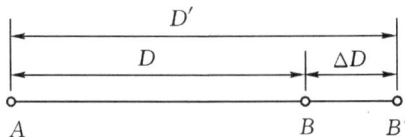

图 2-4-1 归化测设法测设水平距离

根据 ΔD 的大小和符号，将 B' 点移到 B 点上，并在实地进行标定。当 ΔD 为正值时，B' 点沿原方向退回至 B 点。在这种情况下，$B'B$ 的定向比较方便，因此在选择临时点 B' 时，通

常使 D' 略大于 D。

使用该法时必须使用检定的钢尺,设计长度中应减去尺长改正数、温度改正数和高差改正数。

3. 测距仪测设法

用测距仪或者全站仪测设水平距离时,应备有带杆的反射棱镜,以便于在测设方向上前后移动。另外,由于可以直接测得水平距离,并且能预先设置改正参数,比用钢尺更为方便。测设时,在起点 A 安置测距仪或全站仪,根据测设时的气温、气压设置气象改正值,设置距离显示值为"水平距离";然后用测距仪瞄准指定的 AB 方向,目估安置反射棱镜进行测距,将测得平距与设计平距比较,并在此方向上前后移动棱镜,直到测设的平距等于设计平距为止,即得到 B 点的位置。若测距仪有自动跟踪装置,可对反光镜进行跟踪直到需要测设的距离为止。

二、水平角的测设

测设设计的水平角时,通常是在某一个控制点上,根据某一个已知方向及水平角的设计值,用仪器找出另一个方向,并在地面上标定出来。

测设水平角随着精度要求的不同通常采用盘左盘右分中法和归化测设法两种方法:

1. 盘左盘右分中法

采用盘左盘右分中法时,先置经纬仪或全站仪于 A 点,如图 2-4-2(a)所示,对中整平后,在盘左位置,水平方向瞄准后视点 P,设置水平度盘读数为零;顺时针转动照准部使水平度盘读数为 β,按视准轴方向在地面上定出 B_1 点;在盘右位置按同样方法测设水平角 β 在地面上定出点 B_2 点;取 B_1 和 B_2 的中点 B。则 $\angle PAB$ 为需测设的水平角 β。若 $\beta = 180°$,即为 PA 直线的延长线。

采用盘左盘右分中法测设水平角或延长直线,可以抵消或者减弱测角仪器的视准轴、水平轴和度盘偏心等误差,该法测设简单、速度快,但精度低。

2. 归化测设法

如果测设水平角的精度要求很高,例如,测设大型厂房的主轴线间的水平角度,则可以用归化测设法。如图 2-4-2(b)所示,在 A 点安置测角仪器,先用盘左盘右分中法测设 β 角,在地面上定出 B_1 点;用多次测回法精确观测水平角 $\angle PAB_1$,取其平均值设为 β_1;计算其与设计角度的差值:

$$\Delta \beta' = \beta - \beta_1$$

B_1 点处的左右位移值:

$$B_1 B = AB_1 \cdot \tan \Delta \beta = AB_1 \frac{\Delta \beta'}{\rho''}$$

据此修正 B_1 点位。若 $\Delta \beta > 0$ 时,则从 B_1 点往外调整垂距 BB_1 至 B 点;若 $\Delta \beta < 0$ 时,则从 B_1 点往内调整垂距 BB_1 至 B 点。例如 $AB_1 = 100$ m,$\Delta \beta = +6''$,按上式计算,$B_1 B = 3$ mm;从 B_1 点在垂直于 AB_1 方向上往外量 3 mm,得到 B 点,则 $\angle PAB = \beta$。

三、高程的测设

在建筑施工当中,需要在一些点位上测设由设计所给定的高程,例如平整场地、开挖基

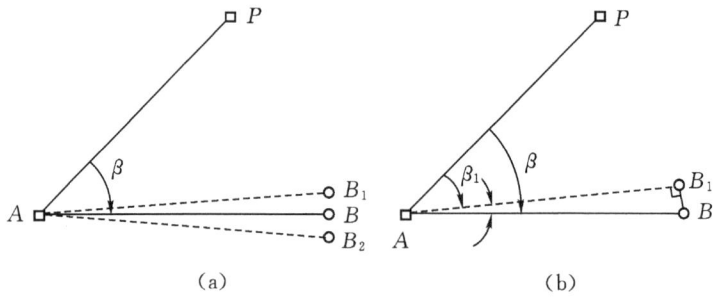

图 2 - 4 - 2　水平角的测设

坑、定路面坡度、定基础和地坪的设计标高等。建筑场地的高程测设一般用水准测量的方法,在场地内从附近的国家水准点或城市水准点引测若干个供施工用的临时水准点作为高程控制点;然后,用水准仪测设点的设计高程。测设高程和水准测量的不同之处在于:不是测定两点之间的高差,而是根据一个已知高程的点测设出另一个设计高程的点,使其高程为设计所指定的数值。

如图 2 - 4 - 3 所示,设水准点 A 的高程为 H_A,需要测设 B 桩的高程为 H_B;在 A 和 B 两点间安置水准仪,先在 A 点立水准尺,读得尺上读数为 a,由此得到仪器视线高程:

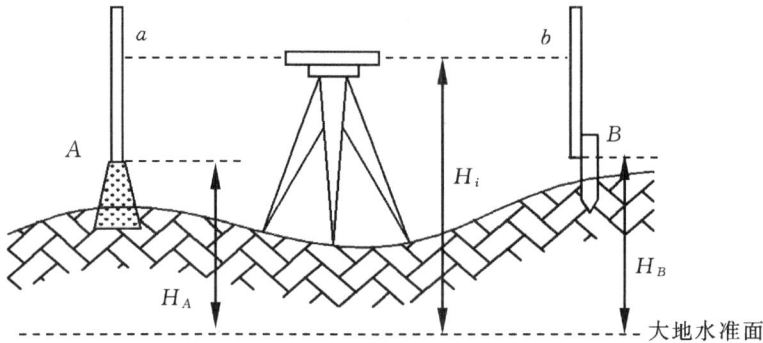

图 2 - 4 - 3　测设设计高程

$$H_i = H_A + a \qquad (2 - 4 - 2)$$

在 B 桩边立水准尺,为使尺底高程为 H_B,则水准尺的读数应为

$$b = H_i - H_B \qquad (2 - 4 - 3)$$

上下移动水准尺,使水准仪的读数为 b,按尺子底部在木桩侧面划线,此线即标志出需测设的高程 H_B。

若待测设高程点的设计高程与水准点的高程相差很大时,可以用悬挂的钢卷尺代替水准尺,来测设设计高程。悬挂钢卷尺时,零刻划端朝下,尺子下端悬挂重锤。如图 2 - 4 - 4 所示为在深基坑内测设高程,先安置水准仪于地面,后视立于水准点 A(高程为 H_A)的水准尺,读数为 a_1,前视悬挂的钢卷尺(尺的零点在下),读数为 b_1,移置水准仪于基坑内,后视悬挂的钢卷尺读数为 a_2,计算需要测设其高程为 H_B 的木桩旁的水准尺的应有读数 b_2:

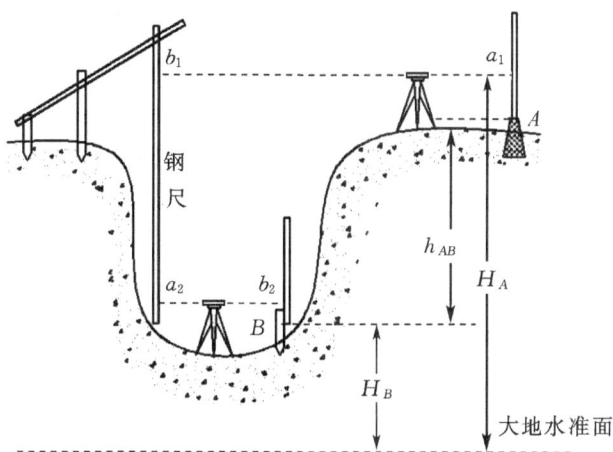

图 2-4-4 测设深基坑的设计高程

$$H_B - H_A = (a_1 - b_1) + (a_2 - b_2) \qquad (2-4-4)$$

$$b_2 = a_2 + (a_1 - b_1) - h_{AB} \qquad (2-4-5)$$

上下移动水准尺,使水准仪的读数为 b_2,就可以使 B 点的高程符合设计要求,并按水准尺底部在木桩侧面划线,此线即标志出设计高程 H_B。

任务三 测设点位的方法

知识要点:测设点位的常用方法和应用场合。

技能要点:能使用普通测量仪器、全站仪和 GPS(RTK)进行点位测设。

测设设计的平面点位有多种方法,如直角坐标法、极坐标法、角度交会法、距离交会法等。目前,由于全站仪和 GPS 的普遍应用,放样的方法也发生了较大的变化,在工程施工中,一般以全站仪坐标法放样和 GPS(RTK)放样为主。测设时,一般根据施工控制网形式、平面控制点的分布、现场地形条件、仪器设备和测设点位的精度要求选择适当的测设方法。

一、直角坐标法测设点位

当建筑场地的施工控制网为矩形格网时,设计的建筑物轴线往往与控制网的边平行或垂直,用直角坐标法测设建筑物的轴线点位较为方便。如图 2-4-5 所示,A、B、C、D 为矩形施工控制网中的平面控制点,P_1,P_2,P_3,P_4 为设计的建筑物轴线点,轴线与控制网的边相平行,并给出设计数据 Δx,Δy_1 和 Δy_2 等。用直角坐标法测设 P_1 和 P_2 点的方法如下:置经纬仪于 A 点,瞄准 B 点,定 AB 方向;按 Δy_1 和 Δy_2 用测设水平距离的方法在 AB 直线上定出 E_1 和 E_2 点;分别安置经纬仪于 E_1 和 E_2 点,测设与 AB 方向成 90°的水平角,定出垂直方向;再在此方向上测设水平距离 Δx,定出 P_1 和 P_2 点。

用同样的方法,可以测设出建筑物各角点 P_3、P_4。最后检查建筑物的四个角是否为直角,各边边长是否等于设计边长,误差在允许的范围内即可。

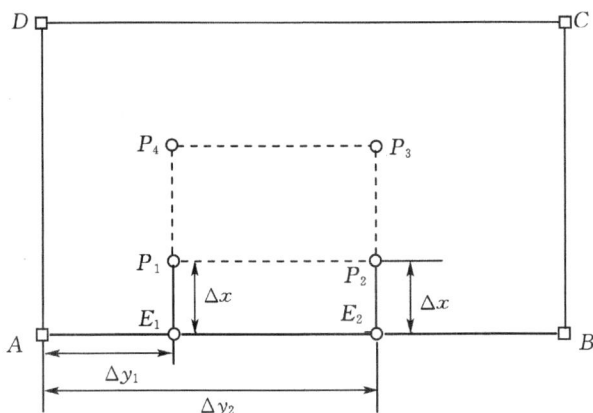

图 2-4-5 直角坐标法测设点位

二、极坐标法测设点位

如图 2-4-6 所示，A，B 为平面控制点，P 为待测设的点位，其坐标均为已知，用极坐标法测设 P 点。设以 A 点为测站，用坐标反算公式计算 AB 和 AP 的方位角 α_{AB}、α_{AP} 以及水平角 β、AP 的水平距离 D_{AP}。

$$\alpha_{AB} = \arctan \frac{y_B - y_A}{x_B - x_A}$$

$$\alpha_{AP} = \arctan \frac{y_P - y_A}{x_P - x_A}$$

$$\beta = \alpha_{AP} - \alpha_{AB}$$

$$D_{AP} = \sqrt{(x_P - x_A)^2 + (y_P - y_A)^2}$$

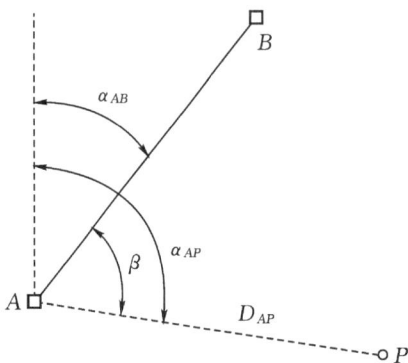

图 2-4-6 极坐标法测设点位

置经纬仪于 A 点，瞄准后视点 B，测设水平角 β，定出 AP 的方向；在此方向上用钢尺或测距仪测设水平距离 D_{AP}，定出 P 点。测设点位时，如果用盘左盘右分中法测设水平角，则可以按后视点方位角进行水平度盘定向,即瞄准后视点 B 后,设置水平度盘读数为 α_{AB},然后将照准部旋转至水平度盘读数为 α_{AP},在此方向上测设水平距离 D_{AP},定出 P 点。一般用全站仪按极坐标法测设点位,常用此方法。

三、角度交会法测设点位

角度交会法又称方向交会法。当需要测设的点位离控制点较远或者不便于量距而且又缺少测距仪时,可以用角度交会法。如图 2-4-7 所示,先根据控制点 A,B 的坐标和待测点 P 的设计坐标计算出测设数据——水平角 α 和 β 的角值;然后将经纬仪分别安置于 A 和 B 点,分别测设 α 和 β 角,方向线 AP 和 BP 的交点即为待测设的 P 点。

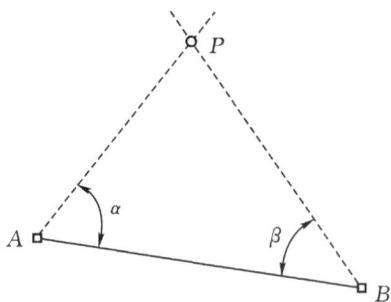

图 2-4-7 角度交会法测设点位

四、距离交会法测设点位

如图 2-4-8 所示,先根据控制点 A、B 的坐标和待测设点 P 的设计坐标计算出测设数据——A、B 点至 P 点的水平距离 D_{AP} 和 D_{BP};从控制点 A、B 同时用钢尺测设这两段水平距离,其相交处即为待测设的 P 点。距离交会法适用于场地平坦,便于用钢尺量距且测设距离不大于 1 尺段的场合。

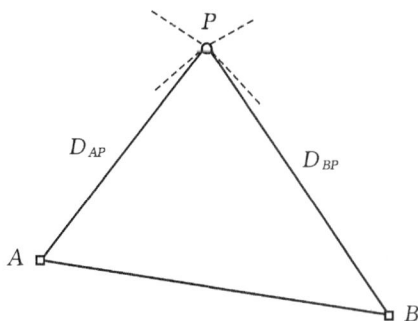

图 2-4-8 距离交会法测设点位

五、全站仪坐标放样法

全站仪坐标放样法充分利用了全站仪测角、测距和计算一体化的特点,只需知道待放样点的坐标,不需事先计算放样要素,就可以在现场放样,而且操作十分方便。目前全站仪的使用已十分普及,该方法已成为目前施工放样的主要方法。

全站仪架设在已知点 A 上,只需要输入测站点 A、后视点 B 以及待放样点 P 的三点坐标,瞄准后视点定向,按下反算方位角,则仪器自动将测站到后视点的方位角设置在该方向上。然后按下放样键,仪器自动在屏幕上用左右箭头提示,应该将仪器往左或往右旋转,这样就可使仪器到达设计的方向线上。然后通过测设距离,仪器自动提示棱镜前后移动,直到放样出设计的距离,这样就能方便地完成点位的放样。

若需要放样下一个点位,只要重新输入或者调用待放样点的坐标即可,按下放样键后,仪器会自动提示旋转的角度和移动的距离。

用全站仪放样点位,可事先输入气象要素即现场的温度和气压,仪器会自动进行气象改正。因此用全站仪放样点位既能保证精度,同时操作十分方便,无须做任何手工计算。

六、GPS(RTK)放样法

GPS(RTK)需要一台基准站接收机和一台或多台流动站接收机,以及用于数据传输的电台。GPS(RTK)定位技术是将基准站的相位观测数据及坐标信息通过数据链方式及时传送给动态用户,动态用户将收到的数据链连同自己采集的相位观测数据进行实时差分处理,从而获得动态用户的实时三维位置。动态用户再将实时位置与设计值相比较,进而指导放样。

GPS(RTK)的作业方法和流程:

(1)收集测区控制点的资料

任何测量工程进入测区,首先一定要收集测区的控制点坐标资料,包括控制点的坐标、等级、中央子午线、坐标系等。

(2)求定测区转换参数

GPS(RTK)测量是在 WGS-84 坐标系中进行的,而各种工程测量和定位是在当地坐标系或者国家的 1954 北京坐标系上进行的,它们之间存在坐标转换的问题。GPS 静态测量中,坐标转换是在事后处理的,而 GPS(RTK)是用于实时测量的,要求立即给出当地的坐标,因此,坐标转换工作更显重要。

(3)工程项目参数设置

根据 GPS 实时动态差分软件的要求,应输入的参数有:当地坐标系的椭球参数、中央子午线、测区西南角和东北角的大致经纬度、测区坐标系间的转换参数、放样点的设计坐标。

(4)野外作业

将基准站 GPS 接收机安置在参考点上,打开接收机,除了将设置的参数读入 GPS 接收机外,还要输入参考点的当地施工坐标和天线高,基准站 GPS 接收机通过转换参数将参考点的当地施工坐标化为 WGS-84 坐标,同时连续接收所有可视 GPS 卫星信号,并通过数据发射电台将其测站坐标、观测值、卫星跟踪状态及接收机工作状态发送出去。流动站接收机在跟踪 GPS 卫星信号的同时,接收来自基准站的数据,进行处理后获得流动站的三维 WGS-84 坐标,再通过与基准站相同的坐标转换参数将 WGS-84 转换为当地施工坐标,并在流动站的手控器上实时显示。接收机可将实时位置与设计值相比较,以达到准确放样的目的。

任务四 已知坡度线的测设

知识要点:坡度线测设的两种方法。

技能要点:能够使用水准仪或经纬仪进行坡度线的测设。

坡度线测设是根据附近水准点的高程、设计坡度和坡度线端点的设计高程,用高程测设方法将坡度线上各点设计高程标定在地面上的测量工作。它常用于场地平整、铺设管道及修筑路面等工程中,采用的仪器为水准仪或经纬仪。坡度线的测设,可根据地面坡度大小,选用下面两种方法。

一、水平视线法

如图 2-4-9 所示,A、B 为设计的坡度线的两个端点,A 点设计高程为 H_A,为了施工方便,每隔一定距离 d 打一木桩并要求在桩上标定出设计坡度为 i 的坡度线。施测步骤如下:

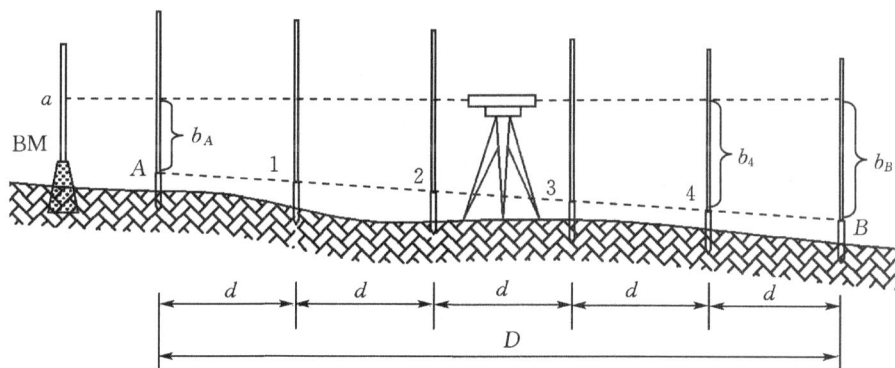

图 2-4-9 水平视线法测设坡度线

(1)按下列公式计算各桩点的设计高程

$$H_设 = H_起 + id$$

第 1 点的设计高程:$H_1 = H_A + id$

第 2 点的设计高程:$H_2 = H_1 + id = H_A + 2id$

……

B 点的设计高程:$H_B = H_4 + id = H_A + 5id$

(2)沿 AB 方向,按间距 d 标定中间点 1、2、3、4 的位置。

(3)安置水准仪于水准点 BM 附近,读后视读数 a,并计算视线高程:

$$H_视 = H_{BM} + a$$

(4)按高程放样的方法,先算出各桩点上水准尺的读数:

$$b_i = H_视 - H_设$$

然后根据各点上的水准尺读数指挥打桩,当各桩顶水准尺读数都等于各自的应读数 b_i 时,则各桩顶的连线即为设计坡度线,也可将水准尺沿木桩一侧上下移动,当水准尺的读数为 b_i 时,便可利用水准尺底面在木桩上面画一横线,该线即为在 AB 上的坡度线。如果木桩无法继续往下打或者长度不够时,可立尺于桩顶,读得读数 b, b_i 与 b 之差即为桩顶的填、挖土高度。此法适用于地面坡度小的地段。

二、倾斜视线法

倾斜视线法是根据视线与设计坡度平行时,其竖直距离处处相等的原理,来确定设计坡度线上各个高程位置的一种方法,它适用于地面坡度较大且设计坡度与地面自然坡度较一致的地段。其施测步骤如下:

如图 2 - 4 - 10 所示,设 A 点桩顶高程为 H_A, A 和 B 两点间的平距为 D,两点间的设计坡度为 i(高差与平距之比,以 ‰ 表示,上坡为正,下坡为负),则 B 点的设计高程为

$$H_B = H_A + iD$$

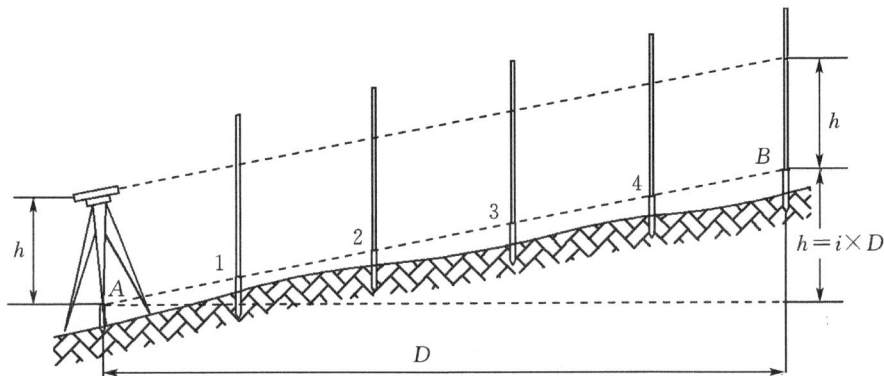

图 2 - 4 - 10　测设坡度线

(1)先用高程放样的方法,将坡度线两端点的设计高程标定在地面的木桩上;

(2)置水准仪(或经纬仪)于 A 点,把仪器的一个脚螺旋放在 AB 方向上,另两个脚螺旋的连线大致与 AB 线垂直,并量取仪器高 h;

(3)瞄准竖立在 B 点的水准尺,转动 AB 方向上的脚螺旋,使横丝在尺上的读数为 h,此时,仪器的视准轴即平行于所需测设的坡度线;

(4)依次在 AB 直线上的 1, 2, 3, … 点处的木桩上竖立水准尺,保持仪器的视准轴不动,在水准尺上读数,逐步将木桩打入土中,使水准尺读数逐渐增大至 h,此时的木桩顶面位于 A, B 两点间所设计的坡度线上,桩顶顶面的连线就是设计的坡度线。

当坡度较大时,测设中间点的高程可以用经纬仪代替水准仪,旋转望远镜的微动螺旋就能迅速准确地使视线对准 B 桩水准尺读数为仪器高 h 处,此时视线平行于设计坡度线。此后,按上述类似水准仪的方法可测设得中间点的桩位。如果测设时难以使桩顶高程正好等于设计高程,可以使桩顶高程与设计高程差一整分米数并将其差值注在桩上。

项目小结

1.施工测量是将图纸上设计的建筑物的平面位置和高程测设到地面上。施工测量和地形测量一样,也遵循"从整体到局部,先控制后碎部,由高级到低级"的基本原则。

2.施工测量的基本测设为水平角测设、距离测设和高程测设。

3.测设点位常用的方法包括直角坐标法、极坐标法、角度交会法、距离交会法、全站仪坐标放样法、RTK放样法。测设点位时需要考虑施工坐标系和测量坐标系的坐标转换。

思考题与习题

1.施工测量为何也应按照"从整体到局部"的原则?

2.施工测量过程中有哪些基本的测设工作?

3.测设平面点位有那几种方法?各适用于什么场合?

4.测设高程有哪几种方法?各适用于什么场合?

5.设有房屋轴线放样的计算如图 2-4-11 所示,A,B 为建筑物场地已有的平面控制点,其已知坐标为:$x_A=1048.60$ m,$y_A=1086.30$ m;$x_B=110.50$ m,$y_B=1332.40$ m。M,N 为待测设的设计房屋的轴线点,其设计坐标为:$x_M=1200.00$ m,$y_M=1100.00$ m;$x_N=1220.00$ m,$y_N=1300.00$ m

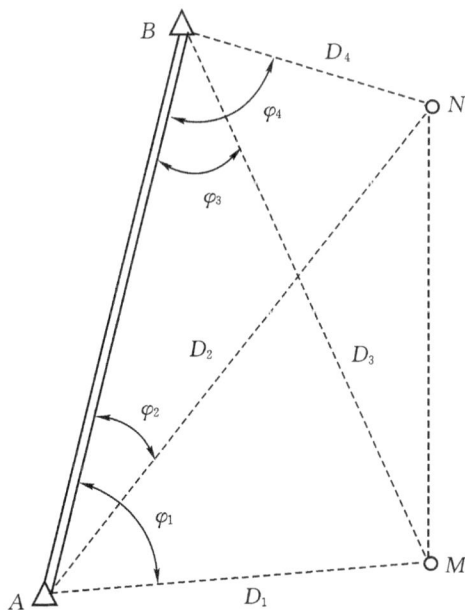

图 2-4-11　房屋轴线点的测设

在表 2-4-1 中用极坐标法、距离交会法、角度交会法分别计算测设 M,N 点所需的测设数据(角度算至秒,距离算至厘米)。

表 2-4-1　测设数据计算表

方向	坐标增量/m		边长 D/m	方位角	交会角度/φ	起始边
	Δx	Δy				
$A-B$						
$B-A$						
$A-M$			D_1		φ_1	AB
$A-N$			D_2		φ_2	AB
$B-M$			D_3		φ_3	BA
$B-N$			D_4		φ_4	BA

专业测量技能

项目一　道路工程施工测量

▶ **项目概述**

本项目主要包括：道路施工控制测量、道路中线测量、曲线测设、纵横断面测量，以及道路施工测量的内容和方法。

▶ **学习目标**

①了解道路施工控制测量的分类及其建立方法；②掌握道路的定线测量及中桩测设的方法；③能够进行道路圆曲线和带有缓和曲线的圆曲线测设；④掌握道路纵横断面测量的方法；⑤能够熟练地进行道路的控制桩测设、路基边坡桩测设及竖曲线测设等。

任务一　道路施工控制测量

知识要点：道路施工控制测量的分类及其建立方法。

技能要点：能够初步建立道路平面和高程施工控制网。

为了满足道路施工的需要，首先必须通过施工控制测量建立道路施工平面控制网和高程控制网。道路施工平面控制一般采用附合导线、导线网或 GPS 控制网。高程控制一般采用水准网或 GPS 高程网的方法。

一、道路施工控制测量

（一）道路平面控制网

道路平面控制网主要用于道路中线测量及道路施工时的路基和构筑物放样，服务的范围长而窄，通常采用导线作为控制。对于等级较低的道路可以采用附合导线，而等级较高的道路可采用导线网，并与 GPS 控制网进行联测。

1. 附合导线

附合导线一般沿道路中线一侧布设，两端均附合到高级的测量控制点上（见图 3-1-1）。其作业内容主要包括以下几点：

（1）踏勘选点。根据事先拟定的线路方案，先在已有的中小比例尺地形图上选择导线点的大致位置，再到现场踏勘，确定导线点的具体位置，其点位应尽可能接近道路中线，且视野开阔便于观测和土质稳定便于保存，边长以 200～400 m 为宜，采用光电测距导线，边长可放宽至 500~1 000 m。

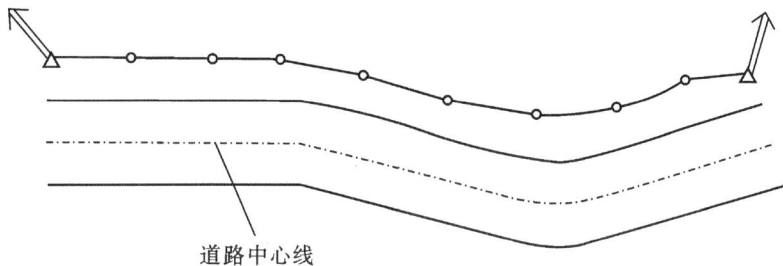

图 3-1-1　道路附合导线

（2）导线观测。导线的水平角观测可使用 DJ$_2$ 型经纬仪或同等型号的全站仪观测 1~2个测回，边长用光电测距仪或全站仪进行测量。测角和测距的各种限差可根据道路等级的不同，分别按一级或二级光电测距导线的技术要求执行。

（3）连接测量。导线的两端点或每延伸 20~30 km 处，应与四等以上的高等级测量控制点或 GPS 控制点进行连接测量，既用于测量成果的检核，也便于提高导线的精度。

2.导线网

对于等级较高的道路，可布设导线网作为控制。导线网一般沿线路两侧布置，每隔3~5 km，连成环状，如图 3-1-2 所示，从而构成一系列的线形闭合环，以便增加检核的几何条件。导线网尤其适合线路一侧地势较高的高等级道路控制，因为这对道路两侧控制点的联测较为方便。导线网每延伸 20~30 km 处，亦应与高等级测量控制点或 GPS 控制点进行联测，以确保整个道路控制网的精度。需要注意的是，当导线网的范围较长时，联测的一些高等级测量控制点的高斯平面坐标可能属于不同的投影带。遇此情况，在进行数据处理时应首先通过相邻投影带的坐标换算，将用到的测量控制点不同投影带的坐标化为相同投影带的坐标，否则将会造成计算结果的错误。

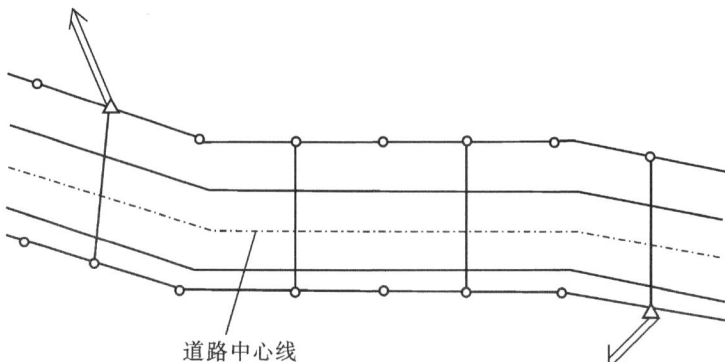

图 3-1-2　道路导线网

（二）道路高程控制网

道路高程控制测量主要是沿道路附近布设一定密度的水准点或 GPS 高程点，作为地形测绘或道路施工的依据。道路水准点应与国家水准点联测,构成附合水准路线。附合路线的长度应不大于 30 km,而水准点的间距为 2 km 左右,遇重点地段或构筑物附近应予以加密。

测定水准点的方法除用水准测量外,亦可用相应等级的光电测距三角高程测量替代。

任务二 道路中线测量

知识要点:道路中线测量的内容和方法。

技能要点:能够进行道路的定向测量和中桩测设。

道路中线测量的任务是把图纸上设计好的线路中心线或在野外实地选定的线路中心线的位置在地面上标定出来,并测出中桩的里程。道路中线的平面线型由直线和曲线组成,如图 3-1-3 所示。

图 3-1-3 道路的平面线型

在没有测设曲线之前,线路的位置由一系列连续的折线所确定。因此,此时放线的任务就是把线路的各直线段在地面上测设出来。在地形开阔和通视良好的地段,如果相邻两交点之间能互相通视,则只需定出两交点。在地形起伏、通视不良地段,相邻交点间不能通视,则需在直线上必须加设若干个转点。因此具体说来,道路中线测量的任务就是测设各个交点和直线段上必要的转点。

一、交点的测设

路线改变方向时,两相邻直线段延长后相交的点,称为路线交点,用符号 JD 表示,它是中线测量的控制点。交点的测设一般可用以下两种方法。

(一)穿线放线法

这种方法就是先根据控制导线点在实地先将路线中线的直线段测设出来,然后将相邻直线延长相交,定出交点桩的位置。具体测设步骤如下:

1.室内选点并计算标定要素

在室内根据初测地形图上设计好的线路中心线与初测导线之间的关系,选取道路中线直线段上若干点,并根据将采用的标定平面点的方法(如极坐标法、交会法、平面直角坐标法、支距法等),在图上量出或计算出相应的标定要素。如图 3-1-4 所示,现欲选用极坐标法放点,P_1、P_2、P_3、P_4 是设计图纸上道路中线上的四个点,欲标定到实地上。4、5 是图上与实地相对应的导线点。可由图上直接量取或由坐标反算获取 β_1、β_2、β_3、β_4 及 l_1、l_2、l_3、l_4 的数值。

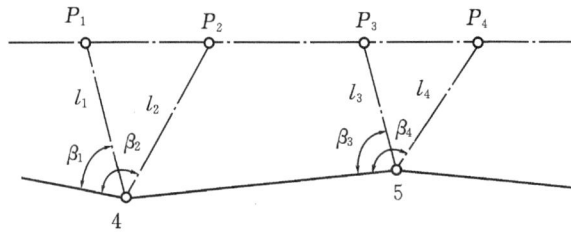

图 3-1-4 极坐标法放点

2. 现场放点

实地放点时,在 4 点上安置仪器,以 4 点为极点拨角 β_1 定出方向,用钢尺量距或光电测距在视线上丈量 l_1 定出 P_1。以同样方法定出 P_2,迁站至 5 点定出 P_3、P_4 点。上述方法放出的点为临时点,这些点应尽可能选在地势较高、通视条件较好的位置,以利于下一步的穿线或放置转点。

3. 穿线

用上述方法标定的临时点,因图解标定要素和测设误差及地形影响,使它们不在一条直线上,如图 3-1-5 所示。这时可根据实地情况,采用目估法或经纬仪法穿线,通过比较和选择,定出一条尽可能多地穿过或靠近临时点的直线 AB,在 A、B 或其方向线上打下两个以上的转点桩,随即取消临时点,这种确定直线位置的工作叫穿线。

图 3-1-5 穿线

4. 确定交点

如图 3-1-6 所示,当相邻两相交直线在地面上确定后,即可确定它们的交点。将经纬仪安置于 ZD_2,瞄准 ZD_1,倒镜在视线方向上接近交点的概略位置前后打下两桩(称骑马桩)。采用正倒镜分中法在该两桩上定出 a、b 两点,并钉以小钉,挂上细线。仪器搬至 ZD_3,同法定出 c、d 点,挂上细线,在两细线的相交处打下木桩,并钉以小钉,得到交点 JD。

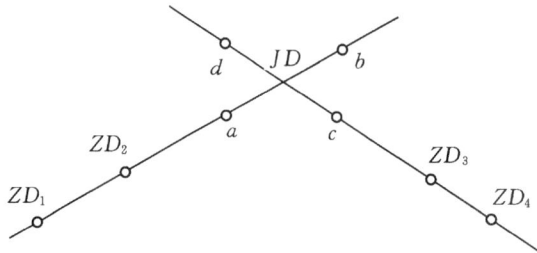

图 3-1-6 交点

穿线放线法的特点:

（1）每一条直线是根据初测的导线独立放出的，一条直线的误差不会影响到下一条直线，测量误差不会累积，精度比较均匀。

（2）适用于地形起伏较大、直线两端通视不良的地段。

（3）要求设计路线与初测导线相距较近，如很远，将影响放线精度和效率。

（4）步骤多，工序较为复杂，工效较低。

（二）拨角放线法

这种方法是在地形图上量出纸上定线的交点坐标，反算相邻交点间的直线长度、坐标方位角及转角。然后在野外将仪器置于路线中线点或已确定的交点上，拨出转角，测设直线长度，依次定出各交点位置。

这种方法工作迅速，但拨角放线的次数愈多，误差累积也愈大，故连续测设 3～5 km 后应与初测导线附合一次，进行检查。当闭合差超限时，应查找原因并予以纠正；当闭合差符合精度要求时，可按具体情况进行调整，使交点位置符合纸上定线的要求。

二、转点的测设

路线测量中，当相邻两点互不通视或直线较长时，需要在其连线或延长线上测设若干点，以供交点、测角、量距或延长直线瞄准使用，这样的点称为转点（以 ZD 表示）。测设方法如下：

1. 在两交点间设转点

如图 3-1-7 所示，JD_5、JD_6 为已在实地标定的两相邻交点，但互不通视，ZD' 为粗略定出的转点位置。将经纬仪安置于 ZD' 上，用正倒镜分中法延长直线 JD_5ZD' 于 JD'_6。若 JD'_6 与 JD_6 重合或偏差 f 在路线允许移动的范围，则 ZD' 即为要测设的转点，这时应将 JD_6 移至 JD'_6，并在桩顶上钉上小钉表示交点位置。

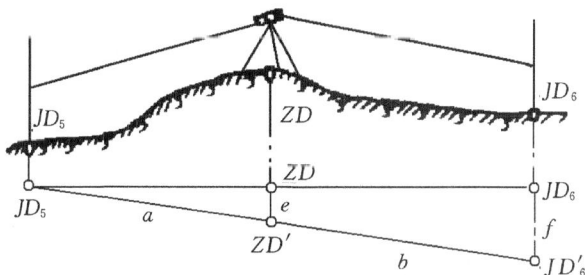

图 3-1-7 两交点间设转点

当偏差 f 超出容许范围或 JD_6 不许移动时，则需重新设置转点。设 e 为 ZD' 应横向移动的距离，用视距法量出 ZD' 到 JD_5 和 JD'_6 的距离，则

$$e = \frac{a}{a+b}f \tag{3-1-1}$$

将 ZD' 沿偏差 f 的相反方向横移 e 至 ZD，延长直线 JD_5ZD 看是否通过 JD_6 或偏差 f 是否小于容许值。否则应再次设置转点，直至符合要求为止。

2. 在两交点延长线上设转点

如图 3-1-8 所示,设 JD_8、JD_9 互不通视,ZD' 为其延长线上转点的概略位置。仪器置于 ZD',盘左瞄准 JD_8,在 JD_9 处标出一点;盘右再瞄准 JD_8,在 JD_9 处也标出一点,取两点的中点得 JD'_9,若 JD'_9 与 JD_9 重合或偏差 f 在容许范围内,即可将 JD'_9 代替 JD_9 作为交点,ZD' 作为转点。否则应调整 ZD' 的位置。设 e 为 ZD' 应横向移动的距离,用视距测量方法测量距离 a、b,则

$$e = \frac{a}{a-b} f \qquad\qquad (3-1-2)$$

将 ZD' 沿与 f 相反方向移动 e,即得新转点 ZD。置仪器于 ZD,重复上述方法,直至 f 小于容许值为止。最后将转点和交点 JD_9 用木桩钉在地上。

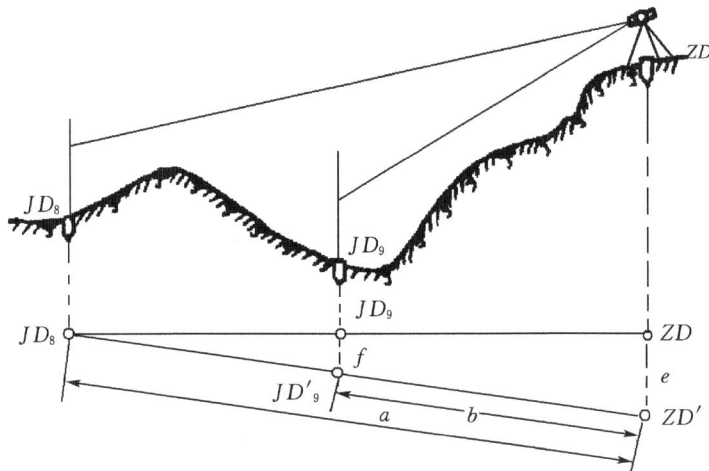

图 3-1-8 两交点延长线上设转点

三、里程桩的测设

在路线交点、转点等标定后,即可将测距仪设在直线段起始控制点,瞄准直线另一端的控制点,在二者之间每隔一定距离,可用一系列木桩钉在道路中心线上,这些桩称为中线桩(简称中桩)。中桩除了标定线路的平面位置外,还同时写有桩号,标记着线路的里程,即从线路起点到该桩点的距离,故中桩又称里程桩,通常用 3+350.25 这种形式表示该点里程为3350.25 m("+"号前的数值表示 km 数,"+"号后的数值表示 m 数),桩号应用红油漆标明在木桩上。

里程桩分为整桩和加桩两类。整桩是按规定桩距以 10 m、20 m 或 50 m 的整倍数桩号而设置的里程桩。百米桩和公里桩均属于整桩,一般情况下均应测设。

加桩分为地形加桩、地物加桩、曲线加桩和关系加桩。地形加桩是于中线地形变化点设置的桩;地物加桩是在中线上桥梁、涵洞等人工构筑物处以及公路、铁路、高压线、渠道等交叉处设置的桩;曲线加桩是在曲线起点、中点、终点等设置的桩;关系加桩是在转点和交点上设置的桩。

任务三 圆曲线的测设

知识要点：圆曲线测设的内容和方法。

技能要点：能够进行道路圆曲线的测设。

在线路转向处（两条直线相交处）应设置平面曲线。线路的平面曲线有圆曲线、缓和曲线和回头曲线等，如图 3-1-9 所示。在变坡点处，必须用曲线连接不同坡度，此种曲线称为竖曲线。

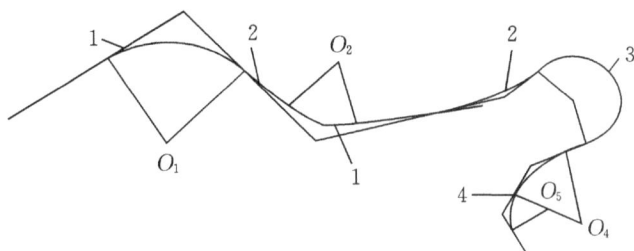

图 3-1-9 平面曲线
1—圆曲线；2—缓和曲线；3—回头曲线；4—复曲线

圆曲线测设分两步，首先测设曲线的主点，即曲线的起点（直圆点 ZY）、中点（曲中点 QZ）和终点（圆直点 YZ）。然后进行曲线的详细测设，即在曲线上每相距 10 m 或 20 m 测设一个曲线桩。

一、圆曲线主点的测设

1. 圆曲线主点标定要素的计算

如图 3-1-10 所示，圆曲线的半径 R、线路转向角 α、切线长 T、曲线长 L、外矢距 E 及切曲差 q 等称为圆曲线的标定要素。其中 R 是已知的设计值，线路转向角 α 是在线路定测时测出的。其余要素可按下式计算。

$$
\left.
\begin{aligned}
T &= R \cdot \tan \frac{\alpha}{2} \\
L &= R \cdot \alpha \cdot \frac{\pi}{180} \\
R &= R \cdot \left(\sec \frac{\alpha}{2} - 1 \right) \\
q &= 2T - L
\end{aligned}
\right\}
\qquad (3-1-3)
$$

2. 圆曲线主点里程的计算

交点 JD 的里程由中线丈量得到，根据交点里程和圆曲线标定要素，即可算出各主点的里程。由图 3-1-10 可知：

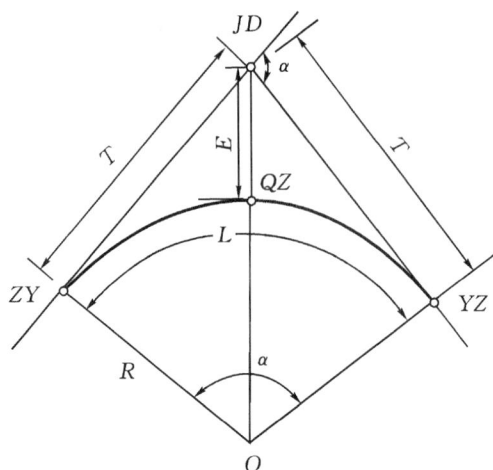

图 3-1-10　圆曲线的主点及标定要素

$$\left.\begin{array}{l}ZY \text{ 里程} = JD \text{ 里程} - T \\[4pt] QZ \text{ 里程} = ZY \text{ 里程} + \dfrac{L}{2} \\[4pt] YZ \text{ 里程} = QZ \text{ 里程} + \dfrac{L}{2} \\[4pt] JD \text{ 里程} = QZ \text{ 里程} + \dfrac{q}{2}(\text{校核})\end{array}\right\} \qquad (3-1-4)$$

【例 3-1-1】 已知 JD_5 的里程为 $DK5+687.22$，转向角 $\alpha = 52°21'10''$，圆曲线设计半径 R 为 450 m，求圆曲线的标定要素和各主点里程。

解：（1）圆曲线标定要素的计算

由式（3-1-3）可得：

$T = 221.20$ m　　　$E = 51.43$ m　　　$L = 411.18$ m　　　$q = 31.22$ m

（2）主点里程的计算

JD_5	$DK5+687.22$		QZ	$DK5+671.61$
$-)T$	221.20		$+)q/2$	15.61

ZY	$DK5+466.02$		JD_5	$DK5+687.22$
$+)L/2$	205.59			

QZ　　　$DK5+671.61$

$+)L/2$　　　205.59

YZ　　　$DK5+877.20$

3.主点的测设

测设主点时，在转向点 JD 安置仪器，顺次瞄准两切线方向，沿切线方向丈量切线长 T，

标定曲线的起点 ZY 和终点 YZ。然后再照准 ZY 点,测设$(180°-\alpha)/2$ 角,得分角线方向 $JD-QZ$,沿此方向丈量外矢距 E,即得曲线中点 QZ。

二、圆曲线的详细测设

1. 曲线上对桩距的要求

在圆曲线的主点测设后,即可进行曲线的详细测设。详细测设所采用的桩距 C 与曲线半径有关,一般有如下规定:

$$R \geqslant 100 \text{ m 时}, C = 20 \text{ m};$$
$$25 \text{ m} < R < 100 \text{ m 时}, C = 10 \text{ m};$$
$$R \leqslant 25 \text{ m 时}, C = 5 \text{ m}。$$

按桩距 C 在曲线上设桩,通常有以下两种方法:

(1)整桩号法。将曲线上靠近起点 ZY 的第一个桩号凑整为 C 倍数的整桩号,然后按桩距 C 连续向曲线终点 YZ 设桩。这样设置的桩均为整桩号。

(2)整桩距法。从曲线起点 ZY 和终点 YZ 开始,分别以桩距 C 连续向曲线中点 QZ 设桩。由于这样设置的桩距为整数,桩号多为零数,因此应注意加设百米桩和公里桩。中线测量中一般均采用整桩号法。

圆曲线的详细测设方法很多,下面介绍偏角法详细测设圆曲线的过程。

2. 偏角法详细测设圆曲线

如图 $3-1-11$ 所示,圆曲线的偏角指弦线和切线的夹角即弦切角,用 δ_i 表示。用偏角法测设圆曲线的实质是以方向和长度交会的方法获得放样点位。例如欲测设曲线上的一点 i,在 ZY 点设站,瞄准交点 JD,转动 δ_i,再从$(i-1)$点量一规定长度 C,长度与方向交会即得出 i 点。

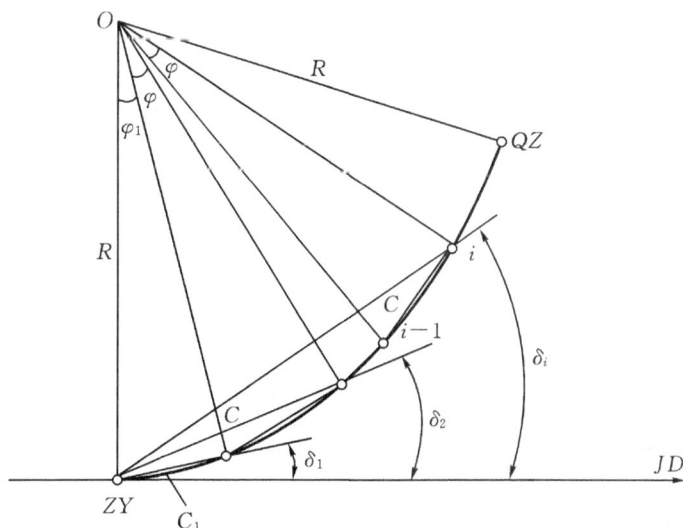

图 $3-1-11$　偏角法测设圆曲线

(1)标定要素的计算

由于圆曲线半径远远大于桩距,因此可以近似认为圆弧的弦长 C 等于弧长。在实际工作中,为了便于测量和施工,要求圆曲线上各曲线桩按整桩号法设置,但曲线的起点(ZY)和终点(YZ)及曲线中点(QZ)的里程常常不是桩距的整倍数,所以在曲线两端就会出现小于桩距的弦。例如 ZY 的里程为 $DH3+12.345$,而第一个曲线桩的里程为 $DH3+20.000$,于是 C_1 等于 7.655 m。

设首末两端的弦长分别为 C_1、C_n,对应的圆心角为 φ_1、φ_n。其余的弦长为 C,对应的圆心角为 φ,则偏角分别为:

$$
\left.
\begin{aligned}
\delta_1 &= \frac{\varphi_1}{2} = \frac{90° \cdot C_1}{\pi R} \\
\delta_2 &= \delta_1 + \frac{\varphi}{2} = \delta_1 + \delta \\
\delta_3 &= \delta_1 + 2 \cdot \frac{\varphi}{2} = \delta_1 + 2\delta \\
&\cdots\cdots \\
\delta_i &= \delta_1 + (i-1) \cdot \frac{\varphi}{2} = \delta_1 + (i-1)\delta \\
\delta &= \frac{\varphi}{2} = \frac{90° \cdot C}{\pi R}
\end{aligned}
\right\}
\qquad (3-1-5)
$$

(2)测设步骤

①ZY 点安置经纬仪,照准切线(JD),并使度盘读数为 0;

②拨偏角 δ_1,沿视线方向自 ZY 点起量取 C_1,得第一个曲线桩点位置;

③拨偏角 δ_2,从 1 点起量取 C,与视线相交得第 2 个曲线桩点位置;

④同法可测设出其余各点,一直测设到曲线中点(QZ),并与 QZ 校核;

⑤将仪器搬到曲线另一端 YZ 点,同样测设另一半曲线。

用偏角法测设圆曲线的计算和操作方法都比较简单、灵活,故应用比较广泛。如果使用光电测距仪或全站仪进行作业,可直接用极坐标法进行曲线测设。

三、虚交点法测设圆曲线主点

虚交是指线路交点 JD 落入水中或遇建筑物等不能设置仪器时的处理方法。有时交点虽可定出,但因转向角很大,交点远离曲线或遇地物等障碍,也可改成虚交。遇到虚交点情况可结合现场实际选择灵活的方法测设圆曲线主点。下面介绍圆外基线法测设圆曲线主点。

如图 3-1-12 所示,路线交点 JD 落入河里,不能设桩。为此在曲线外侧沿两切线方向各选择一辅助点 A 和 B,构成圆外基线 AB。测出 α_A 和 α_B,同时丈量出 AB 长度,所测角度和距离均应满足规定的限差要求。

由图 3-1-12 可知:

$$\alpha = \alpha_A + \alpha_B \qquad (3-1-6)$$

$$a = AB\,\frac{\sin\alpha_B}{\sin\alpha} \qquad (3-1-7)$$

$$b = AB\,\frac{\sin\alpha_A}{\sin\alpha}$$

根据转向角 α 和选定的半径 R，可算得切线长 T 和曲线长 L。再由 a、b、T，计算辅助点 A、B 至曲线 ZY 点和 YZ 点的距离 t_1 和 t_2。

$$\left.\begin{array}{l} t_1 = T - a \\ t_2 = T - b \end{array}\right\} \qquad (3-1-8)$$

如果计算的 t_1、t_2 出现负值，说明曲线的 ZY 点、YZ 点位于辅助点与虚交点之间。根据 t_1、t_2 即可定出曲线的 ZY 点和 YZ 点。

设 MN 为曲中点 QZ 的切线，则

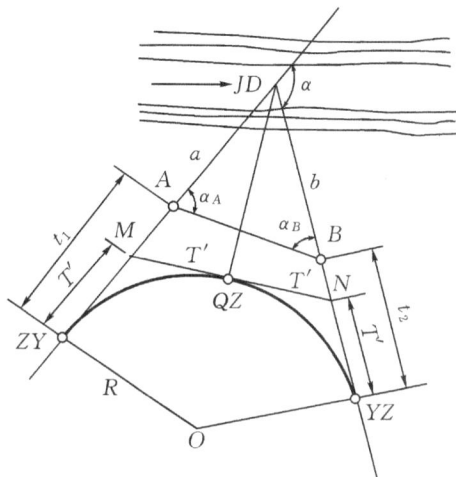

图 3-1-12　圆外基线法测设圆曲线

$$T' = R\tan\frac{\alpha}{4} \qquad (3-1-9)$$

测设时由 ZY 和 YZ 点分别沿切线量出 T' 得 M 点和 N 点，再由 M 点或 N 点沿 MN 或 NM 方向量 T' 即得 QZ 点。曲线主点定出后，即可用偏角法进行曲线的详细测设。

任务四　带缓和曲线的圆曲线测设

知识要点：带缓和曲线的圆曲线测设的内容和方法。

技能要点：能够进行带缓和曲线的圆曲线的测设。

一、缓和曲线的性质和形状

车辆在曲线上行驶，会产生离心力。为了抵消离心力的影响，要把曲线路面外侧加高，称为超高。在直线上超高为 0，在圆曲线上超高为 h，这就需要在直线与圆曲线之间插入一段曲率半径由无穷大逐渐变化至圆曲线半径 R 的曲线，使超高由 0 逐渐增加到 h，同时实现曲率半径的过渡，这段曲线称为缓和曲线。缓和曲线的长度，应根据线路等级、圆曲线半径和行车速度等因素来确定。目前我国公路和铁路系统中，多采用回旋线（又称辐射螺旋线）作为缓和曲线。以缓和曲线起点为原点，过该点的曲线切线为 x 轴，半径为 y 轴，则缓和曲线的参数方程为：

$$\left.\begin{array}{l} x = l - \dfrac{l^5}{40R^2 l_0^2} \\[2mm] y = \dfrac{l^3}{6Rl_0} \end{array}\right\} \qquad (3-1-10)$$

式中：l——缓和曲线上的点到坐标原点的曲线长度；

　　　l_0——缓和曲线长度；

R——圆曲线半径。

在直线和圆曲线之间加入缓和曲线的方法是:原来的圆曲线半径保持不变,而圆心向内侧移动,在垂直于切线方向上移动的距离为 p;因曲线圆心内移和增加缓和曲线而使切线增长一段距离 m;原来圆曲线的两端长各为 $\frac{l_0}{2}$ 的一段(圆心角为 β_0)均为缓和曲线所代替。故缓和曲线大约有一半在原圆曲线范围内,而另一半在原直线范围内,如图 3-1-13 所示。缓和曲线终点的倾角 β_0、圆曲线内移量 p 和切线延伸量 m 是确定缓和曲线的主要参数,称缓和曲线常数。其计算公式为:

$$\left.\begin{array}{l} \beta_0 = \dfrac{90 l_0}{\pi R} \\[2mm] p = \dfrac{l_0^2}{24R} \\[2mm] m = \dfrac{l_0}{2} - \dfrac{l_0^3}{240R^2} \end{array}\right\} \qquad (3-1-11)$$

其中,R 和 l_0 为已知设计数据。

二、主点的测设

1. 标定要素的计算

如图 3-1-13 所示,缓和曲线的主点有直缓点 ZH、缓圆点 HY、曲线中点 QZ、圆缓点 YH 和缓直点 HZ。其标定要素有切线长 T、曲线长 L、外矢距 E_0 和切曲差 q 等,计算公式如下:

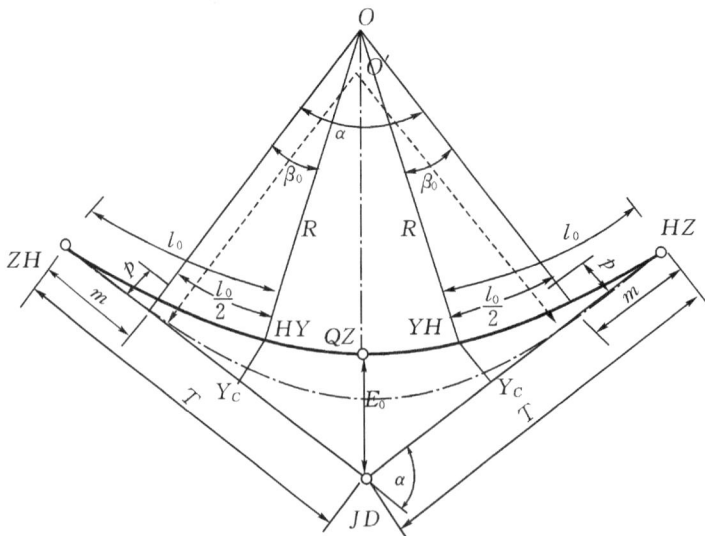

图 3-1-13 带有缓和曲线的圆曲线

$$T=(R+p)\tan\frac{\alpha}{2}+m$$

$$L=\frac{R(\alpha-2\beta_0)\pi}{180}+2l_0$$

$$E_0=(R+p)\sec\frac{\alpha}{2}-R$$

$$q=2T-L \tag{3-1-12}$$

$$x_0=l_0-\frac{l_0^3}{40R^2}$$

$$y_0=\frac{l_0^2}{6R}$$

x_0、y_0 为缓和曲线终点 HY 的坐标。

2. 主点里程的计算

主点里程的计算方法同圆曲线。

【例 3-1-2】已知 $R=600$，$l_0=60$，$\alpha=20°18'40''$，JD 的里程为 $DK8+449.14$。试计算标定要素和主点里程。

解：根据公式(3-1-11)、(3-1-12)可求得标定要素为：

$\beta_0=2°51'53''$	$m=29.9975$	$p=0.25$	$T=137.52$
$L=272.70$	$E_0=9.80$	$q=2.34$	

JD	$DK8+449.14$
$-)T$	137.52

ZH	$DK8+311.62$
$+)l_0$	60.00

HY	$DK8+371.62$
$+)L/2-l_0$	76.35

QZ	$DK8+447.97$
$+)L/2-l_0$	76.35

YH	$DK8+524.32$	JD	$DK8+449.14$
$+)l_0$	60.00	$+)T-q$	135.18

HZ	$DK8+584.32$	HZ	$DK8+584.32$

3. 主点测设

首先将经纬仪安置在 JD，在切线方向上，从 JD 向两切线方向量出切线长 T，定出 ZH 点和 HZ 点。在丈量切线的同时，从 ZH 和 HZ 向 JD 方向量 x_0，定出 HY 和 YH 在切线上的垂足 Y_c，然后将仪器搬到 Y_c，在切线的垂直方向上量出 y_0，定出 HY 和 YH 点。仪器安

置在 JD 时定出分角线 $(180°-\alpha)/2$,沿分角线方向量 E_0,定出 QZ,重复上述操作两次。

三、带有缓和曲线的圆曲线的详细测设

带有缓和曲线的圆曲线可以用偏角法进行详细测设,其方法与圆曲线测设相同。下面介绍用切线支距法的测设过程。

切线支距法即直角坐标法,支距即垂距,相当于直角坐标中的 y 值。此方法以 ZH 和 HZ 为坐标系原点,过 ZH 和 HZ 的切线为 x 轴,和垂直于 x 轴的 y 轴组成直角坐标系,计算出缓和曲线和圆曲线上各曲线桩的坐标 x、y 值,根据平面直角坐标法定出各曲线桩,如图 3-1-14 所示。

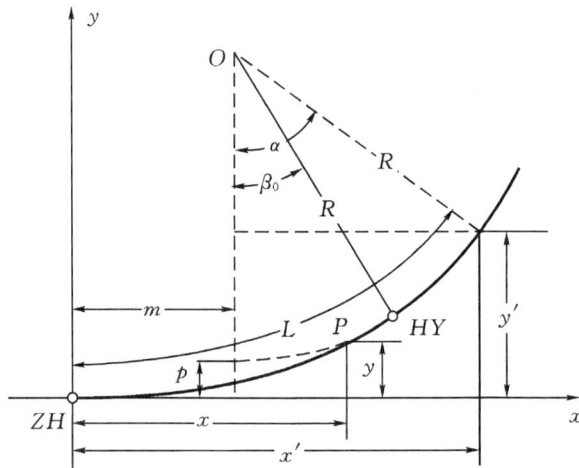

图 3-1-14　切线支距法测设圆曲线

缓和曲线各点坐标的计算按公式(3-1-10)进行,圆曲线各点坐标的计算公式为:

$$\left.\begin{array}{l} x = R \cdot \sin\alpha + m \\ y = R(1 - \cos\alpha) + p \\ \alpha = \dfrac{(L - l_0) \cdot 180°}{\pi R} + \beta_0 \end{array}\right\} \tag{3-1-13}$$

具体测设步骤:

(1)取 $L = 0, 10, 20, \cdots$,当 $L \leqslant l_0$ 时,以 L 作为 l 代入公式(3-1-10);$L > l_0$ 时代入公式(3-1-13),求得各桩点的坐标 (x, y);

(2)将仪器安置在 ZH 点,瞄准 JD,沿此方向量取 x,得到各曲线桩在切线上的垂足;

(3)在各垂足处测设直角,并在垂线方向上量出相应的 y 值,即得各曲线桩的位置;

(4)将仪器搬到 HZ 点,用同样方法测设曲线的另一半。

回头曲线、复曲线等平面曲线的测设方法与圆曲线和带有缓和曲线的圆曲线的测设方法相同,不再叙述。

任务五 道路纵、横断面测量

知识要点:道路纵横断面测量的内容和方法。

技能要点:能够进行道路纵横断面测量。

一、道路纵断面测量

道路纵断面测绘的任务是沿着地面上已经定出的线路测出所有中线桩的高程,并根据测得的高程和各桩的里程绘制线路的纵断面图,为线路纵断面设计服务,以确定线路的坡度、路基的标高和填挖高度以及沿线桥梁、隧道的位置等。

为了提高测量精度和有效地进行成果检核,道路的纵断面测量一般分为高程控制测量(又称基平测量)和中桩高程测量(又称中平测量)两步进行。

1. 基平测量

基平测量一般采用国家统一的高程系统,独立工程或要求较低的路线工程在与国家水准点联测有困难时可采用假定高程。

基平测量的水准点,其设置应根据需要和用途,设置永久性或临时性水准点,其位置应选在稳固、醒目、便于引测以及施工时不易遭受破坏的地方。永久点可埋设标石,也可设置在永久性建筑的基础上或用金属标志嵌在基岩上。水准点的密度应根据地形和工程要求而定,在桥梁、隧道口及其它大型构筑物附近应增设水准点。基平测量的方法和要求可参照等外水准测量进行,重点工程可按四等水准测量进行。

2. 中平测量

(1)中平测量方法

中平测量一般是以基平测量所建立的水准点开始,逐个测定中桩的地面高程。当进行到前一个水准基点时,应使水准路线附合一次,其允许闭合差对于铁路、高速公路、一级公路及要求较高的线路为 $\pm 30\sqrt{L}$ mm;二级、二级以下公路以及一般线路工程为 $\pm 50\sqrt{L}$ mm(L 为测段长度,以 km 为单位)。中桩地面高程允许误差对于铁路、高速公路、一级公路为 ± 5 cm,其它线路工程为 ± 10 cm。

(2)纵断面图的绘制

线路纵断面图是表示线路中线上地面起伏变化情况和纵坡设计的线状图。不同的线路工程其纵断面图所绘制的内容会有所不同。

纵断面图以线路的里程为横坐标,中桩的高程为纵坐标。横坐标的比例尺一般取 1:5 000、1:2 000 或 1:1 000,高程的比例尺则比里程比例尺大 10 倍,取 1:500、1:200 或 1:100。以图 3-1-15 为例,图的上半部一条细的折线,即表示中线方向的实际地面线,另一条粗线,是包含竖曲线在内的纵坡设计线,是在设计时绘制的。此外,图上还注有水准点的位置和高程、桥涵的类型、孔径、跨度、长度、里程桩号和设计水位、竖曲线示意图及其曲线元素,与现有公路、铁路等工程建筑物的交叉点的位置和有关说明等。

图的下部注有有关测量及纵坡设计的资料。

纵断面图的绘制一般可按下列步骤进行:

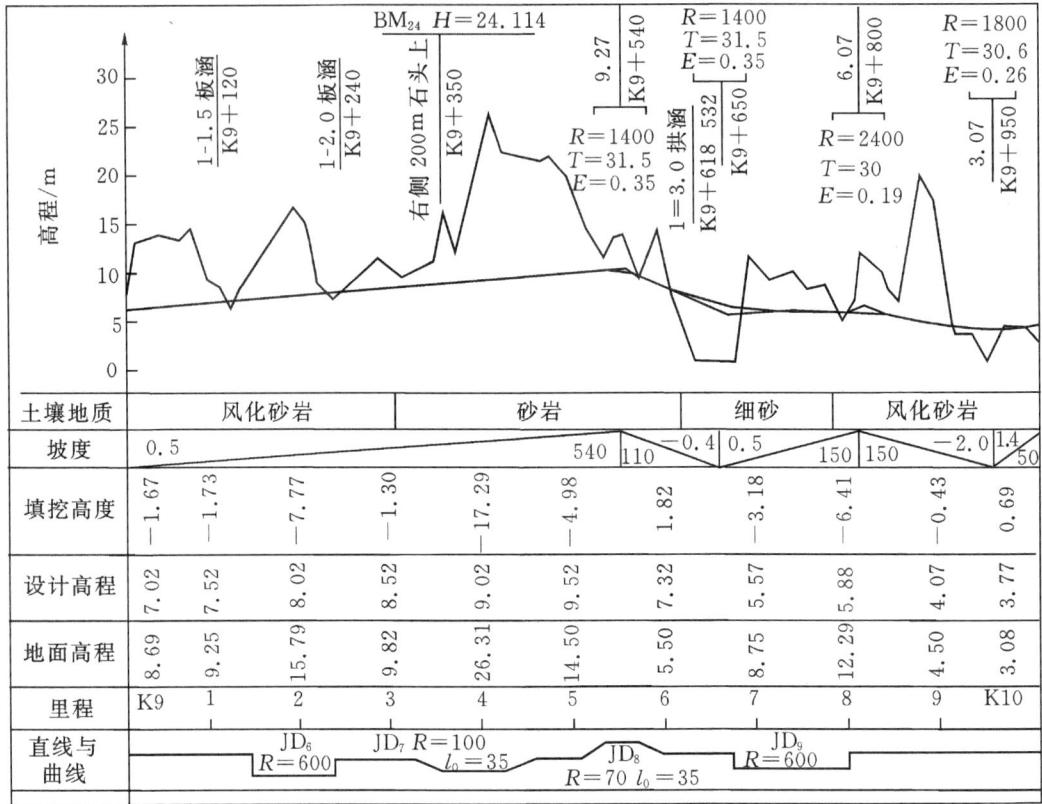

图 3-1-15 道路纵断面图

①绘制表格,根据选定的里程比例尺和高程比例尺,在表格里填写里程桩号、地面高程、直线和曲线及其它说明资料。

②依据选定的纵、横比例尺依次绘出各中桩的地面位置,再用直线将相邻点连接起来,就得到地面线。

③根据设计的坡度计算设计高程并绘制设计的纵坡线。

各点的设计高程的计算:

$$H_P = H_0 + iD \tag{3-1-14}$$

式中:H_0——起算点的高程;

i——设计坡度;

D——推算点至起算点的水平距离。

④计算各桩的填挖高度 填挖高度等于设计高程与地面高程之差,正号为填高,负号为挖深。

⑤在图上注记有关资料,如水准点、桥涵、竖曲线等。

二、道路横断面测量

道路横断面测量是测定中线各里程桩两侧垂直于中线的地面距离和高程,绘制断面图,供线路工程设计、计算土石方量以及施工边桩测设之用。在线路上所有的百米桩、加桩处及桥头、隧道洞口及重点工程地段均需测绘横断面,它是定测阶段的一项很大工作量。

1. 横断面测量

进行横断面测量,首先需选定横断面方向。一般直线地段的横断面方向与线路方向垂直,在曲线地段一般与各点的切线方向垂直。横断面方向的确定,一般可用方向架和经纬仪等进行。

横断面测量的方法很多,一般常用的方法有下列两种:

(1)经纬仪测量横断面　将仪器安置于中线上,读取中线桩两侧地形变化点的视距和竖直角。计算出各点相对于中线桩的水平距离和高差。此法适用于地形变化大的山区。

(2)水准仪测量横断面　在平坦地区可使用水准仪测量横断面。施测时,先用方向架定出横断面方向,如图 3-1-16 所示,安置好水准仪,以中桩为后视,以横断面方向上各变坡点为前视,测得各变坡点高程。用皮尺丈量横断面上各变坡点至中桩的距离。

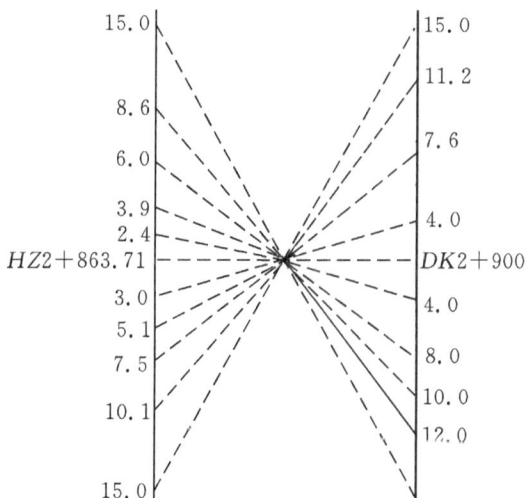

图 3-1-16　水准仪测量横断面

2. 横断面图的绘制

横断面图一般采用现场边测边绘的方法,以便及时对横断面进行核对。也可在现场作好记录,回到室内绘图。横断面图一般是绘制在毫米方格纸上。为了便于计算面积和设计路基断面,其水平距离和高程采用同一比例尺,通常为 1:200 或 1:100。绘图时,先将中桩位置标出,然后依比例尺绘出左右两侧变坡点,用直线连接相邻变坡点,即得横断面图。如图 3-1-17 所示,图中粗线为中基横断面设

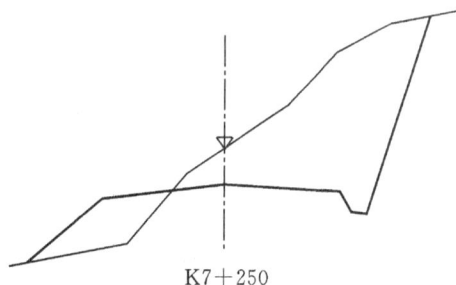

图 3-1-17　道路横断面图

计线。通常按断面里程的顺序将各里程桩的横断面图逐一绘制在一张图纸上,其排列顺序是由下而上,从左到右。

任务六　道路施工测量

知识要点:道路施工测量的内容和方法。

技能要点:能够进行路基边桩、边坡的测设及竖曲线的测设等。

道路施工测量主要包括恢复路线中线、路基边桩和边坡的测设、竖曲线的测设等工作。

一、路线中线的恢复

1.施工测量前的准备工作

在恢复路线前,测量人员需熟悉设计图纸,了解设计意图对测量精度的要求,到实地找出各交点桩、转点桩、主要的里程桩及水准点位,了解移动、丢失情况,拟定解决办法。

2.恢复中桩

实地查看后,根据原定路线对丢失和移动的桩位进行复核,及时进行补充,并根据施工需要进行曲线测设,将有关涵洞、挡土墙等构筑物的位置在实地标定出来。对部分改线地段则应重新测设定线,测绘相应的纵横断面图。

3.测设施工控制桩

由于中线上所定的各桩点在施工中往往被破坏,在实际施工中,为了确定中线桩的桩点,在离中桩一定距离处,且不受施工干扰、易于保存的地方设立施工控制桩,以便在施工时能很快恢复中线桩的点位。其方法有:

(1)平行线法　如图 3-1-18 所示,在路基以外测设两排平行于中线的施工控制桩。此法适用于地势平坦、直线段较长的地段。

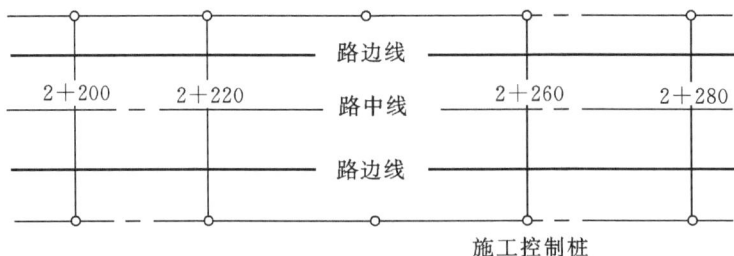

图 3-1-18　平行线法定施工控制桩

(2)延长线法　延长线是在道路转折处的中线延长线上以及曲线中点(QZ)至交点(JD)的延长线上打下施工控制桩,如图 3-1-19 所示。延长线法多用在地势起伏较大、直线段较短的山区公路,主要是为了控制 JD 的位置,故应量出控制桩到 JD 的距离。

二、路基边桩的测设

测设路基边桩就是将每一个横断面的路基两侧的边坡线与地面的交点,用木桩标定在

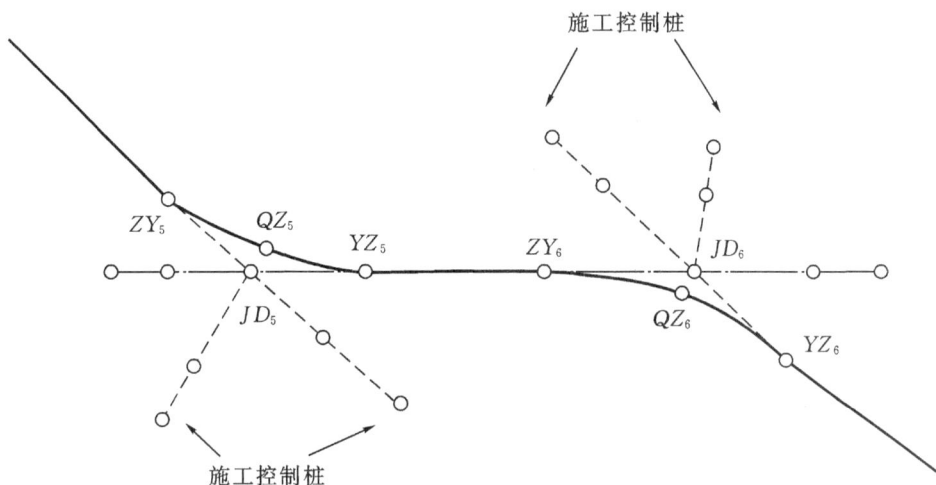

图 3-1-19 延长线法定施工控制桩

实地上,作为路基施工的依据。边桩的位置由两侧边桩到中桩的平距来确定。常用的测设方法如下:

1. 图解法

即直接在路基设计的横断面图上,按比例量取中桩至边桩的距离,然后在实地用钢尺沿横断面方向将边桩丈量并标定出来。在填挖方不大时,采用此方法较简便。

2. 解析法

根据路基填挖高度、边坡率、路基宽度及横断面地形情况,先计算出路基中线桩至边桩的距离,然后在实地沿横断面方向按距离将边桩放出来。具体方法按以下两种情况进行。

(1)平坦地段的边桩测设 如图 3-1-20 为填土路堤,坡脚桩至中桩的距离为

$$D = \frac{B}{2} + mH \qquad (3-1-15)$$

图 3-1-21 为挖方路堑,坡顶桩至中桩的距离 D 为

$$D = \frac{B}{2} + s + mH \qquad (3-1-16)$$

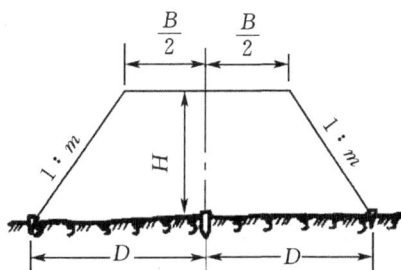

图 3-1-20 填土路堤

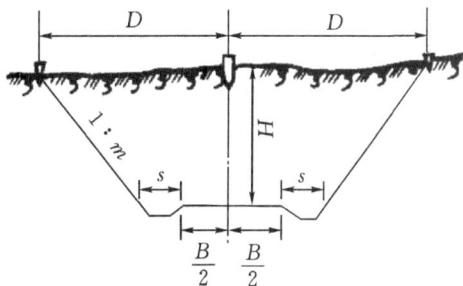

图 3-1-21 挖方路堑

式中:B——路基设计宽度;

$1:m$——路基边坡坡度；

H——填土高度或挖土高度；

s——路堑边沟顶宽。

以上是断面位于直线段时求算 D 值的方法。若断面位于曲线上有加宽时，在以上述方法求出 D 值后，还应在加宽一侧的 D 值中加上加宽值。

(2)倾斜地段的边桩测设 在倾斜地段，边桩至中桩的平距随着地面坡度的变化而变化。如图 3-1-22 所示，路基坡顶、坡脚至中桩的距离 $D_上$、$D_下$ 分别为

$$
\left.\begin{aligned}
D_上 &= \frac{B}{2} + m(H - h_上) \\
D_下 &= \frac{B}{2} + m(H + h_下)
\end{aligned}\right\} \qquad (3-1-17)
$$

如图 3-1-23 所示，路堑坡顶、坡脚至中桩的距离 $D_上$、$D_下$ 分别为

$$
\left.\begin{aligned}
D_上 &= \frac{B}{2} + s + m(H + h_上) \\
D_下 &= \frac{B}{2} + s + m(H - h_下)
\end{aligned}\right\} \qquad (3-1-18)
$$

式中：$h_上$、$h_下$——分别为上、下侧坡脚（或坡顶）至中桩的高差。

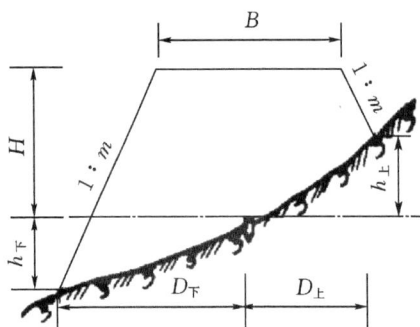

图 3-1-22 斜坡上路堤   图 3-1-23 斜坡上路堑

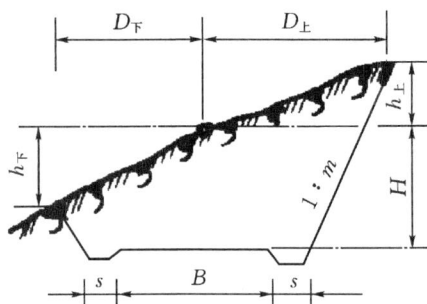

式(3-1-17)、式(3-1-18)中 B、s 和 m 为已知，故 $D_上$、$D_下$ 随 $h_上$、$h_下$ 变化而变化。由于边桩未定，所以 $h_上$、$h_下$ 均为未知数。因此实际工作中采用逐渐趋近法测设边桩。先根据地面实际情况，并参考路基横断面图，估计边桩的位置。然后测出该估计位置与中桩的高差，并以此作为 $h_上$、$h_下$ 代入式(3-1-17)或式(3-1-18)计算 $D_上$、$D_下$，并据此在实地定出其位置。若估计位置与此相符，即得边桩位置。否则应按实测资料重新估计边桩位置，重复上述工作，直至相符为止。

三、路基边坡的测设

在放样出边桩后，为了保证填、挖的边坡达到设计要求，还应把设计边坡在实地标定出来，以方便施工。

1. 用竹杆、绳索测设边坡

如图 3-1-24 所示，O 为中桩，A、B 为边桩，CD 为路基宽度。测设时在 C、D 处竖立竹

杆,在高度等于中桩填土高度 H 处的 C′、D′ 点用绳索连接,同时由点 C′、D′ 用绳索连接到边桩 A、B 上。当路堤填土较高时,也可随路基分层填筑分层挂线。

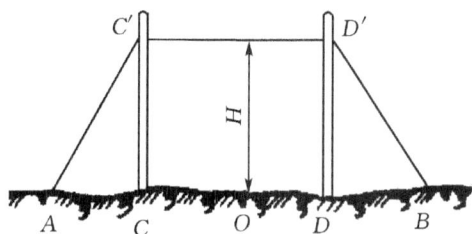

图 3-1-24 用竹杆、绳索放边坡

2.用边坡样板测设边坡

施工前按照设计边坡制作好边坡样板,施工时,按照边坡样板进行测设。

(1)用活动边坡尺测设边坡 如图 3-1-25 所示,当水准器气泡居中时,边坡尺的斜边所指示的坡度正好为设计边坡坡度,可依此来指示与检核路堤的填筑,或检核路堑的开挖。

(2)用固定边坡样板测设边坡 如图 3-1-26 所示,在开挖路堑时,在坡顶桩外侧按设计坡度设立固定样板,施工时可随时指示并检核开挖和修整情况。

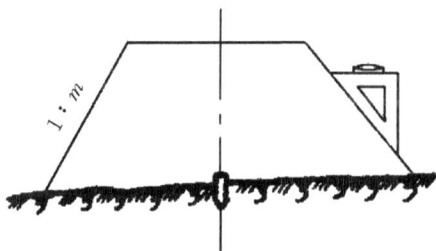

图 3-1-25 活动坡板放边坡

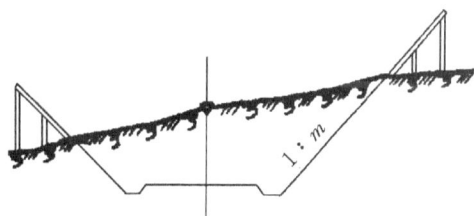

图 3-1-26 固定样板放边坡

四、竖曲线的测设

测设竖曲线时,根据路线纵断面图设计中所设计的竖曲线半径 R 和相邻坡道的坡度 i_1、i_2,计算测设数据。如图 3-1-27 所示,竖曲线元素的计算可用平曲线的计算公式

$$T = R\tan\frac{\alpha}{2}$$

$$L = R\alpha \qquad\qquad (3-1-19)$$

$$E = R(\sec\frac{\alpha}{2} - 1)$$

由于竖曲线的转角 α 很小,可简化为

$$\alpha = (i_1 - i_2)$$

$$\tan\frac{\alpha}{2} \approx \frac{\alpha}{2}$$

因此 $\qquad T=\dfrac{1}{2}R(i_1-i_2)$

$\qquad\qquad L=R(i_1-i_2)$

因 α 很小可以认为 $\quad DF=E$

$\qquad\qquad AF=T$

根据三角形 ACO 与 ACF 相似,可以得出

$\qquad\qquad R:T=T:2E$

$\qquad\qquad E=\dfrac{T^2}{2R}$

同理,可导出竖曲线中间各点按直角坐标法测设的纵距(亦称标高改正值)计算公式

$$y_i=\dfrac{x_i^2}{2R} \qquad (3-2-20)$$

计算出各桩的竖曲线高程后,即可在实地进行竖曲线的测设。

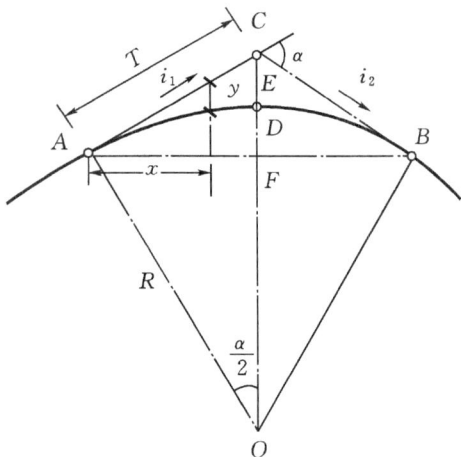

图 3-1-27 竖曲线测设元素

项目小结

1. 道路工程施工平面控制网一般采用附合导线或导线网,而高程控制网则通常采用水准网或 GPS 高程网。

2. 道路中线测量先通过定线测量将设计的道路中心线上的主要转向点测设于实地,再进行中桩测设,将中线上的各类点测设到实地,同时测绘整个线路的纵横断面图。

3. 道路曲线测设包括曲线的主点测设和细部点测设,其方法是首先根据设计参数计算曲线要素,根据曲线要素计算所有主点和细部点的坐标,再将其转换为测量坐标系坐标,然后进行测设。

4. 道路纵断面测量主要是沿道路的中线方向测绘纵断面图,横断面测量是在各桩位置沿中线的垂线方向测绘各桩位的横断面图。纵、横断面图是线路(包括道路、河道、管道、输电线路等)设计、施工的基础资料和重要依据。

5. 道路施工测量主要包括复测、恢复中线、施工控制桩测设、路基边坡桩测设及竖曲线测设等。

思考题与习题

1. 道路工程测量的主要内容有哪些?

2. 道路中线测量的主要内容是什么?

3. 什么是转折角?中线的主点?圆曲线测设元素?圆曲线的主点?

4. 道路施工测量有哪些主要内容?

5. 已知转折角 $\alpha=25°05'$,圆曲线半径 $R=50$ m,试利用公式求测设元素?

6. 已知 JD_5 里程桩号为 K2+113.28,转角 $\alpha=25°05'$,$R=50$ m,试求圆曲线主点的桩

号？并计算校核。

7.已知交点的里程桩号为 $K3+182.76$,测得转角 $\alpha_右=25°48'10''$,选定圆曲线半径为 $R=300$ m,采用偏角法按整桩号设桩,试计算各桩的偏角和弦长(要求前半曲线由曲线起点开始测设,后半曲线由曲线终点开始测设),并绘出示意图说明测设步骤。

8.已知交点的里程桩号为 $K21+476.21$,测得转角 $\alpha_右=37°16'00''$,圆曲线半径 $R=300$ m,缓和曲线长 $l_0=60$ m,试计算该曲线的标定要素、主点里程,并说明主点的测设方法。

9.道路纵、横断面测量的任务是什么？

项目二　桥梁与隧道施工测量

▶ **项目概述**

本项目主要包括桥梁施工控制测量、基础施工测量、桥墩桥台顶部施工测量、桥梁架设施工测量，隧道控制测量、隧道掘进施工测量及竖井联系测量等。

▶ **学习目标**

①了解桥梁勘测的目的及任务；②理解小型桥梁施工测量的内容及方法；③掌握大、中型桥梁桥墩桥台顶部施工测量、桥梁架设施工测量的过程；④能够进行隧道中线及腰线的标定工作；⑤熟悉竖井定向测量及导入高程的整个过程。

任 务 一　桥 梁 施 工 测 量

知识要点：桥梁施工测量的内容和方法。

技能要点：能够进行桥墩、桥台定位测量及桥梁架设施工测量。

随着交通运输事业的发展，桥梁建设日益增多。测量工作在桥梁的勘测设计、建筑施工及运营管理期间都起着重要作用。桥梁工程测量包括桥梁勘测和桥梁施工测量两部分。

桥梁勘测的目的是为了选择桥址和为设计工作提供地形和水文资料。对于中小型桥梁和技术条件简单、造价比较低廉的桥梁，其桥址位置往往由线路决定，不需要单独进行设计，而是包括在线路勘测之内。对于特大型桥梁或技术条件复杂的桥梁，因其工程量大、造价高、施工期限长，线路的位置需要服从桥梁的位置。为能选择出最优的的桥址，通常需要单独进行勘测。

桥梁勘测的主要工作包括：桥位控制测量、桥渡线跨河长度测量、桥位地形图测绘、桥轴线纵横断面测量、水文地质调查等。

勘测阶段的测量工作与一般地形测量方法和要求基本相同，在此不再赘述。本任务着重介绍桥梁的施工测量。

一、小型桥梁施工测量

小型桥梁跨度小，工期不长，一般用临时筑坝截流或选在枯水季节进行施工。

1. 桥轴线及控制桩的测设

桥梁的中心线称为桥轴线。图 3-2-1 为一座两跨的小型桥梁。测设时，首先在线路中线上，依桥位桩号准确地标出桥台和桥墩的中心桩位 A、B、C，在河道两岸测设桥位控制桩 k_1、k_2、k_3、k_4。然后分别在 A、B、C 点上安置经纬仪，测设桥台和桥墩的中心线，并在两侧各设两个以上控制桩，如 a_1、a_2，b_1、b_2，c_1、c_2，……。如果 A、B、C 等桥台、桥墩中心不能安置仪器，则可在两岸先布设控制点，然后用交会法定出各轴线。

2. 基础施工测量

基坑开挖前，应先根据桥台桥墩的中心线定出基坑开挖边界线，基坑上口尺寸要根据基坑坑深、坡度、土质情况和施工方法确定。当基坑挖到一定深度后，应在坑壁上测设距基底

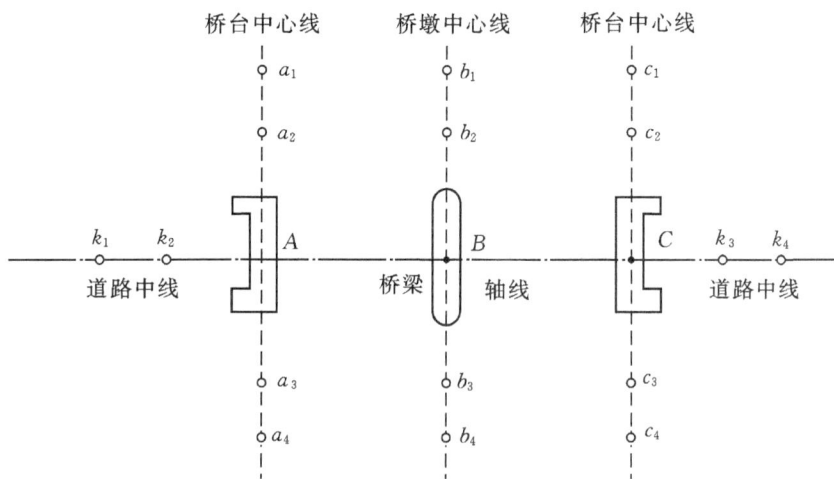

图 3-2-1 小型桥梁施工控制桩

设计面为一定高差(如 1 m)的水平桩,作为控制挖深及基础施工中掌握高程的依据。

基础完工后,应根据上述桥位控制桩和墩、台控制桩用经纬仪在基础面上测设出墩、台中心及相互垂直的纵、横轴线,根据纵、横轴线即可测设桥台、桥墩的外廓线,作为砌筑墩、台的依据。

3. 墩、台顶部施工测量

为控制桥墩台的砌筑高度,当桥墩台砌筑到一定高度时,应根据水准点在墩台的每侧测设一条距顶部一定高度的水平线。在墩帽、顶帽施工时,则应用水准仪依水准点控制其高程,使其误差在±10 mm 以内;用经纬仪依中线桩检查墩台的两个方向的中线位置,其偏差应在±10 mm 以内;同时应检查墩、台间距,相对误差应小于 1/5000。

二、大、中型桥梁施工测量

建造大、中型桥梁时,因江河宽阔,桥墩在水中建造,且墩台较高,基础较深,墩间跨距大,梁部结构复杂,对桥轴线测设、墩台定位等要求较高。为此,需要在施工前布设平面控制网和高程网,以用于墩台定位和架设梁部结构。控制网的等级应根据桥长合理确定。高程控制网的主要形式是水准网,平面控制网的形式既可以是传统的三角网、导线网,也可以布设 GPS 网。在平面控制网和高程控制网布设后,即可用精密的方法进行墩台定位和梁部结构架设测量。

(一)桥梁墩台定位测量

准确测设桥梁墩台的中心位置,这个工作称为墩台定位。墩台定位常用的有交会法和极坐标法两种测设方法。

1. 交会法

如图 3-2-2 所示,P_i 为第 i 号桥梁墩台的中心,d_i 为 P_i 至桥轴线控制点 A 的距离,基线 D_1、D_2 及角度 θ_1、θ_2 均为已知值,现采用方向交会法进行第 i 号桥墩的墩台定位。

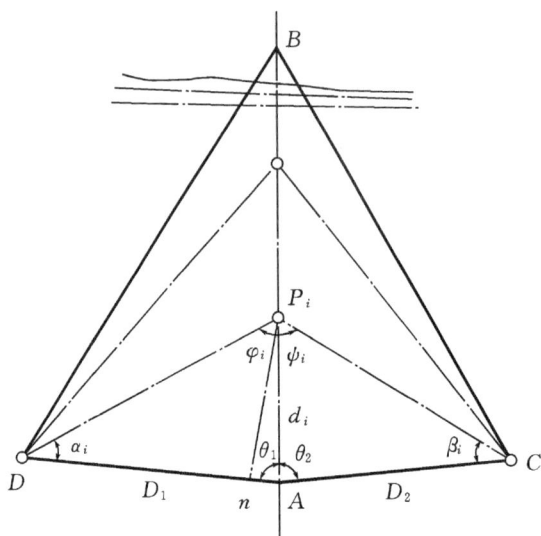

图 3-2-2 方向交会法测设桥墩位置

(1)计算交会角 α_i、β_i

经 P_i 向基线 AD 作辅助垂线 $P_i n$,则有

$$\tan\alpha_i = \frac{P_i n}{Dn} = \frac{d_i \sin\theta_1}{D_1 - d_i \cos\theta_1}$$

$$\alpha_i = \arctan \frac{d_i \sin\theta_1}{D_1 - d_i \cos\theta_1} \qquad (3-2-1)$$

同理得

$$\beta_i = \arctan \frac{d_i \sin\theta_2}{D_2 - d_i \cos\theta_2} \qquad (3-2-2)$$

为了检核 α_i、β_i 可参照求算 α_i、β_i 的方法,计算 φ_i 及 ψ_i,即

$$\left.\begin{aligned} \varphi_i &= \arctan \frac{D_1 \sin\theta_1}{d_i - D_1 \cos\theta_1} \\ \psi_i &= \arctan \frac{D_2 \sin\theta_2}{d_i - D_2 \cos\theta_2} \end{aligned}\right\} \qquad (3-2-3)$$

则计算检核公式为

$$\begin{aligned} \alpha_i + \varphi_i + \theta_1 &= 180° \\ \beta_i + \psi_i + \theta_2 &= 180° \end{aligned} \qquad (3-2-4)$$

(2)测设方法

如图 3-2-3 所示,在 C、A、D 三站各安置一台经纬仪。置于 A 站的经纬仪瞄准 B 点,标出桥轴线方向,置于 C、D 两站的仪器,均后视 A 点,以正倒镜分中法测设 α_i、β_i,在桥墩上的人员分别标定出 A、C、D 三测站测设的方向。由于测量误差的影响,三个测站测设的方向构成一个误差三角形。若误差三角形在桥轴线上的边长不大于规定数值(墩底放样为 2.5 cm,墩顶放样为 1.5 cm),则取 C、D 两站测设方向线的交点 P'_i 在桥轴线上的投影 P_i 作为墩

台的中心位置。

交会精度与交会角 γ 有关。当 γ 角在 $90°\sim$ $110°$ 时,交会精度最高。故在选择基线及布网时尽可能使 γ 在 $60°\sim120°$ 之间,γ 不小于 $30°$ 也不大于 $150°$。

2.极坐标法

如被测设的桥梁墩台可以安置棱镜,可直接在某控制点上安置全站仪,根据计算出的标定数据以极坐标法测设墩台中心位置。

(二)桥梁架设施工测量

架梁是桥梁施工的最后一道工序。架梁时需将相邻的墩台联系起来,考虑其相关精度,要求中心点间的方向、距离和高差符合设计要求。

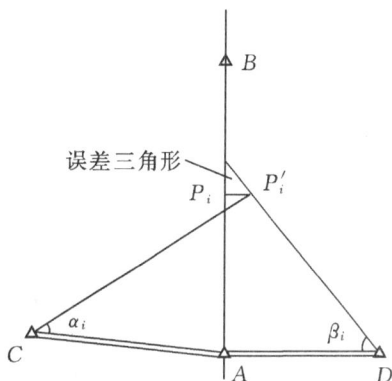

图 3-2-3 误差三角形

桥梁中心线方向测定,在直线部分采用准直法,用经纬仪正倒镜观测,在墩台的中心标板上,刻划出中心线的方向。在曲线部分,则采用测定偏角与弦长的方法标定中心点。

相邻桥墩中心点之间的距离用光电测距仪观测,适当调整中心点使与设计里程完全一致。在中心标板上刻划里程线,与已刻划的方向线正交,形成墩台中心十字线。墩台顶高程用精密水准仪测定,构成水准路线,附合到两岸基本水准点上。

大跨度钢桁架或连续梁采用悬臂或半悬臂安装架设。安装开始前,应在横梁顶部和底部中点作出标志。架梁时,需测量钢梁中心线与桥梁中线的偏差值。在梁的安装过程中,应通过不断地测量以保证钢梁始终在正确的平面位置上,高程位置应符合设计的大节点挠度和整跨拱度的要求。

如果梁的拼装是两端悬臂在跨中合拢,则合拢前的测量重点应放在两端悬臂的相对关系上,例如中心线方向偏差、最近节点高程差和距离差要符合设计和施工的要求。

全梁架通后,做一次方向、距离和高程的全面测量,其成果可作为钢梁整体纵、横移动和起落调整的施工依据,称为全桥贯通测量。

任务二 隧道施工测量

知识要点:隧道施工测量的内容和方法。

技能要点:能够进行中线、腰线的标定及竖井联系测量。

在隧道施工中,尤其是山岭隧道,为了加快工程进度,一般都由隧道两端洞口进行对向开挖。在对向开挖的隧道贯通面上,中线不能吻合,这种偏差称为贯通误差。如图 3-2-4 所示,贯通误差包括纵向误差 Δt、横向误差 Δu、高程误差 Δh。其中纵向误差仅影响隧道中线的长度,施工测量时比较容易满足设计要求,因此通常重点控制贯通面上的横向误差 Δu 和高程误差 Δh。

隧道施工前,要在隧道地面进行控制测量,测量等级要根据隧道的长度以及隧道在贯通面上对贯通误差的要求合理确定。

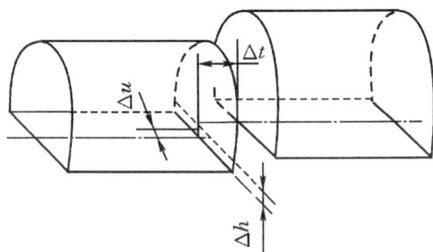

图 3 - 2 - 4 隧道贯通误差

一、隧道开挖方向、里程的测设

隧道外平面和高程控制测量完成后,即可求得洞口控制点(各洞口至少有两个)的坐标和高程,同时可按设计数据计算出洞内中线点的设计坐标和高程。然后,按坐标反算方法,求出洞内设计点位与洞口控制点间的距离、角度和高差关系,由此标定隧道的开挖方向,并测设隧道内的设计点位,指导隧道的掘进施工。

1.开挖方向标定数据的计算

图 3 - 2 - 5 所示为一直线隧道的平面控制网,A、G 为洞口控制点,S_1、S_2 为 A 点洞口进洞后的隧道中线的第一、第二个里程桩。为了标定 A 点洞口隧道中线的开挖方向及进洞后测设中线里程桩 S_1,可按下列公式计算极坐标法标定数据:

$$\alpha_{AB} = \arctan \frac{y_B - y_A}{x_B - x_A}$$

$$\alpha_{AG} = \arctan \frac{y_G - y_A}{x_G - x_A}$$

$$\beta_A = \alpha_{AG} - \alpha_{AB} \tag{3-2-5}$$

$$D_{AS_1} = \sqrt{(x_{S_1} - x_A)^2 + (y_{S_1} - y_A)^2} \tag{3-2-6}$$

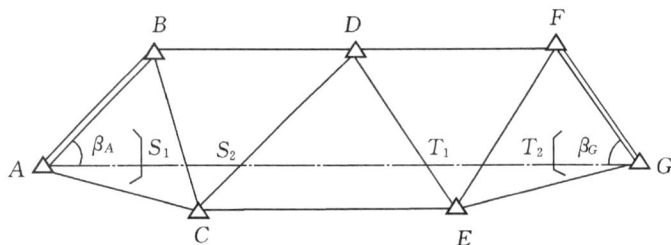

图 3 - 2 - 5 直线隧道开挖方向

G 点洞口的开挖方向标定数据,可以做类似计算。

对于中间有曲线的隧道,其中线转折点(交点)的坐标和曲线半径由设计部门给出,可根据隧道两端洞口控制点与交点坐标,反算两端洞口开挖中线方向及交点里程。当掘进达到曲线段的里程后,可参照测设道路圆曲线的方法测设曲线上的里程桩。

2.洞口开挖方向标定

洞口开挖方向标定数据计算完成后,即可以在 A、G 点安置经纬仪标定隧道两端的开挖方向。通常要在隧道洞口埋设若干个固定点,将中线方向标定于地面上,作为开挖及以后洞内控制点联测的依据。如图 3-2-6 所示,用 1、2、3、4 号桩标定开挖方向,在洞口控制点 A 和隧道中线垂直的方向上埋设 5、6、7、8 号桩。所有固定点均应埋设在施工中不易受破坏的地方,并测定 A 点至 2、3、6、7 号点的水平距离。这样在施工过程中,可以随时检查或恢复洞口控制点的位置和进洞中线和里程。

二、隧道内控制测量

隧道内控制测量的目的是建立隧道内的平面和高程控制,作为测绘和标定隧道中腰线及衬砌位置的基础,保证隧道在要求的精度内贯通。

1.隧道内导线测量

由于受隧道条件限制,隧道内平面控制均以导线形式沿隧道布设。导线的起始点通常设在隧道

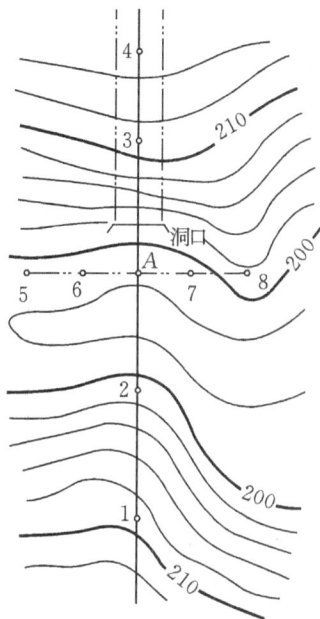

图 3-2-6 洞口控制点和掘进方向的标定

的洞口,其坐标和起始方位角由隧道外地面控制测量测定或通过联系测量传递。

隧道内的导线布设,按照"高级控制低级"的原则进行,一般可分为主要导线、基本导线和施工导线三类。在隧道施工中,其控制导线往往不是一次全面布网,而是随隧道掘进而逐步敷设。如图 3-2-7 所示,当隧道由洞口开挖后,为控制隧道中线的标定,随隧道掘进先敷设施工导线(如图中的实线所示),边长为 25～50 m,每掘进 30～100 m 延长一次。当掘进 100～300 m 时,再敷设精度较高的基本导线(图中 1、3、6、8、12、15 点组成的导线),其边长为 50～100 m,用来检查前面已敷设的施工导线是否正确。当隧道掘进超过 1 km 时,为了保证贯通精度,再敷设精度更高的主要导线(图中的 1、8、15 等点组成的导线),其边长可达 150～800 m。

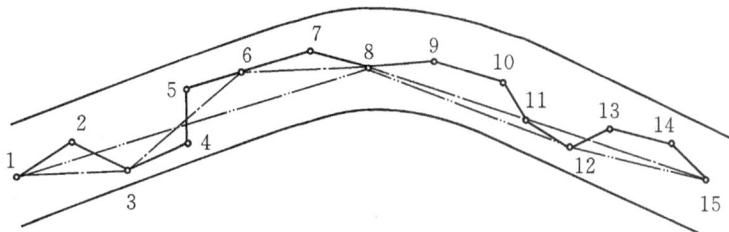

图 3-2-7 隧道内导线示意图

2.隧道内水准测量

隧道内水准测量是以洞口水准点的高程作为起始数据,经高程导入传递到隧道内水准基点。然后由水准基点出发,测定隧道内各水准点的高程,作为施工放样的依据。

隧道内水准测量具有如下特点:

(1)隧道贯通前,隧道内只能布设支水准路线,因此需进行往返测量。隧道贯通后,应将两端支水准路线连成附合水准路线。

(2)可利用导线点作为水准点,主要导线点设置成永久水准点,施工导线点设置成临时水准点。

(3)水准点布设可采用分级布设,先设置施工水准点,再设置永久水准点。永久点应分组设置,每组不少于两个点。各组间距一般为 300～800 m。

(4)水准测量的作业方法与地面相同。当水准点设在顶板时,要倒立水准尺,如图 3-2-8 所示,高差计算仍按 $h_{AB}=a-b$,但倒立尺的读数应以负值代入。

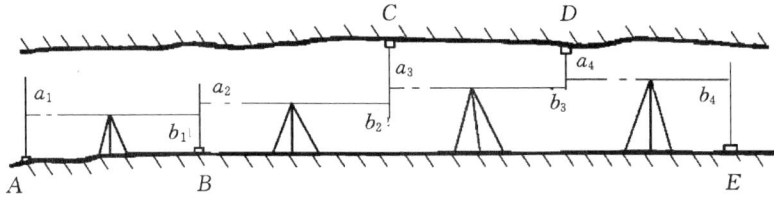

图 3-2-8　地下水准测量

三、隧道掘进施工测量

1.隧道中线标定

图 3-2-9 所示为直线隧道,P_4、P_5 为施工导线点,A、D 为待标定的隧道中线点,标定数据 β_5、L 和 β_A 可由 P_4、P_5 的实测坐标和 A 点设计坐标及隧道中线的设计方位角 α_{AD} 求出。

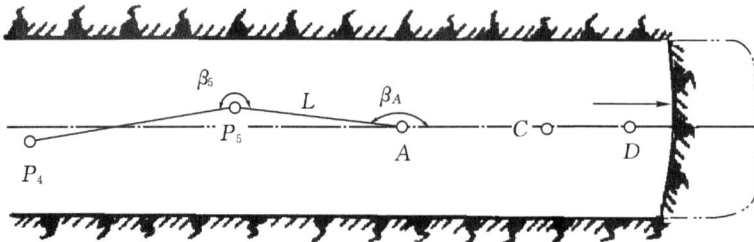

图 3-2-9　直线隧道中线的标定

在求得标定数据后,可将经纬仪置于 P_5 点,后视 P_4 点,用极坐标法标定中线点 A,在 A 点埋设标志。然后在 A 点安置经纬仪,后视 P_5 点,分别用正、倒两个镜位拨角 β_A 给出 D' 和 D'' 点,D' 和 D'' 点往往是不重合的,这时可取 D' 和 D'' 的中点 D 作为中线点。为了检查,还应测定水平角$\angle P_5 AD$与β_A比较作为检核。经检查确认无误,再瞄准点D,在点A与点D中间再标定一个中线点C。这样,点A、C、D就组成了一组中线点。

用一组中线点可指示直线隧道掘进$30\sim 40$ m。在由一组中线点到下一组中线点的隧道掘进过程中,可采用瞄线法或拉线法来指示隧道的掘进方向。

(1)瞄线法 如图3-2-10所示,瞄线法是在中线点A、C、D上分别悬挂垂球,一个人站在中线点A后,沿中线方向瞄视,指挥另一人在掘进头移动矿灯的位置,使矿灯正好位于这组中线点的延长线上。此时,矿灯的位置也就是隧道中线的位置。

(2)拉线法 如图3-2-11所示,拉线法是在一组中线点A、C、D上分别悬挂垂球后,将细绳的一端系在中线点A的垂球线上,另一端拉向掘进头,使细绳与点C、D处的垂球线相切,这时绳另一端点的位置即为隧道中线的位置。

曲线隧道的中线可采用弦线法或偏角法标定,其标定方法与道路圆曲线测设类似。

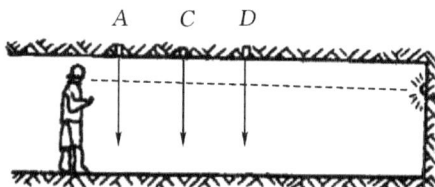

图3-2-10 瞄线法   图3-2-11 拉线法

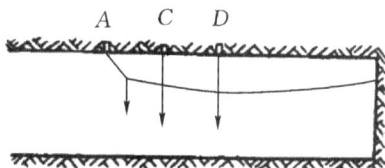

2.隧道腰线标定

在隧道施工中,为了随时控制洞底的高程和隧道横断面的放样,在隧道岩壁上,每隔一定距离($5\sim 10$ m)标定出比洞底设计地坪高出1 m的标高线,称为腰线。腰线的高程由施工水准点进行标定。由于隧道有一定的设计坡度,因此腰线也按此坡度变化,它和隧道设计地坪高程线是平行的。

对于近水平隧道,常常都是用水准仪来标定腰线。其标定的方法是:如图3-2-12所示,首先根据已知腰线点和设计坡度,计算下一个腰线点B与已知腰线点A间的高差h_{AB}:

$$h_{AB}=L\times i$$

式中:L——A、B间的水平距离;

i——隧道的设计坡度。

h_{AB}的正负号与i的正负号相同,隧道上坡时为正,下坡时为负。

下一步就是根据计算结果进行实地标定。在A、B间安置水准仪,用皮尺丈量A、B间的水平距离,按上式计算出h_{AB}。先后视A点,得读数a,再前视B处,并用小钢尺自水准仪视线向下或向上量取$|b|$(b为负时,向下量取,b为正时,向上量取),即得B处腰线点的位置。b按下式计算:

$$b=a+h_{AB}$$

式中,a的正负号按下述原则确定:A点在水准仪视线之上时,取正号;否则取负号。

对于倾斜隧道的腰线标定,可利用经纬仪在标定中线时同时标出腰线。

3.掘进方向指示

隧道的开挖掘进过程中,洞内工作面狭小,光线暗淡。因此,在隧道掘进的定向工作中,

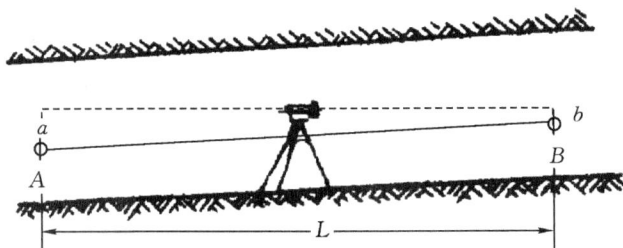

图 3-2-12 用水准仪标定腰线

经常使用自动导向系统或激光指向仪来指示中线或腰线方向。它具有直观、对其他工序影响小、便于实现自动控制等优点。例如,采用机械化掘进设备,用固定在一定位置上的激光指向仪,配以装在掘进机上的光电接收靶,当掘进机向前推进中,方向如果偏离了指向仪发出的激光束,则光电接收靶会自动指出偏移方向及偏移值,为掘进机提供自动控制的信息。

四、竖井联系测量

在隧道工程施工中,除了开挖横洞、斜井来增加工作面以外,还可以用开挖竖井的方法来增加工作面。这时,必须将地面控制网中的坐标、方位及高程,经由竖井传递到井下去。这种传递工作称为竖井联系测量。其中坐标和方位角的传递称为竖井定向测量;高程的传递称高程联系测量。

1. 竖井定向测量

将地面控制点的坐标和方位角通过竖井传递到井下导线起算点和导线起算边的测量方法常用以下几种。

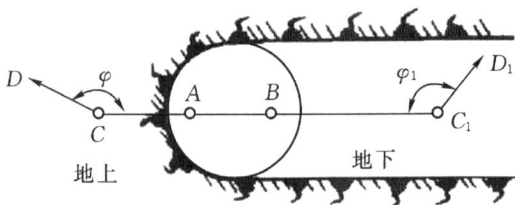

图 3-2-13 瞄直法定向

(1)瞄直法 如图 3-2-13 所示,在竖井中挂两根垂线 A 和 B,在地面控制点 C 上安置仪器,调整两垂线,使 C、A、B 三点为一直线,并大致为井下巷道的中线方向。在井下以 A、B 方向目测定线,在方向线上做一标记为 C_1,然后在 C_1 点上安置经纬仪,仪器在架头上平移,使仪器中心与 A、B 精确地在同一竖直平面内,再用光学对点器投点,得到 C_1 点的精确位置。用经纬仪分别测出地上地下连接角 φ、φ_1,并用钢尺丈量 CA、AB、BC_1 的长度,最后按导线测量计算方法求出洞内点 C_1 的坐标及 C_1D_1 的方位角。此法测、算简单,但精度较低,主要用于短隧道的定向。

(2)联系三角形法 如图 3-2-14 所示,A、B 为井筒中挂下的两根垂线,C、C_1 为井上、井下定向联接点。以 AB 为公共边,则井上、井下形成两个狭长的平面三角形 ABC 和 $A_1B_1C_1$,通常称为联系三角形。图 $3-2-14$ 中,下图为其平面投影。在地面上,已知 C 点坐标和 CD 的方位角,用经纬仪观测连接角 φ、ψ 和地面三角形的内角 γ,用钢尺丈量边长 a、b、c,则按正弦定理可算出角度 α、β,按导线 D-C-A-B 算出 A、B 的坐标及其连线的方位角。在地下,因 A、B 的坐标及其连线的方位角已求出,故只需观测出连接角 φ_1、ψ_1 和井下三角形的内角 γ_1,丈量边长 a_1、b_1、c_1,则仍按正弦定理可求出角 α_1、β_1,按导线 A-B-C_1-D_1 算出地下控制点 C_1 的坐标和井下起算边 C_1D_1 的方位角。

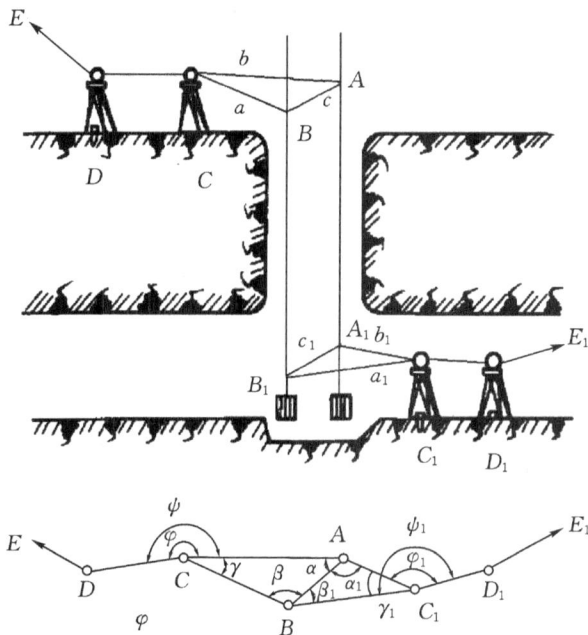

图 $3-2-14$ 联系三角形法定向

为了提高定向精度,两垂球线间的距离应尽量大些,γ、γ_1 应尽量小,最大不大于 $3°$;a/c、a_1/c_1 的值应大约等于 1.5;在观测水平角时应采用 DJ_2 经纬仪观测 $3\sim4$ 测回,联系三角形的边长应使用检定过的钢尺,以检定时的拉力丈量 $3\sim4$ 测回,取平均值作为观测结果;另外要求井上井下丈量两垂线间距之差不应大于 2 mm,两垂线间实量间距与按余弦定理计算的间距之差值不应超过 2 mm。

(3)陀螺经纬仪定向 陀螺经纬仪由经纬仪、上架式陀螺仪、陀螺电源及三角架等组成,用陀螺经纬仪可独立求出真北方向。陀螺经纬仪的构造、使用及观测方法可参阅其说明书。

如图 $3-2-14$ 所示,用陀螺经纬仪定向时,在井上坐标已知的 C 点安置陀螺经纬仪,则可求得直线 CB 的真方位角,量取距离 a 后可算出 B 点的坐标。同样,于井下导线点 C_1 上安置陀螺经纬仪可测出直线 B_1C_1 的真方位角,量出距离 a_1 后可从 B_1 点推算出 C_1 的坐标。应该注意的是,使用陀螺经纬仪测得的方向为真方位角,应减去观测边的子午线收敛角,换算成坐标方位角。子午线收敛角可通过在已知坐标方位角的边上测出真方位角,减去坐标方位角求得。

2.导入高程(高程联系测量)

高程联系测量的任务是把地面的高程系统经竖井传递到井下高程起始点。导入高程的方法有:钢尺导入法、钢丝导入法、测长器导入法和光电测距仪导入法。这里介绍光电测距仪导入高程法。

用光电测距仪测出井深 L_1 即可将高程导入地下,如图 3-2-15 所示。该法是将测距仪水平安置在井口一边的地面上,在井口安置一直角棱镜将光线转折 90°发射到井下平放的反射镜,测出测距仪至地下反射镜的距离 $L(L=L_1+L_2)$;在井口安置反射镜,测出距离 L_2。分别测出井口和井下的反射镜与水准点 A、B 的高差 h_1、h_2,则井下 B 点的高程

$$H_B = H_A + h_1 - (L - L_2 + h_2) + \Delta l \qquad (3-2-7)$$

式中:Δl——气象改正值。

另一种方法如图 3-2-16 所示,是在井口做一特殊的支架,该支架能使测距仪横卧,望远镜能铅直的瞄准井下水平设置的反射镜,测出井深 L。地面安置水准仪后视水准点 A,得读数 a;将小钢尺放在测距仪的中心上,前视小钢尺读出 b,测出高差 h_1。在井下前视 B 点水准尺得读数 b';同理,用小钢尺测出水平设置反射镜的中心上的读数 a',得高差 h_2。则井下 B 点的高程

$$H_B = H_A + a - b - L + a' - b' + \Delta l \qquad (3-2-8)$$

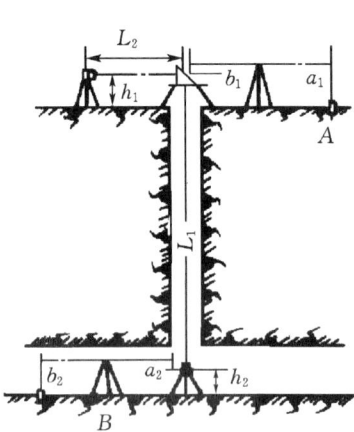

图 3-2-15 用测距仪传递高程

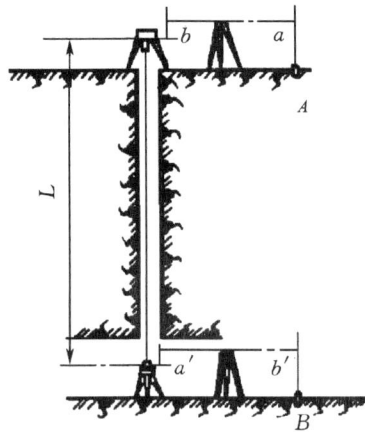

图 3-2-16 激光测距仪传递高程

项目小结

1.桥梁施工测量主要包括桥梁中线测量、桥墩与桥台定位测量、桥梁架设施工测量等。

2.隧道施工测量主要内容有:洞外平面和高程控制测量、进洞测量、洞内平面和高程控制测量、洞内中线测设、贯通误差调整等。

思考题与习题

1.隧道内导线的种类和特点是什么?

2.隧道贯通误差包括哪些? 什么误差是主要的?

3.桥梁施工测量的主要内容是什么?

项目三　管道工程测量

▶ **项目概述**

本项目主要包括：管道中线测量、管道纵横断面的测绘、管道施工测量及竣工测量。

▶ **学习目标**

①熟悉管道测量所包含的内容；②掌握管道中线测量的内容和方法；③能够进行管道纵、横断面的测绘工作；④理解管道施工测量的任务，并能测设施工控制桩、槽口放线、施工控制标志的测设等。

管道工程包括给水、排水、沟管、热力、煤气、输油、电力、通讯、电缆等工程。管道工程测量是为各种管道的设计和施工服务的，因此需要为工程提供资料、图纸和按照图纸的设计位置正确地将管线测设到地面上。其主要内容有下列几项：

(1) 准备工作。熟悉管道设计图纸、资料，了解设计意图，熟悉现场情况，了解管线的走向及平面和高程控制点的分布情况。

(2) 管道中线测量。在大比例尺地形图上，将规划设计的管道起点、终点、转折点测设于地面上，并沿中线丈量距离，打里程桩。

(3) 管道纵断面测量。测量各里程桩的高程，根据各里程桩的高程绘制纵断面图，表示出管道中线地面起伏情况。

(4) 管道横断面测量。测出各里程桩点的中线两侧地面起伏情况。

(5) 管道施工测量。根据定线和设计的数据，测设施工过程中所需要的标志。

(6) 竣工测量。测绘竣工图，为今后维修和管理使用。

任 务 一　管 道 中 线 测 量

知识要点：管道中线测量的内容和方法。

技能要点：能够进行管道主点测设及里程桩的设置。

管道的起点、终点及转折点称为管道的主点，其位置已在规划设计时确定。管道中线定位就是将已确定的主点位置测设到地面上，并用木桩标定。此外，在管道的中心线上以一定的里程设立里程桩。测设的方法应根据管道工程的具体情况及要求决定。

一、主点的测设

1. 图解法

当管道规划设计的地形图比例尺较大，而又没有给出管道主点的坐标时，管道主点附近有较为可靠的地物点时，可直接从设计图上量取数据。

如图 3-3-1 所示，A、B 为原有管道的检修井，1、2、3 为设计管道的主点，欲用距离交会法在地面上测定主点的位置，可依比例尺在图上量出 D_1、D_2、D_3、D_4、D_5，即为主点的测设数据。

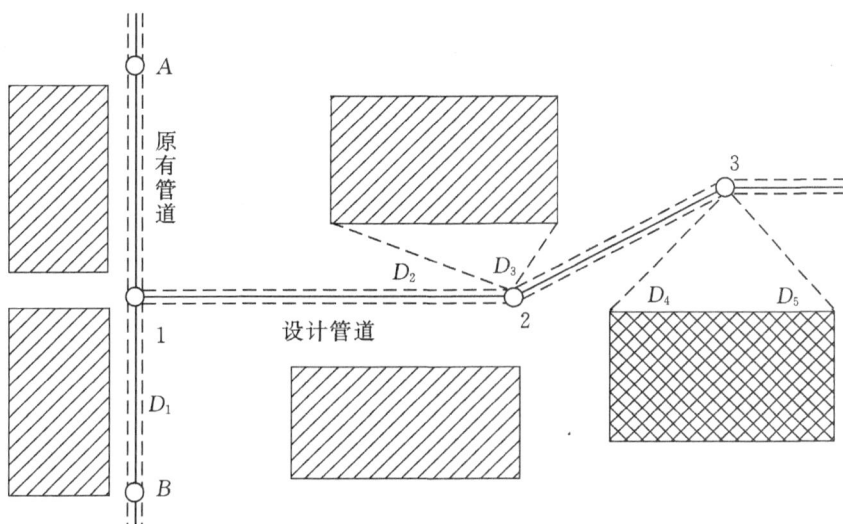

图 3 - 3 - 1 图解法

2. 解析法

当管道规划设计图上已给出管道主点坐标,而且主点附近有测量控制点,可以用解析法求出测设所需数据。如图 3 - 3 - 2 所示,A、B、C……等为测量控制点,1、2、3……等为管道规划的主点,根据控制点和主点的坐标,可以利用坐标反算公式计算出用极坐标法测设主点所需的距离和角度。

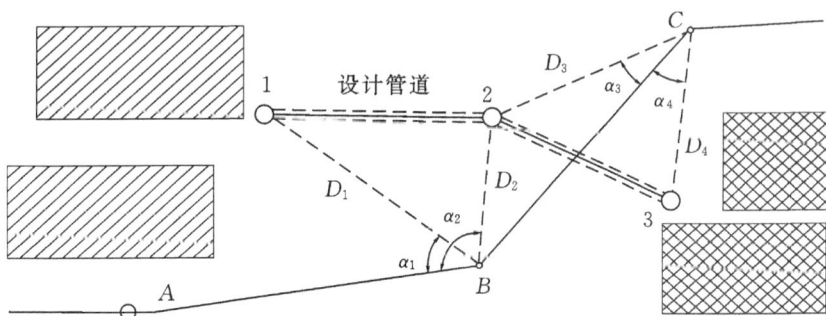

图 3 - 3 - 2 解析法

管道主点测设是利用上述准备好的数据,采用直角坐标法、极坐标法、角度交会法和距离交会法等将管道主点在现场确定下来。具体测设时,各种方法可独立使用或配合使用。

主点测设完毕后,必须进行校核工作。校核的方法是:通过主点的坐标,计算出相邻主点间的距离,然后实地进行量测,看其是否满足工程的精度要求。

二、里程桩的设置

为了测量管道的长度和测绘纵横断面图,从管道起点开始(给水以水源为起点,排水道以出口处为起点),沿着管道中心线,按规定丈量以 10 m 整倍数的长度,设里程桩。例如,

10 m,20 m,50 m。起点的编号为 0＋000("＋"号前的数值表示公里数,"＋"号后为米数)。里程桩之间如遇上有地物和地貌变化,如道路、水沟、旧有管线等或坡度变化的地方,加设木桩,叫加桩。加桩的编号,如 0＋172,表示离起点 172 m。桩号用红漆写在木桩的侧面,朝向起点方向。距离用钢尺往返丈量两次,相对误差一般不应大于 1/2 000。

任务二　管道纵横断面的测绘

知识要点:管道纵横断面测绘的内容和方法。

技能要点:能够进行管道纵横断面的测绘工作。

一、管道纵断面的测绘

1.管道纵断面测量

中线上的里程桩测定后,根据管道附近敷设的水准点,用水准仪测出中线上里程桩和加桩点的地面高程,再按测得的高程和相应的里程桩号绘制纵断面图。在纵断面图上表示管道中线的地面起伏和坡度陡缓情况,它是管道设计中确定管道埋设深度、坡度和计算土方量的主要依据。

为了保证管道里程桩的高程得到应有的精度,在纵断面水准测量之前,必须沿管道设立足够的水准点。一般在管道沿线每隔 1～2 km 设置一永久性水准点,作为全线高程的主要控制点,中间每隔 300～500 m 设置一临时性水准点,作为纵断面水准测量附合和施工时引测高程的依据。水准点应布设在便于引点,便于长期保存,且在施工范围以外的稳定建筑物上。其施测方法按照四等水准测量方法和精度要求进行。其作法不同之处是仪器可以不安置在相邻两里程桩之间,而是安置在适当的位置,用视线高法计算各桩的高程。

根据水准点的高程,测出管道各里程桩和加桩点的地面高程,施测方法可按水准路线测量方法进行,如图 3-3-3 所示。纵断面测量通常以相邻两水准点为一测段,从一个水准点

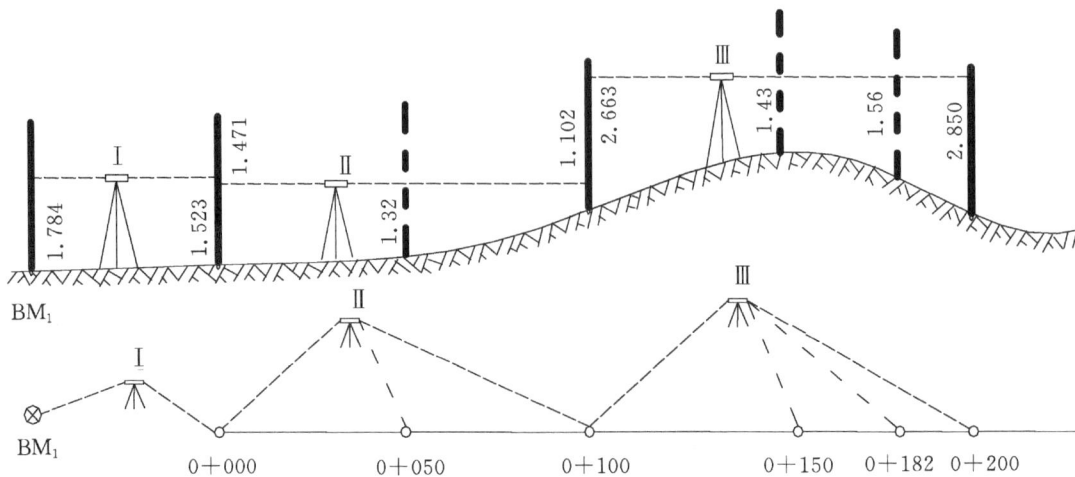

图 3-3-3　管道纵断面测量

出发,逐点测量各中桩的高程,再附合到另一水准点上,进行校核。

实际测量中,可采用中间点法。由于转点起传递高程的作用,故转点上读数应读至毫米,中间点读数只是为了计算本点的高程,读数至厘米即可。表 3-3-1 为管道纵断面水准测量记录手簿。

表 3-3-1　管道纵断面水准测量记录手簿

测站	测点	水准尺读数/m			视线高程/m	高程/m	备注
		后视	前视	中间视			
I	BM₁	1.784			130.526	<u>128.742</u>	
	0+000		1.523			129.003	
II	0+000	1.471			130.474	129.003	
	0+050			1.32		129.154	水准点高程
	0+100		1.102			129.372	BM₁=128.742
III	0+100	2.663			132.035	129.372	
	0+150			1.43		130.605	
	0+182			1.56		130.475	
	0+200		2.850			129.185	
⋯	⋯	⋯	⋯	⋯	⋯	⋯	⋯

2.管道纵断面图的绘制

纵断面图的绘制,是以里程为横坐标,高程为纵坐标。为了明显表示管道中线地面起伏情况,纵横向采用不同的比例尺,纵向高程比例尺比横向里程比例尺放大 10 倍或 20 倍。如横向比例尺 1:1 000,则纵向比例尺为 1:100。具体绘制方法如下:

①纵断面图可绘在毫米方格纸上,在图纸上选定恰当的位置,绘出水平粗线。水平粗线下面各栏分别逐项填入实测的地面高程、设计坡度、管底起点设计高程等数据。各项高程及挖(填)深数据绘制断面图时取至厘米即可。粗线上方左侧纵向标明高程,选择各桩点的最低点高程为纵坐标高程的起点,不必从零开始,这样绘出地面各点高程位置适中。若沿线的高程变化很大,绘了一段纵断面图之后,可将路线切断,又另选合适的高程起点,这样分段绘图。

②水平粗线上方,根据里程桩和加桩的地面高程,按纵向比例尺,在相应的垂直线上方标出各里程桩的高程位置,把各点用直线连接起来,即得管道中线的地面纵断面图。

③管底起点设计高程和坡度,由设计人员提供,其余管底各点高程,则根据管道的起点、设计坡度和水平距离,通过计算得出。如图 3-3-4 中 3+000 的管底设计高程定为 73.58 m。至下一桩号距离为 80 m,设计坡度为下坡-3‰,则 3+080 桩号的管底高程为:73.58-3/1000×80=73.34(m)

④挖土深度=地面高程-管底高程。把管底各点位置连接起来,就是将来管子按设计坡度定出来的位置。

⑤管道转折处用箭头表示,箭头向上表示左偏,箭头向下表示右偏。栏内的平面图是把管道两侧地物及重要地下建筑物的位置表示出来的草图,供设计时参考。

原地面线

管道设计线

桩　号	3+000	3+080	3+100	3+160	3+200	3+220	3+255	3+285	3+300	3+320	3+400
地面高程/m	75.18	74.84	74.98	75.27	74.73	74.56	74.43	74.47	74.51	74.54	73.91
坡　度				400		−3‰					
管底高程/m	73.58	73.34	73.28	73.1	72.98	72.92	72.82	72.72	72.68	72.62	72.38
埋置深度/m	1.60	1.50	1.70	2.17	1.75	1.64	1.61	1.75	1.83	1.92	1.53
管径 Φ/m				Φ=600							
管道平面图							32°	公路			

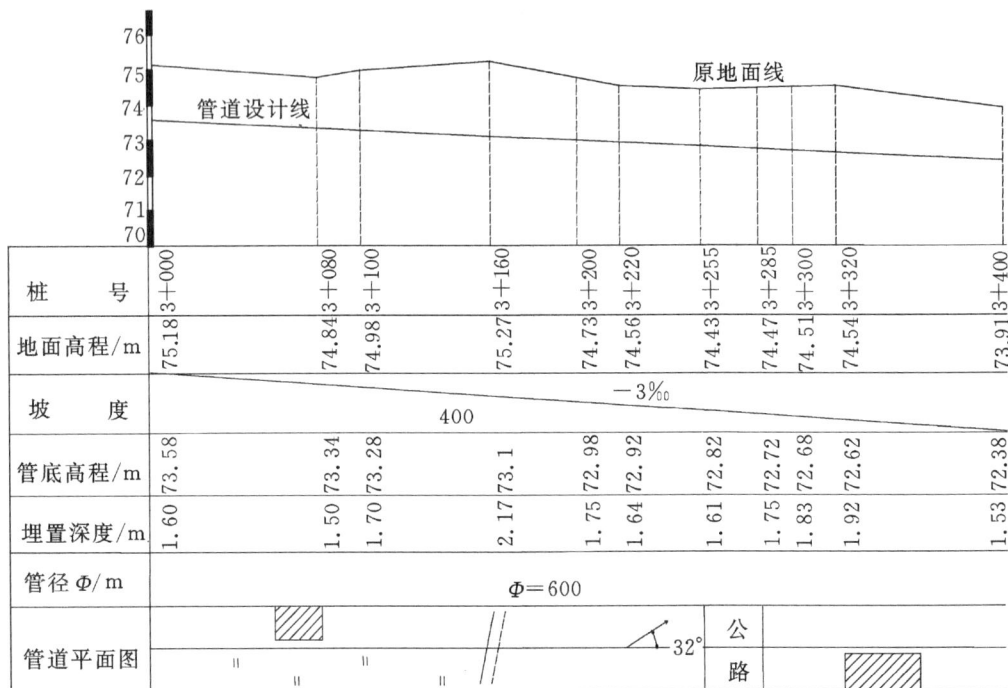

图 3-3-4　管道纵断面绘制

图内各栏数据必须清楚准确,横断面设计、土方量计算、管道施工等都需以纵断面图资料为依据。

二、管道横断面的测绘

1.横断面测量

在中线各整桩和加桩处,垂直于中线的方向,测出两侧地形变化点至管道中线的距离和高差,依此绘制的断面图,称为横断面图。横断面反映的是垂直于管道中线方向的地面起伏情况,它是计算土石方和施工时确定开挖边界等的依据。距离和高差的测量方法可用:花杆皮尺法,水准仪皮尺法,经纬仪视距法等。

(1)花杆皮尺法　从中桩开始,依次在横断面方向上的地形变化点立花杆,再在两花杆间拉上皮尺,皮尺须抬平,当皮尺水平时读出两点间的平距并同时读出两花杆皮尺到地面的距离,然后相减得两点高差。如图 3-3-5 所示。

(2)水准仪皮尺法　此法适用于施测横断面较宽的平坦地区。安置水准仪后,以中线桩地面高程点为后视,以中线桩两侧横断面方向的地形特征点为前视,标尺读数读至厘米。用皮尺分别量出各特征点到中线桩的水平距离,量至分米。按线路前进方向分左、右侧记录,以分式表示前视读数和水平距离。高差由后视读数与前视读数求差得到。

(3)经纬仪视距法　安置经纬仪于中线桩上,可直接用经纬仪测定出横断面方向。量出仪器高,用视距法测出各特征点与中线桩间的平距和高差。

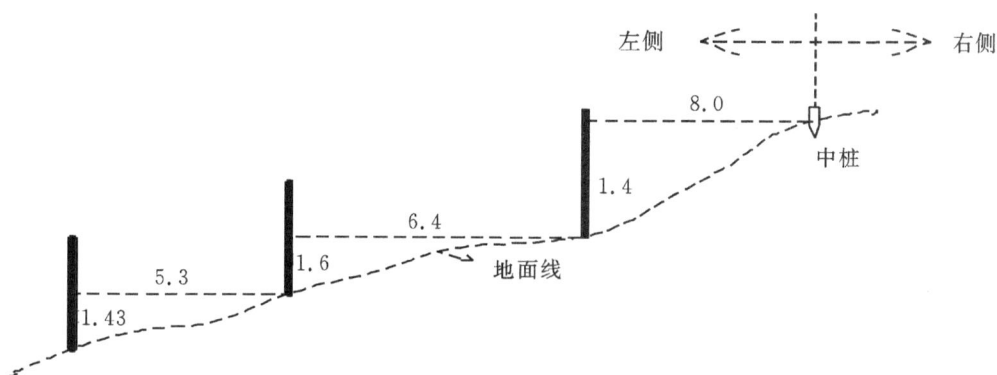

图 3-3-5 花杆皮尺法

2.横断面图的绘制

横断面图一般绘制在毫米方格纸上。为了方便计算面积,横断面图的距离和高差采用相同的比例尺,通常为1:100或1:200。绘图时,一般先将中桩标在图中央,再按规定的比例分左右侧按平距为横轴,高差为纵轴,展出各地形变化点,绘出横断面图。如图3-3-6所示。

依据纵断面的管底埋深、纵坡设计以及横断面上的中线两侧地形起伏,可以计算出管道施工时的土石方量。

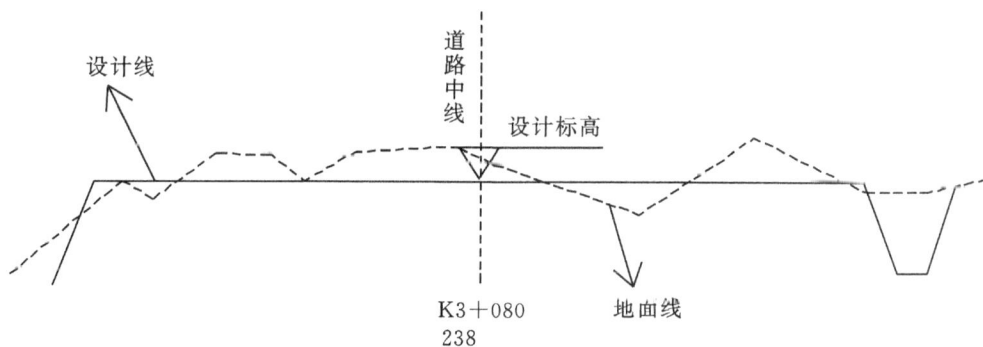

图 3-3-6 管道横断面绘制

任 务 三　管 道 施 工 测 量

知识要点:复核中线、测设施工控制桩、槽口放线及施工控制标志的测设。

技能要点:能够进行管道施工测量的各项工作。

管道施工测量的任务是将管道中线及其构筑物在实地按设计文件要求的位置、形状及高程正确地进行放样。在施工前及施工过程中,需要恢复中线、测设挖槽边线等。管道施工测量的主要工作有:复核中线和测设施工控制桩、槽口放线、施工控制标志的测设等。

一、地下管道施工测量

1.确定开挖边线,钉立边桩

在开挖边线时,管道中线的里程桩会被挖掉,为了便于恢复中心线的位置,应在管道主点处的中线延长线上设置中线控制桩,这些中线控制桩应设在不受施工破坏和引测方便的地方。

开挖边线的宽度是根据管径大小、埋没深度和土质情况等而定。如图 3-3-7 所示,横断面较平坦时,开挖管槽的宽度可由下式计算:

$$D = b + 2mh \qquad\qquad (3-3-1)$$

式中:b——管底宽度;

h——挖土深度;

$\dfrac{1}{m}$——边坡坡度。

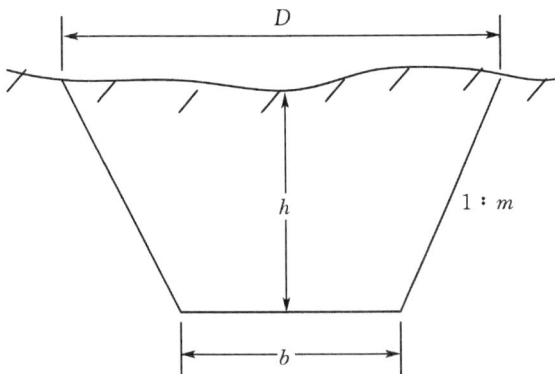

图 3-3-7 开挖管槽

若埋设深度较浅,土质坚实,可垂直开挖管槽,即开挖管槽宽度等于管底宽度。在垂直中线方向两侧定出开挖管槽宽度,钉上木桩,两相邻的断面同侧边桩的连线,即为开挖边线,用石灰撒出灰线,作为开挖的界限。

2.坡度板的设定

坡度板又称龙门板,如图 3-3-8 所示,每隔 10 m 或 20 m 设置一个坡度板,横跨在沟槽的上方,作为施工控制中线、建筑物位置及掌握管道设计高程标志的依据。

坡度板必须稳定,其顶面应该保持水平。把经纬仪安置在中线控制桩上,前视远处中线控制桩的中心点,把管道中心线测设到坡

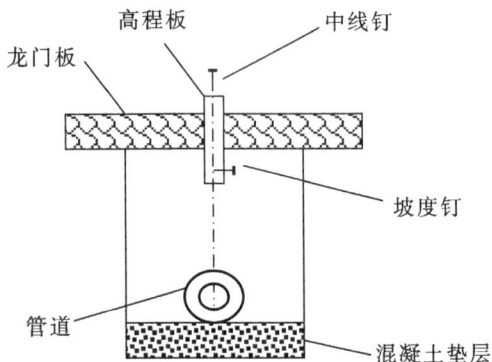

图 3-3-8 坡度板的设定

度板上,钉立中线钉。安装管道时,可在中线钉上悬挂垂球,将中心位置投影到管槽内,以便控制管道中线。

　　为了控制管槽开挖深度,从附近水准点用水准仪测出各坡度板顶的高程。管底设计高程可在横断面设计图上查得(它未包括管壁和垫层的厚度),坡度板顶与管底设计高程之差,即为坡度板顶往下开挖的深度,称为下返数。由于下返数往往非整数,而且各坡度板的下返数都不相同,施工检查时就很不方便。为了使一段管道内的各坡度板具有相同的整分米的下返数(预先确定的下返数),为此可按下式计算每一坡度板顶向上或向下量取调整数:

调整数＝预先确定的下返数－(板顶高程－管底设计高程)

　　根据调整数,在高程板上定出点位,钉上小钉,这个钉称为坡度钉。两相邻的坡度钉连线,即为管底坡度线的平行线。在全段施工中,只要做一根木杆,在杆上标出选定的下返数的位置,便可随时检查槽底是否挖到管底设计高程,以便保证管道符合设计的坡度。

　　坡度钉设置后,必须重新进行水准测量,检查是否有误。

　　在全线管道安装完毕后,应再一次检查管道中线和检查井的位置,并测定管顶及检查井的高程,编绘竣工图表,供日后维修管线之用。

二、架空管线施工测量

　　架空管道主点的测设与地下管道相同。架空管道的支架基础开挖测量工作和基础模板的定位,与厂房柱子基础的测设相同。架空管道安装测量与厂房构件安装测量基本相同。每个支架的中心桩在开挖基础时均被挖掉,为此必须将其位置引测到互为垂直方向的四个控制桩上。根据控制桩就可以确定开挖边线,进行基础施工。

三、顶管施工测量

　　当管道穿越铁路、公路或重要建筑物时,为了避免施工中大量的拆迁工作和保证正常的交通运输,往往不允许开挖沟槽,而采用顶管施工的方法。这种方法,随着机械化施工程度的提高,近几年内发展得很快,是管道施工中的一项新技术。

　　顶管施工比开挖沟槽施工复杂,精度要求高,所以在进行这项技术设计时,常采用1:200、1:500平面图作为设计的依据,这种图的测区面积一般不大,测绘时应注意如下几个问题:

　　(1)测图坐标和高程应与整个管线的坐标、高程统一。

　　(2)管道的中心线和顶管的始、终点的位置,以及前后管道的位置应在图上精确绘出。

　　(3)穿越地面上的重要建筑物的位置、结构及层次,路面结构,窑井位置及埋深,原有地下管道位置及埋深,电杆、大树的位置都应绘出。

　　采用顶管施工时,应事先挖好工作坑,在工作坑内安放导轨(铁轨或方木)并将管材放置在导轨上,用顶镐的办法,将管材沿着所要求的方向顶进土中,然后将管内土方挖出来。在顶管施工中测量的主要任务是掌握好管道中线方向、高程和坡度。

　　(一)顶管测量的准备工作

　　1.顶管中线桩的设置

　　首先根据设计图纸的要求,在工作坑的前后订立二个桩,称为中线控制桩,然后确定开挖边界。开挖到设计要求后,根据中线控制桩将中线引测到坑壁上,并钉以大钉或木桩,此桩称为顶管中线桩,以标定顶管的中线位置。

2. 设置临时水准点

为了控制管道按设计高程和坡度顶进,需要在工作坑内设置临时水准点,一般设置二个以便相互检核。测定工作坑中临时水准点的高程。

3. 导轨的安装

导轨一般安装在木基础或混凝土基础上,基础面的高程及纵坡都应当符合设计要求(中线处高程应稍低,以利于排水和防止摩擦管壁),根据导轨宽度安装导轨,根据顶管中线桩及临时水准点检查中心线和高程,无误后,将导轨固定。

(二)顶进过程中的测量工作

1. 中线测量

通过顶管的两个中线桩拉一条细线,并在细线上挂两垂球,两垂球线的连线即为管道方向线,这时在管道内前端横放一木尺,木尺长度等于或略小于管径,恰好能放在管内。木尺上的分划是中央为零向两端增加的。用水准器将木尺放平,如果两垂球连线的方向线与零线重合,则说明管子中心在设计管线方向上;如不重合,则管子有偏差。其偏差值可直接在木尺上读出,偏差值超过±1.5 cm 时,则必须校正。

2. 高程测量

水准仪安置在工作坑内,以临时水准点为后视点,顶管内待测点为前视点,在管内使用一根小于管径的标尺,即可测得待测点的高程。将测得的高程与管底的设计高程进行比较,其差值超过 1 cm 时,就必须校正。

在顶进过程中,每 0.5 m 需要进行一次中线和高程测量,以保证施工质量,如果在限差之内,可继续顶进。顶管施工测量手薄见表 3-3-2。

表 3-3-2　顶管施工测量手簿

设计高程(管内壁)	里程桩号	中心偏差/m	水准点读数(后视)	待测点实际读数(前视)	待测点应有读数(前视)	高程误差	备注
1	2	3	4	5	6	7	8
42.564	0+390.0	0.000	0.742	0.735	0.736	−0.001	水准点高程为 42.558 m，$i=+5‰$ 0+390 管底高程为 42.564 m
42.566	0+390.5	左 0.004	0.864	0.850	0.856	−0.006	
42.569	0+391.0	左 0.003	0.769	0.757	0.758	−0.001	
42.571	0+391.5	左 0.001	0.840	0.823	0.827	−0.004	
+	+	+	+	+	+	+	
42.664	0+410.0	右 0.005	0.785	0.681	0.679	+0.002	
⋮	⋮	⋮	⋮	⋮	⋮	⋮	

现结合表 3-3-2 说明顶进过程中的测量工作。第 1 栏是根据 0+390 的管底设计高程和设计坡度推算出来的;第 3 栏是每顶进一段(0.5 m)观测管子中心偏离管线方向的数值,

表中偏差值均未超过限差±1.5 cm；第 4 栏、第 5 栏分别是水准测量后视读数和前视读数；第 6 栏是待测点应有的前视读数，这一栏应按下述公式计算：

待测点应有前视读数＝水准点后视读数＋（水准点高程－待测点的设计高程）。

待测点实际读数与应有读数之差，为高程误差，其限差为±1.0 cm，表中此项数值均未超过限差，允许继续顶进。

短距离顶管(小于 50 m)可按上述方法进行测设，当距离较长时，需分段施工。可以每100 m 设一个工作坑，采用对顶施工方法，在贯通时管子错口不得超过 3 cm。

目前，顶管施工中常采用激光水准仪进行导向，这对提高施工进度，保证施工质量提供有利条件。

任务四　管道竣工测量

知识要点：管道竣工测量的内容和方法。

技能要点：能够熟练地进行管道竣工图的测绘工作。

各种工程竣工后都要进行竣工测量，管道工程竣工后进行的测量工作，称管道工程竣工测量，其主要内容有竣工图的测绘和相应资料的编绘。竣工图的资料能真实反映施工成果，是评价施工质量好坏的主要依据，也是管道建成后进行管理、维修扩建以及城市规划设计必不可少的资料和依据。

管道竣工图的测绘主要是测绘反映管道主点、检查井以及附属建筑物施工后的实际平面位置和高程的管道竣工带状图。

管道竣工带状图的测量方法常用的有解析法测图和图解法测图。当已有实测详细的大比例尺地形图时，可以利用已测定的永久性建筑物用图解法来测绘管道及其构筑物的位置。当地下管道竣工测量的精度要求较高时，采用图根导线的技术要求测定管道主点的解析坐标，其点位中误差（指与相邻的控制点）不应大于 5 cm。这两种测绘方法的特点是，解析法测绘精度较高，表示管线位置准确，管线资料可单独保存，不受底图精度好坏影响，但其内业工作量较大，不直观，若个别资料有错时不易发现；而图解法测绘图具有方法简便、工作量少、直观性强，易于发现错误等优点，但其精度直接受底图精度的影响，图的精度低，则管线位置精度就低。

有时为了突出管道施工后的断面情况，还应测出管道竣工断面图，以及反映检查井口和管顶(或管底)高程以及井间的距离和管径等内容。管道竣工断面图测绘一定要在回填土前进行，用图根水准测量精度要求测定检查井口顶面和管顶高程，管底高程由管顶高程、管径和管壁厚度算得。

项目小结

管道施工测量主要包括管道中线测量、管道纵横断面测量、施工控制桩测设及水准点加密、顶管施工测量等。

思考题与习题

1. 管道工程测量的任务是什么?

2. 管道工程测量的主要内容有哪些?

3. 管道中线测量的内容包括哪些?

4. 什么是管道的纵断面? 如何进行纵断面的测量和绘制?

5. 管道横断面的测量有哪些方法?

6. 地下管道施工测量有哪些内容?

7. 如何进行顶管施工测量?

8. 什么是管道竣工测量?

参考文献

[1] 潘送庆. 工程测量技术[M]. 2版. 郑州: 黄河水利出版社, 2011.

[2] 宁永香. 工程测量[M]. 徐州: 中国矿大出版社, 2012.

[3] 周文国, 郝延锦. 工程测量[M]. 北京: 测绘出版社, 2009.

[4] 顾孝烈, 鲍峰, 程效军. 测量学[M]. 3版. 上海: 同济大学出版社, 2006.

[5] 中华人民共和国国家标准. 工程测量规范[S]. 北京: 计划出版社, 1993.

[6] 郝延锦, 王晓峰主编. 建筑工程测量[M]. 3版. 北京: 科学出版社, 2003.

[7] 测绘技术设计规定 CH/T 1004-2005[S]. 国家测绘局发布, 测绘出版社, 2006.

[8] 邓洪亮. 土木工程测量学(上 下)[M]. 北京: 北京工业大学出版社, 2005.

[9] 覃辉主编. 土木工程测量[M]. 上海: 同济大学出版社, 2004.

[10] 高井祥. 测量学[M]. 徐州: 中国矿业大学出版社, 2004.

[11] 朱爱民, 郭宗河. 土木工程测量[M]. 北京: 机械工业出版社, 2005.

[12] 赵文亮. 地形测量[M]. 郑州: 黄河水利出版社, 2005.

[13] 高井祥等. 测量学[M]. 徐州: 中国矿业大学出版社, 1998.

[14] 高井祥等. 数字测图原理与方法[M]. 徐州: 中国矿业大学出版社, 2001.

[15] 张正禄、李广云. 工程测量学[M]. 武汉: 武汉大学出版社, 2005.

[16] 刘星主编. 工程测量学[M]. 重庆: 重庆大学出版社, 2004.

[17] 岳建平, 陈伟清. 土木工程测量[M]. 2版. 武汉: 武汉理工大学出版社, 2010.

[18] 李生平主编. 建筑工程测量[M]. 2版. 武汉: 武汉理工大学出版社, 2003.

[19] 靳祥升主编. 测量学[M]. 2版. 郑州: 黄河水利出版社, 2005.

[20] 李生平, 朱爱民. 建筑工程测量[M]. 北京: 高等教育出版社, 2002.

[21] 靳祥升. 测量学实验指导与习题[M]. 郑州: 黄河水利出版社, 2001.

[22] 宁永香. 工程测量[M]. 北京: 煤炭工业出版社, 2008.

[23] 陈胜华, 苏登天. 工程测量[M]. 北京: 科学出版社, 2007.

[24] 吕云麟. 建筑工程测量[M]. 北京: 中国建筑工业出版社, 2002.

[25] 孔祥元、梅是义. 控制测量学[M]. 北京: 测绘出版社, 1998.

[26] 洪立波、蒋达善、顾孝烈等. CJJ8-99, 城市测量规范[S]. 北京: 中华人民共和国建设部.

[27] 马文来, 张乃新. 建筑工程测量[M]. 北京: 中国矿业大学出版社, 1999.

[28] 周建郑. 测量学[M]. 北京: 化学工业出版社, 2008.

[29] 李仕东. 工程测量[M]. 北京: 人民交通出版社, 2005.

[30] 周建郑. 工程测量[M]. 郑州: 黄河水利出版社, 2006.

[31] 顾孝烈. 测量学[M]. 上海: 同济大学出版社, 2011.

[32]索效荣,李天和.地形测量[M].北京:煤炭工业出版社,2007.

[33]李天和,王文光.矿山测量[M].北京:煤炭工业出版社,2005.

[34]李金如,毛启麟,章学信.地形测量学[M].北京:地质出版社,1993.

[35]吴贵才,张小勤,姬婧.地形测量[M].徐州:中国矿业大学出版社,2005.

[36]赵雪云,李峰.测量学基础[M].北京:化学工业出版社,2008.

[37]胡海峰.煤矿测量[M].徐州:中国矿业大学出版社,2007.

[38]中华人民共和国能源部.煤矿测量规程[S].北京:煤炭工业出版社,1989.

[39]中国统配煤矿总公司生产局.煤矿测量手册[M].北京:煤炭工业出版社,1990.

[40]李天文.现代测量学[M].北京:科学出版社,2007.

[41]潘延玲.测量学[M].北京:中国建材工业出版社,2001.

[42]郭启荣.工程测量[M].北京:中国建筑工业,2003.

[43]赵国忱.工程测量[M].北京:测绘出版社,2011.

[44]覃辉,建筑工程测量[M].北京:中国建筑工业出版社,2007.

[45]黄文彬,GPS测量技术[M].北京:测绘出版社,2011.

[46]王勇智,GPS测量技术[M].北京:中国电力出版社,2007.

[47]周立.GPS测量技术[M].郑州:黄河水利出版社,2006.

[48]何保喜.全站仪测量技术[M].郑州:黄河水利出版社,2005.

[49]吴继敏.工程地质学[M].北京:高等教育出版社,2006.

[50]陈传胜,吴立军等.测量技术[M].北京:地质出版社,2007.

[51]马文来,张乃新.建筑工程测量[M].北京:中国矿业大学出版社,1999.

[52]合肥工业大学,重庆建筑大学,天津大学,哈尔滨建筑大学合编.测量学[M].北京:中国建工业出版社,1997.

[53]华南理工大学测量教研组.建筑工程测量[M].广州:华南理工大学出版社,1997.

[54]吕云麟,杨龙彪,林凤明.建筑工程测量[M].北京:中国建筑工业出版社,1997.